镇江高质量发展路径研究

2022年镇江发展研究报告

主编 于 伟

江苏大学出版社
JIANGSU UNIVERSITY PRESS

镇 江

图书在版编目（CIP）数据

镇江高质量发展路径研究：2022 年镇江发展研究报告 / 于伟主编. -- 镇江：江苏大学出版社，2023.7
ISBN 978-7-5684-2008-2

Ⅰ.①镇… Ⅱ.①于… Ⅲ.①区域经济发展－研究报告－镇江－2022 Ⅳ.①F127.533

中国国家版本馆 CIP 数据核字（2023）第 126179 号

镇江高质量发展路径研究——2022 年镇江发展研究报告
Zhenjiang Gaozhiliang FaZhan Lujing Yanjiu——2022 Nian Zhenjiang Fazhan Yanjiu Baogao

主　　编/	于　伟
责任编辑/	张　平

出版发行/江苏大学出版社
地　　址/江苏省镇江市京口区学府路 301 号（邮编：212013）
电　　话/0511-84446464（传真）
网　　址/http：//press.ujs.edu.cn
排　　版/镇江文苑制版印刷有限责任公司
印　　刷/南京互腾纸制品有限公司
开　　本/710 mm×1 000 mm　1/16
印　　张/19.5
字　　数/320 千字
版　　次/2023 年 7 月第 1 版
印　　次/2023 年 7 月第 1 次印刷
书　　号/ISBN 978-7-5684-2008-2
定　　价/80.00 元

如有印装质量问题请与本社营销部联系（电话：0511-84440882）

守正创新 接续奋斗
推进镇江高质量发展

2022年，镇江市社科工作坚持以习近平新时代中国特色社会主义思想为指导，以迎接学习宣传贯彻党的二十大精神为主线，聚焦五大建设，强化五个推进，社科事业高质量发展取得了新的业绩，实现了新的突破。

一、聚焦阵地建设，推进理论武装高质量。一是意识形态阵地进一步巩固。接受镇江市委意识形态专项巡察，3个方面9个问题已全部整改到位，制定出台社团意识形态责任清单等7项制度。二是理论阐释阵地进一步强化。在《镇江日报》开设"智库集萃"理论专版，全年推出8期"学好用好《习近平谈治国理政》第四卷""学习贯彻党的二十大精神"理论阐释文章18篇。在《镇江社会科学》开辟理论专栏，分享交流党的十九届六中全会、党的二十大精神学习体会文章30余篇。三是理论宣传阵地进一步拓展。联合组建"明理·'镇'行"理论宣讲联盟，深入基层开展各类宣讲百余场次；"党的二十大精神进百企"系列宣讲活动受到企业普遍欢迎；举办全市社科系统"守正创新 强根铸魂 共绘中国式现代化镇江图景"理论座谈会，举办学习贯彻党的二十大精神培训班，全市社科系统理论武装行动早、举措实、成果丰。

二、聚焦平台建设，推进社科研究高质量。一是智库平台走向高端化。联合南京、扬州社科联，牵头举办以长江文化为主题的宁镇扬一体化论坛，宁镇扬智库联盟得到进一步加强。联合江苏大学，推荐江苏能源碳中和发展战略研究基地、江苏农业装备产业研究基地申报江苏省决策咨询研究基地，推动本土智库平台提档升级。联合镇江市市场监督管理局、镇江市高等专科学校，成立镇江市知识产权研究中心，与经济发展研究中心、现代产业经济研究中心共同服务"产业强市"一号战略。二是研究平台凸显个性化。开展省级重点课题研究 7 项，省委书记、省长圈定课题"江苏推动都市农业全面发展的迫切之举"由省社科院通过《江苏发展研究报告》专题报送省委、省政府领导参阅。确立市级重大课题 8 项，其中市委书记、市长圈定课题各 2 项，人大、政协课题各 1 项，第一次实现了社科研究服务市委、市人大、市政府、市政协全覆盖。编报《镇江发展研究报告》11 期，获市领导批示 8 期 11 人次，其中市委主要领导批示 8 期。全年立项社科应用研究精品工程一般课题 177 项。三是协作平台实施项目化。联合镇江市法学会、镇江市人才工作领导小组办公室等机构、部门确立法学、人才、教育、大运河、赛珍珠、青年、统战、纪检监察专项课题 463 项。与丹徒区合作，组织开展长山科教文化产业园建设研究；与中国人民银行镇江分行合作，组织开展优化镇江金融生态研究；与镇江市对外投资和经济合作联合会合作，组织开展镇江"走出去"对策研究。

三、**聚焦机制建设，推进社团管理高质量**。一是社团建设机制持续强化。创新成立市社科联社会组织功能型党委，召开"党旗'镇'红、一线建功"全市社科类社会组织党建工作会议，制定下发社科类社会组织党建工作意见，指导 18 家社科社团成立功能型党支部（党总支）。开展市级模范社科社团评比工作，推出社科模范社团 4 家、社科先进社团 7 家、社团先进工作者 21 名。二是学术交流机制更加灵活。持续打造金山学术沙龙活动品牌，举办"城市魅力与城市风骨"等 4 期金山学术沙龙。指导社科社团积极开展课题研究，社团开展各类课题研究 160 项以上，获市领导批示 10 余次，在省、市获奖 50 项以上。指导举办赛珍珠国际学术研讨会、三国演义学会成立 30 周年座谈会暨第九届学术研讨会、江苏省历史学会柳诒徵研究会成立大会暨第一届柳诒徵学术研讨会等 10 余次学术活动，社科社团学术交流活动多、氛围浓、影响大。三是社团活动机制不断健全。健全社科类学会协作组活动机制，组织协作组活动 6 次，组织社团走进基层、开展调研活动 5 次。开展社科社团优秀创新案例征集活动，11 项创新案例获优秀奖。指导 7 家社团成功换届，吸收和新成立社团 2 家。

四、聚焦体系建设，推进社科普及高质量。一是社科普及内容体系更有针对性。精心策划"社科镇有料"抖音视频，策划拍摄制作"中国镇江故事"系列抖音短视频，推出"镇"有前途、"镇"不一般、"镇"能量、"镇"有趣4个系列短视频90辑，以及外国留学生讲"中国镇江故事"4辑，实现了粉丝过万的目标。二是社科普及活动体系更具协同性。以"喜迎二十大 童心向未来"为主题，组织开展第二届"小小社科讲读人"大赛，评出镇江市十佳"小小社科讲读人"和14名优秀"小小社科讲读人"，"学习强国"先后4次进行集中报道。探索开展社科普及"一基地一愿景一品牌活动"，定制化开展"奋斗者·正青春"等6场社科普及基地市民一日行活动，发动中小学生、外来务工青年、企业职工等不同群体，为现代化新镇江代言。三是社科普及组织体系更具规范性。在全省创新探索建立社科普及工作积分评价制，完成新一轮社科普及基地复评，动态调整基地数量和优化布局，42家基地通过复评，3家基地被取消资格。进一步强化社科普及共建工作，7个共建组比学赶超，全年开展"喜迎二十大 社科奏华章"等33场共建活动。

五、聚焦能力建设，推进队伍发展高质量。一是理事队伍建设不断强化。注重发挥兼职副主席、常务理事会作用，探索建立常务理事联系制度，通过常务理事网上交流平台，及时跟进学习党的二十大精神，及时分享社科事业高质量发展成果，及时传达学习《江苏省哲学社会科学促进条例》。二是人才队伍水平不断提升。全面实施"十四五"社科人才培养计划，推荐江苏"社科英才"、江苏紫金文化英才各1名当选镇江市第九届政协委员。持续推进社科英才、社科"优青"选树活动，全年共引进4名社科类人才，3名人才获全市宣传思想文化人才项目资助。组织开展镇江市第十四届哲学社会科学优秀成果评奖和江苏省第十七届哲学社会科学优秀成果评奖推荐工作，20项成果获江苏省哲学社会科学优秀成果奖，创历史最好成绩。三是机关队伍服务不断改进。在全市社科系统开展"喜迎二十大 社科展风采"系列活动，全面展示社科人喜迎党的二十大精神风貌；策划实施"社科强企"基层党建书记项目，被"学习强国"、交汇点等省、市主流媒体报道 20 余次；扎实推进机关部门服务提升先锋行动，结对银山门社区，开展"社科为民"实事活动；下沉大港街道兴港社区、谏壁街道月湖社区配合核酸检测，服务群众万余人次；迎风雨、战高温，连续 20 多天进行城市主干道文明引导。

2023 年是贯彻党的二十大精神的开局之年，是中国式现代化镇江新实践的起步之年。全市社科系统将以习近平新时代中国特色社会主义思想为指导，深刻领悟"两个确立"的决定性意义，增强"四个意识"，坚定"四个自信"，做到"两个维护"，突出学习宣传贯彻习近平新时代中国特色社会主义思想首要政治任务，突出学习宣传贯彻党的二十大精神工作主线，突出服务中国式现代化镇江新实践中心大局，守正创新、强根铸魂、敢为善为，着力在理论武装高度、社科研究深度、社团建设热度、社科普及温度、队伍建设力度上下功夫，全力推进社科事业高质量发展，为更好"扛起新使命、谱写新篇章"、在新征程上全面推进中国式现代化镇江新实践提供坚强思想保证和强大智力支持。

于　伟

2023 年 1 月

目 录

| 一、高质量发展 |

八方路径齐发力　福地名城争荣光
　　——镇江城市定位实现之研究
　　镇江市社科联、镇江市委党校联合课题组 / 003
推进镇江数字化转型对策研究
　　江苏科技大学、镇江市社科联联合课题组 / 013
镇江市企业智能化改造和数字化转型路径研究
　　镇江市政府办公室课题组 / 021
镇江市数字经济发展路径研究
　　许向阳　孙　艺　廖　洋 / 028
以数字化建设促进农业农村高质量发展
　　蒋　勇 / 035
数字经济赋能镇江经济高质量发展研究
　　严明礼　卞　茜　王玉凤 / 043
镇江市中小企业"智改数转"对策研究
　　朱　霞　温大勇　徐晓声　戴诗宜 / 048
坚持高质量发展扎实推进共同富裕
　　史健洁　蔡　希　吕若曦 / 053
镇江市开发园区体制机制改革创新研究
　　镇江市社科联、镇江市政府办公室、江苏大学联合课题组 / 060
以企业上市助推镇江产业高质量发展
　　镇江市地方金融监督管理局课题组 / 070
镇江都市农业发展研究
　　镇江市社科联、镇江市委研究室、江苏大学联合课题组 / 076

镇江融入南京都市圈要以服务业经济对接为重点

　　陈正群　刘文君 / 082

提升镇江城市竞争力路径研究

　　丁　吉　邹威华 / 088

长三角一体化背景下镇江产业链创新链的融合发展

　　杨丽丽　卞　月 / 092

镇江东翼"金三角"区域一体化建设研究

　　中共扬中市委党校课题组 / 099

加大力度培育更多专精特新"小巨人"企业

　　国家统计局镇江调查队课题组 / 104

金融赋能科技创新的镇江路径

　　张祝建　郑　菡　王　凯　郭宜捷 / 111

绿色金融助推镇江"双碳"目标实现

　　张　莹　郭焦锋　俞孟蕻　郭　积　高瑜婧 / 117

强化乡村振兴战略实施中的金融服务

　　姚永康　郭　成　田进军　姚伟超　丁长华 / 122

在现代化新征程上加快推进扬中县域共同富裕

　　中共镇江市委党校课题组 / 128

开发老龄群体人才"富矿"　助推镇江高质量发展

　　章存保　伍刚明　刘竞择　汪　蕾　何　国　汪建莉 / 134

破除城乡二元结构　促进城乡融合发展

　　吴继英　闵亚娟　崔　静　赵广凤 / 142

深化改革，促进镇江市公立医院高质量发展

　　蔡华忠　杨丽萍　周　峰　任国庆　孙国付 / 146

| 二、高效能治理 |

镇江城市更新与城市功能品质提升对策研究

　　镇江市人大常委会环境资源城乡建设委员会课题组 / 155

镇江城市形象宣传研究

　　凡　浩　陈　杰　孔　昊　张　帆　徐　成 / 160

社会治理视域下镇江城区街道的优化设置

　　镇江市民政局课题组 / 167

大力推进新就业形态劳动者集中建会入会

　　镇江市总工会、中共镇江市委党校联合课题组 / 171

优化金融生态环境维护金融安全

　　梁　坚　李　伟 / 175

优化税收营商环境助力镇江发展

　　曹筱三　吴伟夫 / 180

推进数字政府建设　加快市域治理现代化

　　镇江市文化广电产业集团课题组 / 185

数字赋能驱动下"智慧镇江"建设的思考

　　景国良　张海洋　程　科　郑　婷　王长宝　段先华　高　尚 / 192

努力构建农村公共基础设施长效建管机制

　　黄启发　黄钰之 / 198

校地共建共享实训基地　加快培养应用型技术人才

　　张　龙　史建军　孟　稳　张飞霞　钱绍祥　张　楠　朱建锋

　　王前锋 / 204

大力培养现代农业人才　助推农村三产融合发展

　　葛　成　殷从飞　张　庆　史书颖　隋泽华　吴俊峰　何后军 / 209

畅通农产品出村进城渠道　助力农民增收和乡村振兴

　　黄　璐　高迎峰　程媛媛 / 214

以"四性"引领镇江疫情防控体系常态化建设

　　镇江市卫生应急课题组 / 218

关于优化镇江营商环境对策及路径研究

　　吴小红　顾　谦 / 223

优化提升镇江法治化营商环境的路径思考

　　镇江市政法委课题组 / 229

建立市场主体活跃度评价体系的思考

　　赵剑萍　胡　剑　葛广研　佘殿福　周健生　郑　欣　李　燕
　　杨　飞　邓成生　黄　崧　林　青　俞　镇　田　欣 / 236

┃ 三、高品质生活 ┃

大运河国家文化公园镇江段江河交汇博物馆建设研究
　　镇江市长江大运河文化研究中心课题组 / 243
长江国家文化公园镇江段建设研究
　　镇江市社科联、镇江市委办公室、镇江市规划勘测设计集团联合课题组 / 248
镇江吴文化资源的认识和利用
　　江苏大学课题组 / 254
文化意境美学视域下镇江诗词文化的传播和保护
　　韩　荣　韦　城　李文清　韩　倩　彭瑶瑶 / 259
镇江宋韵文化资源的挖掘活化和利用
　　蓝旻虹　尹　悦　张　剑 / 264
赓续镇江版画优秀传统　提升本土文化竞争力
　　李致莹　房　容 / 271
促进镇江醋文化与旅游发展的深度融合
　　李定可　贺　云　周健芝　陈屹德　高岳旻　郝思捷 / 275
以绿色新基建推进镇江"山水花园名城"建设
　　张一飞　马英辉　刘荣飞　李　卉　李亚楠 / 279
镇江医养结合发展路径研究
　　苏　枫　董　丹　郭　睿 / 285
镇江某民营医院提供医养结合养老服务的调查
　　卢隽滢　赵　峰　李志超　许安庆　孙璐璐　周　倩　严丽荣　严　翎 / 292
镇江市民二孩生育意愿调查及影响因素分析
　　于　江　戴　惠　张玉枚　伍　漪 / 297

一、高质量发展

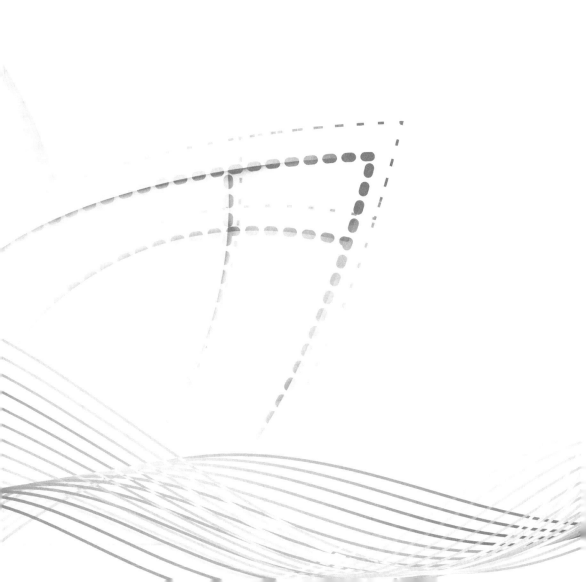

八方路径齐发力　福地名城争荣光

——镇江城市定位实现之研究

| 镇江市社科联、镇江市委党校联合课题组 |

城市定位是现代城市属性的主流表达，是城市运营者的自我认知和自我期许，也是新时代城市竞争的逻辑起点和制胜关键。镇江"创新创业福地，山水花园名城"的城市定位，蕴含着"创新引领、创业强基、福地安民、山水风骨、花园宜居、名城流芳"的丰富内涵，也包含了"创新""创业"相辅相成、"山水""花园"相得益彰、"福地""名城"交相辉映的辩证思想，既反映了历史传承，也体现了时代要求；既包含了对城市能级的展望，又凸显了对城市精神的希冀，为镇江的发展奠定了基调，指明了方向。为了尽快让这一科学定位从应然状态走向实然世界，本课题组建议从思想深度、经济密度、创新浓度、环境温度、发展靓度、幸福高度、文化厚度、改革力度8个方面入手，将镇江建设成为具有高品质体验的幸福之城、兼具千年历史底蕴与现代城市美誉的品牌之城，从而助力镇江"跑起来"，争雄"新时代"。

一、解放思想，拓展思想深度

1. 关注软实力，建设特色文化城市

随着城市竞争力的重心越来越多地从经济竞争力转移到特色竞争力上，尤其是特色文化竞争力上，城市文化面临的再也不是"有"与"无"、

"多"与"少"的挑战，而是品质高不高、特色浓不浓、创新能力强不强的拷问。提升镇江城市文化竞争力，要坚持人本取向，在注重现代化建设硬指标的同时，充分拓展人文空间，建设有温度的城市；要注意新旧并重，既要继承历史厚重、兼容并蓄、重教崇文的传统优势，也要发扬求真务实、积极进取、开放创新的新时代精神；要激活人力要素，在吸引人口、汇聚人才的同时，激发镇江市民创新创业的热情、公务人员谋事干事的激情，开辟多元共建渠道，让更多主体参与进来，充分发挥多方优势。

2. 重视城市营销，建设百姓认可城市

城市定位的最终实现，既要修炼内功，按照既定目标实现城市品质的提升，又要讲好镇江故事，进行科学、系统的营销，追求市场的广泛认可。镇江尤其需要补上科学、有效的城市营销课。一是实施分众营销。不仅政府的规划部门、招商部门和文化旅游主管部门要发力，还要动员更多部门和社会主体，增强宣传城市、推广城市的意识，对宣传对象和宣传方式开展精确研究，针对不同受众精准发力。二是构建营销体系。要围绕城市定位统筹所有营销形式，塑造统一的城市品牌，绵绵用力，久久为功。三是健全营销流程。用好大数据资源，对营销传播行为进行跟踪和评估，时刻关注世界的变化、舆论的转向和效益的增减，及时调整营销策略。

二、聚焦产业，增加经济密度

1. 转型升级，提升资源效率

一是培育升级现有企业。镇江市可以学习佛山市的做法，从"汗水经济"转向"智慧经济"，对传统制造业企业进行数字化—智能化升级，加快骨干企业"机器换人"速度，实现全链升级。二是科学扶持生产性服务业。如将优质岸线等资源与制造业相结合，大力发展现代物流业；将驻镇高校优势专业与科创产业相结合，大力发展信息传输、软件和信息技术产业，以及数字产业等。基于镇江特色，特别要结合"亚夫"农业品牌，进行农业生产性服务业开发，建立高效生态农业行业标准，输出绿色农庄发展模式，全流程提供农庄规划、技术指导、评估定级等服务。三是以片区为抓手打造高质量产业集群。着眼"四群八链"①的产业布局和"九大片区"的空间布局，锚定"特色产业链"，坚持"项目为王""大项目为重"，根据产业关联度和产业分工原则打造产业集群，做精传统产业，做实新兴产业，做强未来产业。

2. 开放融合，增强要素流动

首先，立足特色发展吸引区域要素聚集。镇江市要锁定"四群八链"产业布局，大力扶植"专精特新"企业，依靠特色在省内"出圈"；坚守"创新驱动"，系统研究创新要素导入策略，设立跨省新兴产业创新联盟，搭建城际协同发展平台，用好"G312产业创新走廊"等现有平台，依靠创新在长三角城市群内点亮城市标识。其次，立足融合发展激活本土要素。乡村振兴是"十四五"期间制度改革的主战场，镇江市要把握好改革契机，加快城乡要素流动，尤其要做精做强特色小镇建设，在产城融合、"三生融合"（生产、生活、生态融合）基础上实现经济高质量发展。

三、科技引领，集聚创新浓度

1. 聚焦创新重点链条，提高创新贡献

首先，要更高效地发挥新型研发机构的作用。要加强相关部门与新型研发机构的联系，强化顶层设计，完善评价体系，突出培育重点。利用新型研发机构体制灵活的特点，最大限度发挥技术、资金、人才等要素的作用，推动创新主体的成果转化。深化"两委员会两法人"的运作模式，进一步提升"镇江哈工大高端装备研究院""黑龙江省科学院镇江智能制造创新研究院""镇江中澳人工智能研究院"等新型研发机构的运营质效和研发能力。其次，要加强创新服务业组织建设。进一步加强生产力促进中心、

---

① "四群八链"是指高端装备制造、生命健康、数字经济、新材料四大产业集群和新型电力（新能源）装备、汽车及零部件（新能源汽车）、高性能材料、医疗器械和生物医药、新一代信息技术、航空航天、海工装备、智能农机设备八条产业链。

科技成果转化中心、创业服务中心等中介服务机构建设，加大网上技术市场的建设力度，构筑网上信息交流平台、科研仪器设备开放共享平台等。培育一批服务专业化、发展规模化、运行规范化的科技中介机构，造就一支具有较高专业素质的科技中介服务队伍。

2. 完善创新核心机制，汇聚创新要素

首先，健全创新创业团组机制。以经济技术开发区、高新技术产业开发区等工业园区为抓手，加快包括国家创新型特色园区、知识产权示范园区和生态工业园区等在内的创新型特色园区建设，积极组建高新技术产业创新联盟，尤其对一些关键核心技术开展联合研究攻关。发挥好省级工程技术研究中心、省级企业院士工作站、高技术研究重点实验室等研发机构，以及公共技术服务平台、科技企业孵化器、众创空间等创新平台的作用。其次，健全人才、金融等创新要素导入机制。积极推进人才"镇兴"行动，不断提高人才与创新城市发展的匹配度，在用好人才的同时更好地留住人才，夯实创新型城市建设人才支撑的基础。紧密围绕"扬帆计划"，搭建多层立体的投融资机制，根据科创产业投资规模小、项目分散、回报率不确定、不同研发阶段风险偏好各异等特点，组合用好政府资金、天使资金、风投资金、股票债券、银行贷款等各类投融资工具，赋能成长型高新企业发展。

四、积极作为，提升环境温度

1. 技术赋能，加强智能政务服务

一是在政务服务上，推动更多事项全程网上办理、下沉基层办理，实现"一窗通办、一网通办、一端通办、一次办好"。二是在企业服务上，对各政务平台搜索数据进行挖掘分析，对企业需求特征精准画像，更加快捷、精准地提供服务。三是在监管手段上，深化推进"互联网+监管"执法，开展"非现场监管"。同时，特别关注信息技术使用能力不足的群体，为他们提供必要的技术支持和线下服务。

2. 法治护航，维护公平竞争秩序

一是压缩政府审批权限。全面实施市场主体登记"告知承诺"制度改革；加快落地企业投资项目承诺制改革，变"先批后建"为"先建后验"。二是加强政务诚信制度建设。梳理政府对企业依法依规做出的承诺事项，未如期履行的要限期解决，因政府失信导致企业合法权益受损的要依法赔偿。三是规范行政审批行为。加快自由裁量权改革，消除"灰色地带"，深入推进跨部门联合"双随机、一公开"监管，做到有求必应、无事不扰；对项目建设和企业经营过程中可能遇到的违法行为予以严厉打击，绝不手软。

3. 制度保障，构建亲清政商关系

一是完善政企沟通互动长效机制。健全企业"诉求办理回应制度"，通过时间节点管控，充分保证企业相关权益；建立复杂诉求会商服务机制，通过政企交流会等做法解决企业痛点、难点问题。二是建立营商环境优化专职机构。建议成立市级营商环境职能机构，统筹推进营商环境相关事项，重点培育营商环境评估、"法律+金融"专业咨询和"帮办代办"服务三支队伍，让"镇合意"真正成为口碑品牌。三是建立"黄橙红"预警机制。对不能及时响应的涉企部门和县（市）区启动"黄橙红"预警机制和纪委监察委"二次督查督办"机制，保障企业诉求"最多提一次"即获解决。四是建立营商环境专项监督机制。建议市纪检监察机关围绕营商环境开展全方位、全链条、全环节监督检查，以形式主义、官僚主义专项整治为抓手，针对破坏营商环境的突出问题督促职能部门认真履责，在全市上下通报破坏营商环境的典型案例以示警醒。

五、绿色发展，展现发展靓度

1. 规划先行，着力实现"双转型"

首先，根据国家和江苏省"双碳"（碳达峰与碳中和的简称）目标要求制定镇江低碳发展规划。全方位抓好绿色能源领域谋篇布局，抢占世界低碳产业版图先机，把低碳城市建设优势转化为低碳产业及其经济发展优势，加快形成清洁、低碳、安全、高效的新能源生产和消费模式。其次，持续推动产业与能源结构的绿色转型。产业结构上，出台更严格的项目准入"负面清单"管理模式，加快推动落后产能和过剩产能"出清"工作，同时加大对低碳农业、生态农业的支持力度。在能源结构上，持续实施"减煤"行动，增加风电、光伏、生物质能的装机容量，提高非化石能源消费比重，同时积极参与外省能源合作项目，实现共建共享。加大监管力度，特别要聚焦重点领域和重点行业，推动主要污染物与温室气体大幅减排。

2. 由表及里，品牌建设添颜色

首先，以精美镇江、美丽乡村建设为抓手做好城市建设，提升人们的绿色发展体验感。要诚心念好山水"真经"，以绿水青山的靓丽容颜赢得市民赞誉，吸引八方来客。在广大乡村，以人居环境整治为基础推进美丽乡村建设，让"美丽"成为镇江乡村振兴不可或缺的重要标识。其次，多渠道弘扬低碳生活风尚，打造低碳城市品牌，凝聚绿色向心力。要在各级平台大力推广绿色出行、绿色消费等低碳生活方式，在全市中小学中开展低碳生活特色教育，在全市推行低碳机关、绿色单位创建活动，在社区开展"低碳日"主题活动。推动实施一批具有实质性带动作用的低碳试点项目，例如扬中"近零碳岛"、世业生态岛、焦北滩湿地、新民"木业洲"、江心生态岛和高桥绿岸等。探索建立符合镇江城市转型和产业升级要求的碳排放源分级分类体系，进而在城市低碳技术发展、环境协同治理、落后产能淘汰方面提供镇江样板。利用好世界低碳大会平台，总结好镇江在低碳产业、森林碳汇、低碳建筑、低碳能源、低碳交通等方面的宝贵经验，适时推出以"镇江"命名的低碳发展指数——"镇江指数"，创立低碳城市发展标准，把绿色城市品牌做实做好做响。

六、聚焦品质，达到幸福高度

1. 提高韧性，城市生活有保障

一是事前见微知著，强化预警预案。创新和健全城市发展风险评估机制，准确摸清既有的"风险存量"。科学开展监测预警，有效遏制潜在的"风险增量"。特别是要延伸监测触角，提高事前预警的灵敏性和准确度，为迅速激活预案创造条件。可引入一系列新技术、新方法，通过仿真模型探索、推演不同情景下的灾害破坏机理和演化规律等。二是事中凝心聚力，积极应对。向改革借力，完善城市安全管理体制机制，落实好城市安全的领导责任、监管责任和主体责任。向科技借力，打通数据孤岛，打造物联、数联、智联的城市一体化应急指挥平台，提高风险决策的指挥和协调能力。三是事后恢复调整，有序开展重建。建设韧性城市的灾后恢复系统，在充足物资供应、良好秩序恢复、坚定意志凝聚等各方面搭建支持框架。

2. 聚焦民生，城市发展有温度

一是打造就业创业样板。跟踪关注高校毕业生、退捕渔民、困难人口等重点群体，针对不同就业群体存在的就业困难，将困难与乡村振兴工作紧密结合，由政府购买服务，实现本地劳动力充分就业的政策目标。二是开展幸福社会建设。提升基本福利水平，使居民拥有满足感；提升环境福利水平，使居民拥有舒适感；提升居住福利水平，使居民拥有安全感；提升文教福利水平，使居民拥有充实感。三是完善社保福利体系。政府、社会和个人各方面要共同努力，使民众享有基本的社会保障并保证居民所享有的社会保障水平不断提高。同时，大力培育社会组织，充分发挥其在社会救助及各项社会事业发展中的作用。加大对各类福利设施建设的公共投入力度，不断改善公共福利条件。

七、彰显特色，突出文化厚度

1. 认识自我，提炼城市精神

一是要将镇江的历史过往提炼到位，尤其要聚焦镇江名人、名地、"名场面"研究，要把三国文化研究、佛教（南朝）文化研究、碑林（书法）文化研究、诗词文化研究、沈括研究、赛珍珠研究、红色文化研究等做成大品牌。二是要直面镇江当代发展课题，开展城市精神大讨论，让镇江各界参与到当代城市精神型塑过程当中，增强镇江市民的归属感、荣誉感。三是要面向社会面向未来，在村镇社区、各部门、企事业单位及大中小学开展镇江文化和城市精神宣传教育，利用新旧宣介渠道和平台，让镇江文化和精神更加世俗化，走进寻常百姓家。

2. 激活基因，发挥名城特色

一是要聚焦特色，久久为功。用好南山、茅山、宝华山、金山、焦山等地资源，让儒家思想、道家文化、佛家智慧成为镇江名片。通过诗词中的风物景象、书法中的哲理典故，折射镇江的独特风骨，丰富城市的审美体验。二是要注重文化空间建设。在城市商圈、文化园区等区域引入社会力量，创新打造一批融合图书阅读、艺术展览、文化沙龙和轻食餐饮等服务的"城市书房""文化驿站"等新型文化业态，营造"小而美"的公共阅读和艺术空间。三是注重文化活动创新。镇江非物质文化遗产（全书多处使用简称"非遗"）资源丰富，有民间文学、民间音乐、传统戏剧等九大类40多个项目，分别拥有国家级、省级、市级非物质文化遗产9项、31项、110项，非遗传承人7名，可以充分挖掘该类资源，在传统节庆活动、会展活动等方面形成有区域影响力的文化活动品牌。

3. 产业为王，擦亮文化招牌

一是强化规划引领。加强对重点旅游资源的统筹规划和有机整合，完善市域范围内的旅游发展规划。以总体规划为引领，分类编制宗教文化游、红色文化游、诗词古迹游、自然生态游、乡村风情游等旅游专项发展规划。二是发展全域旅游。整合景区资源，在市区做强"三山一渡"景区；整合市区与辖市资源，扩大旅游版图；整合不同业态，丰富旅游产品品类；整合美食资源与美景资源，让镇江味道留住更多游客。三是抓好品牌建设。集中精力打造其中1~2个标志性的旅游、节庆品牌，重视文化大IP打造工作，有针对性地对镇江的三国文化、齐梁文化、民国文化、宗教文化、爱情文化、美食文化进行大IP打造。

八、攻坚克难，加大改革力度

1. 城乡融合，推动共同富裕

一是实现城乡统一规划。将城乡土地利用、经济社会发展、环境保护等纳入统一规划，将乡村特色风貌纳入城市规划统一考量。建议以扬中为样板，探索实施城乡融合发展的体制机制创新。二是落实农业农村优先发展方针。在全面推进乡村振兴进程中，优先考虑"三农"干部配备，增强"三农"发展领导力；优先满足"三农"发展要素配置，提高"三农"要素配置效率；优先保障"三农"资金投入，实现"三农"政策普惠；优先安排农村公共服务，补上"三农"公共体系"短板"。三是打造农业区域公用品牌。建议将句容打造成"名特优新"高品质农产品全程质量控制试点城市。建议以浙江"丽水山耕"品牌为参考，深度整合西冯草坪、白兔草莓、丁家边桑果、永兴苗木，以及丁庄、唐庄葡萄等特色品牌，推出句容版农业（系列）区域公用品牌，采用集体商标形式，以农产品品牌为依托，拓展民宿、乡村旅游等领域，从单点突破向全域优势转变，从局域经营向广域合作转变，增强农村发展内生动力。

2. 数字融合，赋能城市发展

一是做强数字经济，强化标杆引领，带动大数据、物联网、集成电路、数字文创等数字经济核心产业集聚发展，利用数字技术全方位、全角度、全链条赋能传统产业，构建梯次分明、相互衔接、具有镇江特色的数字经济企业梯队。二是有序打造数字政府，进一步完善"三个一"平台（一个 App——"镇合意"、一个电话——12345 市长热线、一个地址——政务服务中心），通过数据汇聚整合流动，提供更高效、便捷的政务服务；尽快制定地方性法规，明确各部门信息共享的种类、标准、范围、流程，强化跨地区、跨层级、跨部门整合使用，打破部门间、地区间信息壁垒。三是积极构建数字社会，引进专业数据治理团队，聚焦最迫切的需求、最高频事项，将最新的技术成果运用到城市建设的各个层面，推进智慧交通、智慧安防、智慧物流、智慧社区和智慧养老等建设，发挥数据"服务于人"的作用，为市民提供科学化、精细化、智能化的生活方式。

（课题组成员：于　伟　艾晓晖　孙文平　张玉枚　杨　猛　孙忠英　于　江戴　惠　李秋阳　冯乐乐）

推进镇江数字化转型对策研究

┃ 江苏科技大学、镇江市社科联联合课题组 ┃

抢抓数字经济发展机遇，增强数字经济发展核心能力，是党中央、国务院作出的重大战略决策，是稳投资、扩内需、拉动经济增长的重要抓手。习近平总书记高度重视"数字中国"建设，强调要"充分发挥海量数据和丰富应用场景优势，促进数字技术与实体经济深度融合，赋能传统产业转型升级，催生新产业新业态新模式，不断做强做优做大我国数字经济"。国务院于2022年1月12日正式印发《"十四五"数字经济发展规划》，对数字经济发展目标、重点任务和保障措施做了明确部署。本课题组结合镇江实际，总结当前数字镇江发展现状，剖析其中存在的关键问题，借鉴外地数字转型先进经验，提出推进镇江数字转型的对策建议，以期不断培育、提升镇江竞争新优势，为镇江高质量发展提供持久强劲动力。

一、数字镇江发展现状

1. 数字化基础设施建设持续推进

镇江已与江苏省内数字经济四大运营商率先签署5G战略合作协议，完成5G基站建设近万个，5G网络实现主城区、重点工业区和乡镇全覆盖，建设速度与规模走在全省前列；围绕工业制造等领域，稳步推进实施一批5G应用示范项目，建成国内首个"5G+千兆宽带"共享机房，创新实现全国首次"共享"跨江电力铁塔架设；全市现有省级软件园区5家、各类市级载体 10 家，载体集聚能力和要素吸附能力持续增强。

2. 数字产业化发展规模不断壮大

微软镇江数字经济创新中心、阿里和润数字产业园、华为（镇江）数字联合创新中心等重大项目相继落地，数字产业规模不断壮大；江苏瑞联贸易有限公司和江苏大航电子商务有限公司获评 2020 年省级数字商务企业，惠龙易通国际物流股份有限公司和江苏汇鸿冷链物流有限公司获评 2021 年省级数字商务企业，在全省形成了良好的示范带动效应。2021 年，镇江市数字经济总量占地区生产总值比重超过 45%，成功入选全国数字经济百强城市。

3. 产业数字化转型质效日益提升

制造业方面："龙头企业带动，实现产业链智能升级"案例被工业和信息化部列入国家十大智能制造推广路径之一，智能制造示范效应显现；高水平打造 6 个省级工业互联网平台、11 家省级工业互联网标杆企业，创成省级智能车间 87 个、国家级智能制造工程项目 3 个、省级智能工厂 4 家，数量位列全省前列；累计培育国家级绿色工厂 18 家，总量位列全省第三，占规模以上工业企业比重全省第一。

服务业方面：惠龙港国际物流园区跻身首批国家级示范物流园，获批全国优秀物流园区；镇江飓风物流有限公司等 2 家企业被评为江苏省互联网平台经济"百千万"工程重点企业；电商平台企业江苏瑞祥科技集团有限公司入选 2022 年中国互联网成长型企业 20 强；推进旅游大数据中心建设，在全省率先建成智慧文旅综合平台，平台获评 2020 年度江苏省智慧文旅示范项目。

农业方面：江苏润果农业发展有限公司成功申报农业农村部大田种植数字农业建设试点项目，为全省独家和全国 5 家之一；句容入围全国电子商务进农村综合示范县；江苏省丹阳现代农业产业园区入选首批省级现代农业产业示范园认定名单；农业信息化覆盖率达 66.6%，累计创成省级数字农业基地 41 家，总量位居全省前列。

4. 数字化政务服务能力持续优化

镇江在全国率先打造"一门帮办"企业网络服务平台，打通服务企业的"最后一公里",平台被工业和信息化部评定为国家中小企业公共服务示范平台,这一模式被全国中小企业服务联盟誉为"镇江模式";在全省率先建成"政府采购贷"线上融资服务平台,有效缓解了中小企业融资难、融资贵问题;成功入选全国市域社会治理现代化试点城市,形成以"1个大数据中心、1个市域治理现代化指挥中心、N个智慧应用"为核心的智慧城市建设框架;全市政务服务"一张网"已覆盖46个部门,政务大数据共享交换平台枢纽已经初步形成。

二、镇江数字化转型存在的几个关键问题

与先进地区相比,镇江数字化转型还存在不小差距,主要存在4个方面的问题。

1. *产业层次不高、转型乏力,数字赋能产业有待加强*

全市经济主要依赖重工业相关产业,重工业占比全省最高,其中近一半企业集中在六大高耗能行业,产业数字化水平不高,多处于产业链中低端;电子信息和软件等新兴产业规模体量偏小,信息管理系统集成应用水平偏低,核心控制技术和关键零部件主要依赖外地供应,以汽车行业为代表的缺"核"少"芯"问题突出。2020年,全市软件信息服务业实现收入302亿元,规模位居全省第六,远低于第一梯队南京的5 900亿元、苏州的1 727亿元及无锡的1 600亿元。

2. *企业大而不强、小而不精,数字领军企业有待培育*

镇江的"产业强市"和"数字镇江"战略,要求本土企业形成"领军企业顶天立地、中小企业铺天盖地、高新企业占领高地"的数字产业战略格局,但目前此种格局尚未形成。一是大而不强。2021中国民营企业500强榜单中,全省92家企业上榜,镇江仅4家;2021年中国产业互联网行业百强榜中,全省17家企业上榜,镇江为零。二是小而不精。全市规模以上中小企业中,传统产业销售收入占比接近60%,占比过高,数字化改造水平低,难以形成差异化竞争及高品质供给;规模以上私营工业企业总数量、

总资产、总营业收入分列全省第 10、第 8 和第 9 位，处于全省中下游水平。

3. 创新动力不足、能力不强，企业研发投入有待提高

高科技企业是数字转型的生力军，此项却正是镇江的短板。一是产学研一体化进程缓慢。驻镇高校提供了全市三分之一的发明专利，但成果产业化率较低，难以形成市场价值。二是高层次创新平台较少。企业国家级工程技术研究中心、省级以上制造业创新中心的培育还处于起步阶段，尚未形成有效成果。三是企业创新能力不强、动力不足。缺乏大型创新型企业，2021 江苏省百强创新型企业榜单中，镇江只有 3 家；中小企业创新不够活跃，研发投入不足，缺乏数字人才；全市高新技术企业中近一半没有产业发明专利，主要依赖技术引进、简单模仿、延展迭代，关键核心技术缺乏，原始创新能力不强，数字化技术改造力度不大。四是企业研发投入不足。全市规模以上制造业企业研发投入占销售收入比重为 1.5%，比发达国家和地区 3% 的最低水平还低；全市全年研究与试验发展经费支出仅占地区生产总值比重的 2.3%，低于全省 2.9% 的平均水平。

4. 投资增长乏力、后劲不足，数字引资力度有待加强

其主要原因有三个方面：一是区位制约，镇江面临南京的"虹吸效应"，以及扬州、泰州等相邻城市的激烈竞争；二是人才制约，驻镇高校数字人才留不住，镇江以外数字人才不进来，严重制约了数字企业进入镇江；三是缺乏数字招商平台，信息不对称困境难以有效解决。

三、外地推进数字化转型的先进经验

自党的十九大报告提出建设数字中国以来，我国各地扎实推进数字化转型建设，探索了一系列行之有效的办法。梳理北京、上海、深圳等地的典型做法，可将其归纳为"加减乘除" 4 个方面的经验。

1. 在传统产业上做"加法"，推动数字化改造升级

北京推出农业、工业及服务业数字化转型工程，探索"数字田园、AI种植""黑灯工厂、智慧工厂""智慧医疗、智慧教育"等数字应用场景；

上海打造"3+6"产业体系，从"点""链""圈"三个维度实施制造新模式专项行动，推动制造业数字化转型；深圳建设行业级、专业型工业互联网平台，推动传统制造业云化改造，实现信息互联互通。

2. 在统筹规划上做"减法"，确保资源用在刀刃上

北京聚焦基础设施建设、数字产业化、产业数字化、数字化治理、数据价值化和数字贸易发展 6 个大方向，以基础设施保障建设工程、数字技术创新筑基工程、数字产业协同提升工程等 9 项重点工程，助力打造全球新型智慧城市"标杆城市"；上海聚焦经济、生活、治理重点领域高频急难问题，提出 5 个方面、27 条政策措施，全面激发全社会各类主体的数字化转型活力和动力；深圳聚焦"优政、惠民、兴业"，以数字政府、数字经济和数字市民三位一体的数字转型模式，加快推动城市治理体系和治理能力现代化。

3. 在内生动力上做"乘法"，引导企业数字化转型

北京以市属国有企业为抓手，一企一策，通过 25 条具体举措推动国有企业在数字化转型中打造先行示范；上海主动搭台，通过重点打造 100 个具有行业影响力的制造业数字化赋能平台，实现 80 万企业上平台，形成 1 000 个数字化标志性工业应用场景，不断催化企业与数字转型的化学反应，意图未来三年全市规模以上企业 70% 实现数字化转型；深圳龙华区发布"1+N+S"数字经济产业政策，针对企业数字化转型困境，通过政府购买和政策补贴等方式，开展企业数字化诊断、推动企业上云上平台等项目，多措并举推动制造业企业与平台型企业双向赋能，加快数字化转型步伐。

4. 在制度障碍上做"除法"，聚力营商环境再升级

北京出台营商环境 5.0 版本，打造全市统一的数字服务、数字监管和数字营商平台，在更大范围内推动简化涉企审批，让更多市场主体"准入即准营"；上海聚焦营商环境数字化转型，通过技术和数据赋能，进一步优化企业服务体系，推出更多点单式申请、非接触办理等；深圳推出营商环境 4.0 版本，通过"深 i 企"二期数字平台，从"政府端菜"转向"企业点菜"，对企业生产经营涉及的 2 800 多项业务进行一站式办理。

四、推进镇江数字化转型的对策建议

抢抓数字发展机遇，破解转型关键难题，推进数字镇江跨越式发展，必须强调"一个重视""四大聚焦"。

1. 高度重视数字镇江顶层设计，分阶段抓重点推进数字化转型

结合当前镇江经济社会发展现实，按照"数字政府→数字经济→数字社会"的发展脉络，分阶段抓重点推进镇江数字化转型：

短期内，加快建设协同高效的数字政府，推动政府治理能力现代化，引领数字经济与数字社会发展；中期内，聚焦培育富有活力的数字经济，推动产业数字化与数字化产业协同发展，为全面数字化转型提供经济基础；长期内，全力打造智慧便民的数字社会，提升社会治理精益治理水平，最终形成"数字政府+数字经济+数字社会"三位一体的"数字镇江"。

2. 聚焦高速智能信息网络体系，多措并举加快产业转型升级

一是着力打造"千兆城市"。一方面，继续推广"5G+千兆宽带"共享模式，提升5G建设效率，降低建设成本，保证镇江"双千兆城市"在全国的领先地位；另一方面，在重要场景建设千兆Wi-Fi，形成对"双千兆"的场景补充。以千兆5G刷新移动生态，以千兆宽带彰显基础实力，以千兆Wi-Fi提升智慧生活，打造全国领先的"三千兆城市"。

二是加快推进"千企上云"。加强省星级上云企业建设：以五星级定位标杆项目、四星级定位重点项目、三星级定位普及项目，形成上云企业集聚群；将省级"企业上云"专项补助资金落到实处，引导企业主动上云，推动企业加快数字化、网络化、智能化转型。

三是大力发展"智慧制造"。聚焦数字经济相关领域产业，特别关注智能电气、航空航天、智慧医疗等新兴产业，加快重点企业实现工业互联的速度，打造数字化产业链；以"人工智能+制造"的智慧制造新模式，实现传统智能制造再升级，"点（生产要素机器替代）、线（生产数字化、智能化）、面（人工智能+智慧工厂）"结合，力争"智慧制造"全国领先。

3. 聚焦区域数字优势特色培育，有效激发本土企业内生动力

一是图谱绘制，梳理区域优势特色。为数字带动性强、派生需求显著的重点产业绘制图谱，为新一轮投资提供方向指引；根据数字重点产业图谱，摸清相关企业生产经营情况，精准把握镇江数字优势特色；以物流为纽带绘制图谱，梳理重点企业上下游配套清单，精准把握产业链布局，为强链、延链、补链提供重要可靠依据。

二是外促内强，培育本土领军企业。外促：以高端装备制造、航空航天、新材料、新能源、现代物流等优势特色产业作为重点培育领域，以企业规模、成长性、企业家、财税贡献对数字化转型的重要程度等方面作为考虑依据，一企一策，差别化、梯度式培育本土数字领军企业。内强：弘扬企业家精神，从政策和市场层面激励和监督培育对象不断向产业链更高端转移，形成品牌核心竞争力，赋能镇江数字化转型。

三是龙头牵引，加强企业集聚联动。推进实施产业链"链长制"，以北汽新能源（北京新能源汽车股份有限公司的简称）、惠龙易通国际物流股份有限公司等一批与数字经济密切相关的行业龙头企业为重点，发挥产业链内龙头企业"以大带小"的作用，整合相关中小微企业配套服务，完善供应链体系，形成本土集聚效应，以"龙头牵引、配套跟随、区域协同、多企联动"的培育发展模式凝聚本土企业数字化转型的内生动力。

4. 聚焦探索创新发展动力源泉，着力打造"智造强市"数字名城

一是高起点谋划，落实数字名城建设时间表、路线图。以"智造强市""数字名城"为新一轮发展目标：在政策上，落实扶持力度、覆盖广度、激励深度、配套细度；在抓手上，启动"数字镇江"创新引领战略工程，明确建设阶段及各阶段任务；在监督上，责任主体落实到部门、单位、个人。

二是高水平培育，构建新型"政产学研用"创新模式。借鉴南京"两落地、一融合"创新模式，充分发挥江苏大学、江苏科技大学等高校的数字人才资源，以科研成果落地转化、新型研发机构培育、校地融合发展为主要攻坚目标，将镇江现有数字人才优势转化为数字发展优势，抢占数字化转型升级制高点。

三是高标准集聚，引进各类数字创新创业要素资源。项目跟着政策走，资源跟着项目走，项目跟着能人走。以高端数字人才引进为主，以要素资源引进为辅；以新材料、高端装备制造、人工智能等数字重点领域企业引进为主，以其他配套领域企业引进为辅。

四是高效率服务，打造"1+N+X""双创"支撑服务体系。"1"即一个"双创"服务中心，"N"是数字领域密切相关的重点扶持企业，"X"为各类相关部门；以"双创"服务中心串联重点扶持企业和各相关部门，及时双向联通政府创新政策及企业创新意愿，减少创新额外"交易成本"。

5. 聚焦数字招商引资升级优化，积极构建多元长效融资体系

一是靶向精准，聚焦重点产业领域。打造一支专业招商队伍，抓住"长三角一体化"及"宁镇扬一体化"等重大战略机遇，立足自身优势、特色，坚持靶向精准引资选资，主动出击，及时跟进，力促更多赋能镇江长效发展的优质数字项目落户。

二是智慧引资，打造数字招商平台。基于大数据技术，打造包含招商门户、产业地图、产业链全景图、目标企业画像、市场环境、政策推介等在内的数字招商平台，打通政府、企业、行业、市场间的信息孤岛；通过交叉分析与智能算法等数字技术，建立多维目标企业库，精准筛选与锁定，让招进的商家更加符合镇江发展需要。

三是模式创新，多措并举多元融资。综合应用产业基金引导模式、PPP（Public Private Partnership 的缩写，通常译为"公共私营合作制"）模式及飞地模式等现有成熟招商引资举措，探索资本招商、不动产投资信托基金（REITs）等新兴引资模式，多措并举构建多元化的融资体系。

（课题组成员：谈　镇　于　伟　刘业林　孟庆良　张一飞）

镇江市企业智能化改造和数字化转型路径研究

| 镇江市政府办公室课题组 |

近年来，中共镇江市委、市政府认真落实中共江苏省委、省政府关于推进制造业智能化改造和数字化转型（简称"两化"）的决策部署，充分利用数字经济这一关键增量，给制造业插上新一代信息技术的翅膀，为镇江制造业高质量发展提供了有力支撑。2021年，全市"两化"融合发展水平指数达到63.9，列全省第6位，较2020年上升1位。但目前不少企业仍面临缺动力、不愿转，缺技术、不会转，缺数据、不能转，缺支撑、不敢转的"四缺四不"困境。为此，本课题组考察了外地一些做法，归纳了他们的典型经验，结合镇江实际，针对本市企业智能化改造和数字化转型路径形成了一些对策和思路。

一、外地推动企业智能化改造和数字化转型的典型经验

通过对上海、杭州、苏州等先进地区的考察，将这些地区的经验归纳为"四个坚持"。

1. 坚持把数据要素作为"血动脉"

上海通过出台系列配套政策，建立健全数字"规则"体系，实施数据开放提质工程、数据流通加速工程、数据创新应用工程，实现千兆接入能力全市覆盖，中心城区和郊区重点区域实现5G网络连续覆盖，建立了数字化转型的"四梁八柱"。

杭州通过推动数据要素市场化改革，不断建强云计算、大数据等优势产业，积极研发和推广应用面向制造业的云计算、大数据解决方案，以阿里云为基础，打造具有世界领先水平的数字服务中心，构建国内外具有认知度和影响力的云计算大数据产业中心，并着力探索构建数据安全体系。

苏州遴选一批优秀数字化采集服务商并给予奖励，在机加工、"3C产品"（Computer、Communication、Consumer，计算机类、通信类、消费类电子产品的统称）及零部件等领域，为企业提供数据采集服务，支持云服务商为中小企业提供专门的云制造和云服务，鼓励中小企业将研发设计、生产制造、运营管理等核心业务能力向平台迁移，并对完成省星级的上云企业给予一次性补贴。

2. 坚持把平台载体作为"牛鼻子"

上海建成了宝信软件、上海电气等一批有行业影响力的工业互联网平台，优先加快布局基于5G、工业互联网、大数据中心等在内的新型基础设施，促进网络信息基础设施的"智连"，协同实施厂内数字化和厂间数字化，建造智能工厂或无人工厂，推进产业链或供应链数字化。

杭州积极探索"工业互联网+智能制造"，聚焦战略新兴产业，全力推动"万企转型"，打造具有国际影响力的"上云用数赋智"服务中心，推进"新工厂计划"，率先走出一条从"机器换人"到"工业物联网"再到"企业上云""ET工业大脑"的制造业数字化转型之路。

苏州通过外引内育，加大平台院所引进力度，培育壮大本地工业互联网平台，构建智能化改造和数字化转型优秀服务商队伍，针对不同规模、不同类型企业，分类服务指导智能化改造和数字化转型，推动中小企业加速普及应用互联网平台，推动产业链条共同实现精益生产、精细管理和智能决策。

3. 坚持把标杆企业作为"领头羊"

上海聚焦主导产业打造"上海制造"新范式，结合国企比重高的实际，实施国资国企工业互联网创新发展促数字化转型专项工程，推动先进制造业与信息技术集群式融合示范应用，同时结合"单项冠军"和"隐形冠军"

培育工程，打造经济数字化转型头部企业、标杆平台和融合应用品牌。

杭州积极发挥行业领军企业、龙头企业融合示范引领作用，打造一批行业级、企业级示范标杆，加强信息通信核心技术和关键产品的研发，在企业间、行业内、产业集群内有效使用、广泛运用，带动量大面广的制造业中小企业数字化转型升级，全面赋能制造业全产业链数字化转型升级。

苏州筛选基础好、能力强、水平高的重点企业，加快构建多场景、全链条、多层级的梯度示范体系，组织企业走进全市"灯塔工厂"，学习智能化改造和数字化转型经验，发挥标杆企业典型示范作用，推动综合效益显著的示范标杆企业输出技术和服务，开展集成应用创新，建设产业链协同平台。

4. 坚持把政企协同作为"双飞翼"

上海全市16个区均成立数字化转型工作领导小组，构建市、区两级定期沟通协调机制，建设市级数字化转型示范区，率先探索人、城、产的融合，依靠市场力量参与数字化转型，建立"揭榜挂帅"机制，支持组建数字化创新联合体，推动区域内优势产业与重点场景的数字化转型赋能。

杭州出台系列综合性政策，针对智能供给、集成电路、5G等数字产业出台专项政策，为新制造业高质量发展提供空间、资金、项目、人才等全方位的保障，全力推动数字经济和制造业向更广、更深、更新的层次融合发展。

苏州由市委、市政府主要领导牵头成立工作专班，编制发布专项工作方案，出台政策措施，解决企业智能化改造和数字化转型成本高、人才少、方案缺等问题，按照先导产业、高新技术产业、其他产业三个类别落实奖励政策，面向全国招标优秀机构，通过政府购买服务，分行业、分层次、分区域免费帮助企业"把脉问诊"，挖掘、激发转型需求。

二、镇江推动企业智能化改造和数字化转型的对策思路

镇江要坚持问题导向，抓住关键、突出重点、整合资源，有序推动企业智能化改造和数字化转型行稳致远，全面赋能增效镇江高质量发展。

1. 转型动力要从"政府推动"转向"企业自觉"

坚持因地制宜，从企业最紧迫的地方和得实惠最大的地方改起来和转起来，让企业看到当前有收益、长远可持续，形成"投入—获益—再投入"的良性循环。一是聚焦核心工艺，提升智造水平。核心工艺是企业的看家本领，只有不断进行技术创新，才能始终保持竞争优势。应当鼓励、引导企业加大工艺层面的持续投入，广泛运用数字技术，发展智能化生产、个性化定制、网络化协同、服务型制造、数字化管理等数字化制造新模式新业态，更好赋能核心工艺提升，全面提升数字经济时代企业的核心竞争力。二是聚焦产品升级，丰富数字内涵。产品是企业价值的载体。必须充分考虑人性化、个性化需求，融入数字化、智能化技术，根据用户习惯联网升级，不断完善产品体验。积极鼓励广大企业运用数字技术，大力推广人机协作、数据分析、智能感知等技术，对产品进行改造提升，为用户提供量身定制的服务，不断提高产品附加值和市场竞争力。三是聚焦核心产业，做强产业衍生。积极鼓励有条件的企业突破原有架构，剥离系统集成、信息服务等分支机构，成立独立法人实体，向本行业输出解决方案和管理经验，带动行业智能化改造和数字化转型，放大"溢出效应"，推动企业价值链向"微笑曲线"两端延伸，加快由单纯制造业企业向"制造+服务"衍生跨越的速度。

2. 技术支撑要从"被动响应"转向"主动服务"

针对企业缺技术、转型路径不清晰等共性问题，积极打造智能制造融合发展中心，主动为企业智能化改造和数字化转型提供一站式综合服务。一是开展免费诊断服务。重点抓好头部服务商、本地国企和标杆企业"三支力量"建设，加快集聚优秀的智能制造服务商；市、县协同对规模以上中小工业企业开展免费诊断服务，主动服务企业转型个性化需求，引导企业智能化改造和数字化转型。探索建立成效评估指标体系，邀请第三方咨询机构开展行业评估诊断，帮助企业解决行业转型中遇到的共性问题。二是搭建撮合服务平台。政企合力搭建线上线下一体化撮合平台，征集遴选优秀企业经典案例，系统展示智能制造新技术、新产品、新平台和新解决方案，为企业提供高端培训、供需合作、产融对接等一站式综合服务，成立专门对接团队，指导措施落地落实，填补企业供给侧和需求侧缺口。三是强化典型示范引领。通过示范企业先行先试，在减少用工、提高效率、节能减排等方面为等待、观望的企业提供看得见、可实现的技术路线。开展智能化改造和数字化转型标杆企业评选工作，树立一批综合效益显著的示范智能车间和标杆工厂，通过编制优秀项目和典型企业案例，全面展示示范企业的做法和成效，带动广大中小企业参与转型。

3. 融合发展要从"点上示范"转向"整体推进"

加快推进由单项应用到系统集成，由单台设备智能化到设备互联互通、上云上平台，由制造单元改造到建设智能车间、智能工厂的转变。一是点上持续发力，打通"敢转"路径。面向传统制造业不同规模企业，分类分阶段推进数字化制造普及、网络化制造推广。实施龙头骨干企业引领工程，开展以设备换芯、生产换线、机器换人为核心的智能化改造，加强智能生产管理系统与生产线自动化、智能化设备的深度集成，加快实现研发设计、生产方式、业务流程等全过程数字化转型，打造数字孪生企业。二是线上加强联动，拉起"共转"链条。聚焦全市 8 条重点产业链，分产业链开展智能化技术改造专项行动，提升产业链和供应链的协作效率和价值水平。积极培育生态主导型产业链"链主"企业，鼓励产业链"链主"企业打造产业链数字化协作平台，推进协同采购、协同制造、协同销售和协同配送等应用，打造"研发+生产+供应链"的数字化产业链，实现产业链上下游企业的供需数据对接和协同生产。三是面上全面布局，构建"愿转"生态。聚焦首批保留的 10 个主体开发园区，鼓励支持园区构建数字化建设标准体系，引导园区搭建数字化管理服务平台，利用大数据、云计算、区块链等数字技术提升园区运行管理、产业服务和运营决策的能力，加快推动制造业园区数字化转型。

4. 平台赋能要从"各自为战"转向"聚合发力"

整合现有数字赋能创新平台，充分发挥数据汇集、资源配置、创新载体作用，为企业智能化改造和数字化转型提供有力支撑。一是打造工业互联网平台。在"双跨平台"上，学习借鉴苏州等先进地区经验，结合镇江主导产业发展实际，加快引进国内知名的"双跨平台"，丰富各类解决方案，提升工业互联网服务水平和供给能力；在行业平台上，开展工业互联网产业链梳理，支持本地行业级工业互联网平台提升能力、做大做强；在供应链平台上，以开发园区、龙头企业为载体，集成物联网、大数据等技术应用，为链上企业提供云协同制造等服务。二是推动企业上云上平台。探索推动工业数据采集、传输、加工、存储和共享，加强机加工、"3C产品"及零部件等领域企业数据采集工作，促进数据开放利用。支持云服务商通过"一企一档""一链一档"模式，为中小企业提供专门云制造和云服务，鼓励中小企业将研发设计、生产制造、运营管理等核心业务向平台迁移。三是搭建协同式研发平台。围绕人工智能、工业互联网等领域布局建设本土制造业创新创业中心，支持在未来网络、高端软件等领域创建省级以上重点实验室、工程技术研究中心等。重点加快融合发展和制造业产业集群所涉及的关键共性技术的研发、转化，促进高等院校、科研机构与企业加强合作交流，突破解决产业数字化发展关键问题，推动科技成果高质高效转化。

5. 要素保障要从"大水漫灌"转向"精准滴灌"

聚焦当前企业数字化转型人才储备不足、转型改造成本高、数字要素流通不畅等问题，有针对性地提供有效的政策支持、环境支持和措施支持。一是打造"复合多面"的专业人才队伍。发挥省重点人才工程、市人才"镇兴"行动等的引领作用，编好用好智能化改造和数字化转型核心人才库和紧缺人才图谱，大力引进战略科学家、科技领军人才和创新团队。依托江苏大学、江苏科技大学等驻镇高校，采取订单式、定向式等方式打造制造业数字化人才实训基地，培育更多既具备本领域专业素质又掌握数字技能的复合型人才。二是完善"优质高效"的金融支持政策。市、县两级政府在积极帮助企业争取省财政补助的基础上，采取贷款贴息、有效投入补助等方式，按照先导产业、高新技术产业、其他产业三个类别，对工业企业有效投入给予配套补助。鼓励金融机构创新金融产品和服务，推出特色金融产品"智能制造贷"，向企业提供优惠贷款。三是建立"开放共享"的数据要素市场。加快建设数据聚集平台，完善数据资源管理机制，推进数据资源标准化、集成化和公共数据开放共享。通过数据要素分析，精准了解大中小企业需求，探索大规模个性化定制与柔性制造等多元化、个性化制造服务模式。完善工业信息安全风险评估、信息通报、应急处置等制度，保障数据安全和运行安全。

(课题组成员：丁　鹏　邹维维　鲍　健　徐宁翔　何伟凡　杨　腾　雍　恒)

镇江市数字经济发展路径研究

许向阳 孙 艺 廖 洋

习近平总书记指出，数字经济健康发展有利于推动构建新发展格局，有利于推动建设现代化经济体系，有利于推动构筑国家竞争新优势。当前，数字经济已经成为我国经济发展中创新最活跃、增长速度最快、影响最广泛的领域，推动生产生活方式发生了深刻变革。镇江高度重视数字经济发展，市委、市政府提出了做大做强数字经济关键增量的目标，进一步明确了镇江数字经济发展的目标任务。为助力镇江数字经济高质量发展，本课题组在研究国内兄弟城市主要做法的基础上，结合镇江实际，剖析存在的突出问题，并对镇江"数字融合发展"提出对策建议。

一、国内先进地区发展数字经济的主要做法

1. 数字基建方面

苏州通过"新城建"对接"新基建"，全面推动数字孪生城市平台建设、城市基础设施智能化建设和车联网基础设施建设；无锡以共建共用、集约建设为原则，重点打造基础设施配套、数据资源融合、业务能力共享、连接数字中枢的高度集成综合平台。

2. 数字产业方面

上海打造"3+6"产业体系，从"点""链""圈"三个维度入手，推动制造业数字化转型；深圳建设行业级、专业型工业互联网平台，推动传

统制造业云化改造，实现信息互联互通；苏州加快数字经济领域核心技术、共性关键技术和前瞻性技术的研发及交叉学科的集成创新，构筑贯通产业链上下游的数字创新生态系统。

3. 数字政府方面

苏州全面加快"一网通用""一网通办""一网统管"协同发展，构建网络空间安全防护体系；扬州聚焦破解"放管服"改革创新的堵点、政务信息系统整合共享的难点和数据资源应用开发的痛点，全面推进数字政府建设。

二、镇江市数字经济发展现状

1. 聚焦能力提升，增强数字科技创新引领

一是突破关键核心技术。鼓励企业围绕人工智能、未来网络与通信、数据计算与分析加大科研投入；在市重点项目研发计划中，支持数字领域关键技术攻关立项。二是提升企业创新能力。落实各类创新政策，引导企业开展、参与更多基础研究和应用研究，支持企业建设技术研究中心、工程研究中心等创新平台。三是加强校企产学研合作。开展企业技术需求精准征集工作，搭建校企合作平台，引导相关企业与高校和科研院所加强合作。四是提高科创载体建设实效。开展市级重点科技企业孵化公共服务平台培育工作，认定并扶持一批市级重点科技企业孵化公共服务平台。

2. 推动能级跃升，稳步发展数字经济核心产业

一是推进数字产业集群发展。京口区大禹山创意新社区吸引了工业互联网、人工智能、动漫游戏等领域20多个数字经济创新类项目入驻；高新区半导体及通信产业园集聚了芯视达、矽佳等9家半导体企业；官塘创新社区以数字经济为核心产业，阿里和润数字产业园、国网镇江现代产业服务基地等一批项目先后落户。二是注重培育数字产业企业主体。实施资本市场"扬帆计划"，助力数字产业骨干企业开展上市融资、并购重组，提升核心竞争力。打造数字产业"专精特新"企业，滚动建立"专精特新""小巨

人""单项冠军"和高新技术企业培育库。三是大力推进项目招引建设。开展以商引商、产业链招商，逐渐形成产业配套、产业集聚的发展格局。扎实推动恒美光电偏光片、容泰半导体集成电路芯片级（Chip Scale Package, CSP）封装等一批省、市重大"专精特新"和战略性新产业项目加快开工建设，夯实数字经济产业基础。

3. 加强融合赋能，加快产业数字化转型步伐

一是推进制造业"智改数转"。出台《制造业智能化改造和数字化转型三年实施方案》，深入开展"四群八链"数字化转型"软硬"对接服务活动，积极推进"两化"融合管理体系贯标、星级上云和工业互联网平台、工业互联网标杆工厂创建工作，以点带面有效推进制造业数字化转型，全市"两化"融合发展水平指数达到63.9。二是引导发展"互联网+服务业"。大力发展网络支付、金融租赁、现代物流、供应链管理等新业态新模式。引导和培育一批平台经济重点企业。6家企业已获评省互联网平台经济"百千万"工程重点企业。加大对服务业平台类项目支持力度，打造睿泰数字产业园数字媒体产业学院、产教融合基地等项目；支持江苏名通信息科技有限公司招引游戏产业上下游企业入驻，促进镇江网络游戏产业规模化发展；推出"百部 IP 宜创"计划，致力于打造"中国网络文学泛娱乐产业孵化基地"。三是推进农业数字化转型。加大数字农业建设投入，实施"互联网+"农产品出村进城工程，建立适应镇江市农产品网络销售的供应链体系、运营服务体系和支撑保障体系。推进农业农村信息化综合服务平台、县域大数据平台、数字农业综合管理平台建设，强化物联网技术应用点建设。

4. 坚持改革引领，不断提升数字化治理能力

一是建成市一体化在线政务服务平台。推动更高水平政务服务事项一体化、公共支撑一体化、服务途径一体化、线上线下一体化，实现"四端一平台"办事模式。二是拓展数字政务业务应用场景。提升审批便利度，改善办事体验，实现业务审批跨层级办理、网上办理。截至 2022 年 4 月，线上认领六大类权利事项可网办率达 99.8%。三是推进政务数据共享建设。

建设市大数据共享交换、数据治理平台，电子政务外网实现了横向80家市级单位，纵向8个辖市区、68个街道（开发区）、750个村（社区）的全覆盖。四是提升市域和网格化社会治理水平。打造"大数据+指挥中心+社会治理"模式，深入推进"互联网+调解"纠纷化解模式，推动矛盾纠纷调解申请在网上办理、调解工作在网上进行。

5. 营造发展氛围，持续优化数字经济生态体系

一是强化政策金融支持。强化数字化金融服务，拓宽企业在线融资渠道。完善知识产权质押融资工作体系，将知识产权质押融资纳入财政助力贷款。二是夯实数据网络安全防护。打造网络安全产业学院，推动数字安全产业、网络安全人才发展。完善网络安全技术力量体系，提升网络安全意识和突发事件处置能力，降低数据安全风险。

三、镇江市发展数字经济面临的主要问题

1. 数字经济发展整体水平不高

一是数字经济占 GDP 的比重仍然不高。2021 年，镇江市数字经济核心产业增加值占地区生产总值比重为 10.5%，与南京（15.9%）、苏州（14.6%）、无锡（14%）等先进地区相比仍然存在明显差距。二是制造业领域数字产业化集聚度较低。计算机通信、电子元器件及设备制造等数字产品制造重点行业中缺乏龙头企业。在镇江市内 2 388 家规模以上工业企业中，初步认定的涉及数字经济核心产业的企业仅 417 家，企业增加值占工业增加值比重明显低于南京、苏州和无锡。三是数字服务业支撑作用较弱。缺少具备生态构建能力的数字服务业龙头企业和头部平台。镇江市规模以上数字产品服务业企业仅 73 家，远低于苏南先进城市水平。

2. 企业数字化转型动力不足

一是企业转型主动性不强。面对近几年疫情影响下企业"保生存"的压力，加之企业数字化人才匮乏、转型路径不清晰、转型成本过高等问题的制约，企业数字化转型的紧迫感、主动性不强。二是产业转型引领性不

强。面广量大的中小企业大多尚未涉足数字化转型，产业链关联度低、产业集聚度低，缺乏产业牵引力强、影响力大的领军企业。三是专业服务针对性不强。广大中小企业普遍依靠外部提供专业化技术服务，镇江市数字服务企业偏少偏弱，无法满足"一企一策"需求。数字化改造项目大多是分段式和碎片化实施，转型的整体效果不明显。

3. 数字科技创新能力不足

一是缺乏重大平台支撑。在数字经济领域中，镇江既无"国字号"重大创新平台发挥引领作用，也无国家级重大科技基础设施和科技项目落地布局。二是缺乏核心产业支撑。智能感知与控制、数字化设计与制造等方面技术缺口较大，工业软件几乎全部依赖外部供应，严重制约镇江市数字经济的快速发展。三是缺乏联动体系支撑。以企业为主体的数字经济创新体系尚未真正建立，产学研结合的深度和广度还不够，龙头企业牵头联合各类科研院所组建技术中心、创新中心、研发中心的主动性和积极性不足。

4. 数字经济发展要素保障不足

一是在支持政策上缺乏系统集成。南京、苏州、无锡三市均在 2020 年前后制订了本地数字经济发展三年行动计划。相比之下，镇江市现有政策的前瞻性、针对性、有效性均不足。二是在财政扶持方面缺乏专项资金引导。镇江尚未统筹建立数字经济专项资金，苏州计划在"十四五"时期动态投入超 1 000 亿元专项资金；无锡设立了数字经济重点领域子基金，2020—2022 年累计规模突破 50 亿元。三是在区域协同方面缺乏合作机制。镇江各辖市区、开发园区在数字经济的发展目标、功能定位、产业布局等方面特色化不明显，相互之间同质化、无序竞争现象较多。四是在人才供给方面缺乏培养体系。数字人才供给结构性矛盾突出，技能型、应用型、融合型、创新型人才紧缺。院校专业设置与地方现有产业人才需求匹配度不高，数字人才职业技能培训不足。五是在数据共享方面缺乏高效应用。政务数据归集率不高，市级 57 家应接尽接部门中有 22 家尚未对接数据共享交换平台。数据使用率偏低，数据应用场景不多，跨部门协同的关联业务、数据分析应用较少，数字经济统计监测体系还不健全。

四、促进镇江市数字经济高质量发展的路径研究

1. 加强系统谋划，构建发展新格局

一要坚持规划引领。研究制订落实《江苏省"十四五"数字经济发展规划》的具体实施意见或三年行动计划，引导各辖市区根据各自的产业特色和发展定位，形成特色鲜明、错位发展、相互融合的数字经济发展新格局。二要强化政策引导。整合优化产业、创新、金融等政策，创新企业数字化转型的财政投入机制，从"后补贴"转向"前激励"。引导金融机构创新金融服务，鼓励天使投资、创业投资、产业投资基金支持数字经济重点领域、关键核心技术和创新成果产业化。三要注重人才引育。深入实施"镇兴人才"计划，精准引进数字经济人才，对高层次人才和团队实行专人联系、一人一档、一事一议、一企一策，重引进更重留用。

2. 提升产业能级，培植竞争新优势

一要增强数字经济基础产业竞争能力。聚焦镇江重点打造的新一代信息技术产业链，针对数字经济基础产业的短板弱项开展链式招商，通过强链、延链、补链提升镇江市数字经济核心产业的竞争力。二要壮大数字经济新兴产业发展动能。围绕大数据、云计算、人工智能、工业互联网、智能网联汽车等新兴产业，推动一批优质项目和创新技术加速对接落地，打造一批重点数字领域产业集群和数字龙头企业。三要挖掘数字经济未来产业发展潜力。把握前沿技术发展趋势，加快布局量子通信、虚拟现实、第三代半导体等高端前沿数字产业，积极开展重点领域示范应用，推动产业化发展进程，在产业竞争中积蓄新兴动能。

3. 聚焦"智改数转"，探索转型新路径

一要加快打造应用场景。探索智能制造新场景、新产品、新服务的开发推广，培育以用户需求为牵引的"制造商+服务""产品+服务"智能制造产业生态，"一企一策"解决中小企业数字化转型问题。二要推动重点产业转型。重点围绕"四群八链"，以及转型升级需求迫切的传统行业，推进

产业链协同、运营分析预测、质量工艺优化等模式创新，以"链主工厂"和"单项冠军""小巨人"企业为重点，培育一批具有行业竞争力和供应链控制力的"品牌企业"。三要强化引领示范带动。鼓励和支持企业充分利用国内外先进生产要素，加速工业互联网、人工智能等新一代信息技术与制造技术相融合，形成创新融合、高端集聚、集成应用、高效辐射的示范效应。

4. 强化载体建设，打造发展新平台

一要建强园区载体。优化数字经济园区布局，推动园区专业化、特色化、差异化发展；注重强化园区服务产业发展的功能作用，增强园区人才招引、培训、服务等方面的能力。二要培育创新载体。与国内外知名大学、科研机构等大院大所深化科技合作，引进、建设一批重大科技基础设施、科研机构和重大创新平台载体。依托产业联盟、行业协会等平台纽带，招引数字经济领域"双跨"平台、研究机构等高端载体落户。三要壮大企业主体。支持数字领域龙头企业联合供应链重点企业、高校院所等各类创新主体组建创新联合体。围绕数字产业化、产业数字化过程中的重大技术难题或共性关键技术，加速企业科技成果转化。

5. 注重统筹协调，形成推进新机制

一要加强组织协调。统筹全市数字经济发展中的政策制定、工作协调、重点项目建设及重大事项决策，形成决策高效、分工明确、协同配合、推进有力的工作机制。二要完善考核体系。将推动数字经济发展工作纳入对市相关部门和辖市区高质量发展的考核内容，形成上下一致、协同推进的工作合力。三要加强统计监测。强化全市数字经济统计监测和评估，注重对数字经济总体情况、变化态势，以及龙头骨干企业的运行监测分析，为制定和完善产业政策提供决策参考依据，保障镇江市数字经济平稳健康发展。

（作者单位：镇江市人大常委会经济工委）

以数字化建设促进农业农村高质量发展

| 蒋 勇 |

近年来，以习近平同志为核心的党中央高度重视"三农"工作，作出实施数字乡村等一系列重大战略部署，以数字化建设推动农业农村高质量发展和乡村振兴。2021 年 7 月，中共镇江市委、市政府召开全市数字镇江发展大会，提出数字融合是一次"全面性融合""全方位赋能"，要求重点抓好数字产业化与产业数字化。发展数字农业成为一项迫切需要研究和实施的重大课题。

一、镇江数字农业发展现状

近年来，镇江市积极落实数字乡村战略和数字经济政策措施，谋划推动数字农业发展，取得了积极成效。

（一）聚焦基础设施建设强保障，推动数字农业发展

1. 建设信息平台

镇江市在全省率先开展农业农村信息化综合服务平台建设，按照"1+1+N"构架，构建了 1 个农业农村大数据资源中心、1 张农业农村多层信息时空图和 N 个信息化应用系统，形成种植、畜牧、渔业等 8 个专题，加强大数据分析决策、卫星遥感测产和农业产业地理信息系统（Geographic Information System，简称 GIS）等功能建设，打造信息集成共享、服务统筹协同、资源整合利用的综合平台。2021 年，镇江农业农村信息化综合服务平

台被评为江苏省数字农业农村新技术新产品新模式优秀案例。扬中市完成了全省首家县级农业大数据平台建设的招投标。

2. 共享开放数据

梳理信息资源目录，推进数据归集共享。镇江农业农村信息化综合服务平台向市大数据局共享农民收入统计信息、土地确权数据、农作物病虫草害信息、动物检疫证明、肥料登记证、农药经营许可证等两大类 70 种数据资源信息，并接入市市场监管局、税务局等涉农数据，用于涉农经营主体信用评价体系建设；与省"苏农云"平台实现数据资源互联互通，初步实现省、市、镇三级纵向数据及市级横向数据贯通。

3. 聚焦行业应用

镇江市构建了种植、农田、农产品质量安全一张图和农药监管、农村人居环境长效监管、茶叶全产业链管理、农业产业园区管理和农业经营主体信用评价系统。2022 年 6 月，镇江市首届农业嘉年华开幕式暨"镇江市数字农业农村实践基地"揭牌仪式举行，市农业农村局与阿里巴巴华东有限公司发布合作倡议书，推进"数字三农"建设，加速乡村"智变"；江苏润果农业发展有限公司（简称"润果农业"）先后被认定为"全国首家京东示范农场"和"江苏省生产型数字农业农村基地"。截至 2021 年，全市农业农村大数据建设应用水平达 67%。

(二) 聚焦物联网技术应用促融合，推动产业智能化发展

1. 培育数字农业主体

镇江市支持现代农业产业园区和各类经营主体应用信息技术和智能装备实现生产管理方式向智能化、数字化转型升级。2021 年，润果农业通过农业农村部大田数字农业项目专家组验收，入选江苏省数字农业农村新技术新产品新模式优秀案例。截至 2021 年，全市共建成 5 家省级数字农业农村基地。

2. 推广物联网技术应用

镇江市建成农业物联网综合服务平台等综合型农业物联网示范应用平台和长江沿线视频监控、江苏新港农业科技有限公司、润果农业等一批物

联网技术应用项目。截至 2021 年，全市规模设施农业物联网技术应用总面积达 7.78 万亩，农业信息化覆盖率达 67%；全市 2021 年在省农业物联网管理服务平台新增物联网数量达 220 个。

（三）聚焦农产品营销建设增人气，推动农业电商发展

1. 培育电商主体

推动京东"中国特产·镇江农特产馆"、苏宁易购"中华特色馆·镇江馆"等建设，重点支持恒顺香醋、润州水晶肴肉、句容丁庄葡萄等特色优质农产品触网。建成句容市农村电商产业园等一批电商产业园，培育"我的社区 365"等一批电商主体。截至 2021 年，全市农业电商主体达 3 404 家，获批省级农业电子商务示范单位 12 家、"一村一品一店"示范村 20 家。

2. 开展技能培训

开展农民手机应用技能培训、"e 起致富"苏货直播"新农人"培训；举办"带货助农跑起来·镇江乡村邀您来"镇江农产品直播技能大赛，超 400 位"新农人"参赛。2021 年，全市举办农产品电子商务培训班 10 期，培养农产品电商人才 1 100 多人。

3. 拓展产销模式

开展助农帮销活动，拓展农民创收新途径。2021 年，全市组织 25 场农产品直播助销活动，共助农帮销农产品 47 种；利用"苏菜直通"平台组织产供信息填报，推动农产品触网上行。2021 年，全市共填报农产品销售信息 10.1 万条；农产品网上营销额达 53.37 亿元，同比增长 30.9%。

（四）聚焦建强服务载体优服务，推动数字信息发展

1. 创新信息服务机制

在市农业农村局内部管理上推出重要改革措施，构建以数字信息服务"三农"发展为核心内容的"一办四组"工作机制，激发数字信息惠农活力。《新华日报》5 次头版点赞镇江市"三农"发展新成效，央视频道连续报道"镇麦 15"创苏南地区高产新纪录、镇江段长江十年禁渔"鱼群跃出水面"新实践。2021 年 9 月至 2022 年年底，镇江市"三农"工作被《人民

日报》客户端报道 70 多篇，被《新华日报》头版报道 5 篇，被"交汇点"客户端报道 130 多篇，被学习强国平台报道 40 多篇；"金色田野"公众号发布相关内容 1 300 多条，关注人数达 1.4 万多人。2022 年 7 月，镇江市政务新媒体排名位列全国第 24 名。

2. 推进信息进村入户

强化公益服务、便民服务、电商服务、培训体验服务"四项服务"，注重益农信息社常态化管理，做好动态监测工作。2021 年，全市依托益农信息社共开展便民服务 27.28 万人次，金额 189.11 万元；依托益农信息社实现农产品电子商务销售额达 2.46 亿元。

3. 优化信息服务载体

发挥市农业农村局网站、"亚夫"直通车短信平台作用，发布惠农政策、气象预警、项目申报、实用技术、市场行情、政务资讯、行业动态等信息。2021 年，全市开展信息服务 54.28 万人次，发送惠农短信 633.95 万条。

二、农村数字化建设存在的主要问题

（一）规划引领还不够到位

市、县两级均未出台引领数字农业发展的规划或实施方案，未来几年的数字农业目标定位和推进路径尚不明晰。

（二）基础设施还不够完善

农业数据平台功能不够完善，信息化系统建设分散，数据整合归集不足，缺乏统一标准和规范体系；县级层面尚未建成农业大数据平台和涉农县区农业物联网创新应用基地；各农业物联网设备、管理平台难共联共享。

（三）要素供给还不够充分

资金投入方面，市、县两级均未设立数字农业专项资金，缺乏稳定的财政投入机制；人员队伍方面，老龄化和文化水平偏低等原因影响了数字农业技术的应用推广，专业人才不足；数据资源方面，农业数据资源分散，数据要素价值挖掘利用不够，数据归集整合和共享开放不足。

（四）产业融合还不够深入

"四群八链"中的高效园艺、休闲农业重点产业，以及智能农机、农产品加工、农业生产性服务业等农业产业链和现代农业产业布局中的特色优势产业数字化应用不多，融合渗透还不够深入。

（五）场景应用还不够广泛

数字场景应用在农产品电商、植保无人机现场作业、蛋鸡智能化养殖等领域已有探索，但在智能农机、粮食安全、水产养殖、茶叶全产业链、食用菌、花卉苗木等领域应用还不够广泛。

三、加快农村数字化建设步伐的对策建议

（一）总体目标

紧扣"四群八链"产业体系确立的主导产业发展方向和现代农业产业布局，加快农业产业数字化转型和农业数字产业化，以"1966"数字化模式推动数字农业建设，即建成一个数字农业大数据平台，建设九类数字园，打造六大领域数字农业应用场景，发展六种数字业态，推进数字技术在生产管理、流通营销、行业监管、农业服务等乡村产业中全面融合应用。按照"分步走"推动"走前列"、"重点突破"带动"整体推进"的发展思路，建成一批全省一流的数字农业应用场景和省级以上数字农业农村基地，打造农业农村现代化数字样板。

（二）实现路径

1. 强化组织保障

建立市局主导、县区主责、企业主体、镇村协同的工作格局，构建一体谋划、部署、推进、考核的制度机制。组建数字农业工作推进专班，下设粮油、茶果、畜牧、渔业、农机和行业监管等专题业务工作组，建立"领导小组+专班+业务组"工作体系，统筹推进数字农业试点示范、应用场景建设、数据管理和考核评价等工作，协调解决重点难点问题。市、区农

业农村部门建立相应工作推进机制，保障工作顺利推进。

2. 突出规划引领

加强顶层设计，强化规划引领，突出"四群八链"和现代农业产业布局数字化，聚焦优质粮油、高效园艺、特种养殖、休闲农业等特色优势产业和智能农机、农产品加工、农业生产性服务业等重点农业产业链数字化，制定出台全市数字农业 3 年发展规划或实施方案，明确总体思路、发展目标、重点任务和推进路径等，推进数字农业大数据平台、生产管理数字化应用、流通营销数字化应用、行业监管数字化应用、农业服务数字化应用和数字农业场景应用建设，集聚生产要素，注重产业融合，打造工作品牌，以数字农业建设为引领，加快推进全市现代农业高质量发展。

3. 完善基础设施

强化技术服务，制定统一标准，规范数据体系，提升平台功能。一是建成数据平台，以镇江农业农村信息化服务平台为基础，完善、提升功能，突出数据展示和应用服务两种功能，整合统筹现有硬件资源，统一建设接入、数据、输出、应用标准，建立跨区域、市县镇一体化运转机制，构建交互顺畅、动态实时、精准精确、信息丰富、高效共享的"$1+1+N$"数字农业大数据应用平台。二是建立统一标准，加快丹阳市、句容市、扬中市和丹徒区等县级农业大数据平台建设，实现省、市、县三级平台互联互通。三是建立考核机制，推动丹阳市、句容市、扬中市和丹徒区农业物联网创新应用基地尽早建成。

4. 加大资金投入

突出数字农业重大项目招引，将其列入全市乡村产业招引工作意见，建立工作专班，明确服务专员，及时协调解决项目遇到的问题，为项目提供全方位保姆式服务；建立稳定的财政投入机制，整合统筹市级资金，设立数字农业专项资金，采取以奖代补、先建后补、贷款贴息等方式鼓励社会资本投入数字农业建设；鼓励银行、保险等金融机构研发促进数字农业场景创新和应用的金融产品，为中小企业推动场景项目建设提供资金支持。

5. 加强队伍建设

一要加大数字农业人才招引力度，壮大乡村产业人才队伍。深入实施乡村人才"引凤行动"，聚焦人才"镇兴"行动政策，在市"金山英才"计划中重点支持数字农业，招引一批数字农业急需人才、紧缺人才和领军人才。二要强化人员培训，壮大农技人才队伍。构建市、县、镇（村）三级培训学习体系，将数字技术、电子商务列为"讲堂、学堂、课堂"重要培训内容，开展数字素养和技能培训。

6. 集聚数据资源

一要构建农业资源数据目录体系。编制数据资源目录，构建全市农业要素资源目录体系，实现省、市、县三级联动对接与数据开放共享。二要建立全产业链数据采集体系。推进农业大数据建设，整合各方资源，探索建立覆盖全产业链数据的采集体系。三要建立数字农业大数据库。统筹建设农业自然资源等大数据板块，形成全市农业基础数据资源体系，建成以农业数据资源"一中心"，农业资源要素"一张图"，农业生产、经营、管理和服务数字化场景应用"一张网"，数字监管服务"一系统"为核心的数据集成应用平台。

7. 聚力产业融合

一要推进生产管理数字化应用，利用现代信息技术全链条全过程融合作业生产，建设数字农场、牧场、渔场、农机、茶园、果园、菜园、菌园、田园，发展数字加工业、种业等。二要推进流通、营销数字化应用，发展数字新业态，发展休闲农业、创意农业、乡村旅游和线上云游等新业态新模式；发展农村电子商务，推进"互联网+农产品"出村进城，建设农产品线上销售平台，加速发展直播电商、直播带货等新业态。三要推进行业监管数字化应用，发展数字监管业，探索构建数字化农产品质量安全追溯系统和合格证管理系统；探索推进农药、化肥等农业投入品数字化监管，构建"进—销—用—回"数字化全程闭环监管体系；探索农业综合执法监督数字化转型，推动形成"审批—监管—处罚—监管评价"农业农村执法全流程功能闭环。四要推进农业服务数字化应用，发展数字生产性服务业，发展农业生产"云服务"，提高农田托管等方面的数字服务能力；发展数字信息服务业，深入实施信息进村入户工程，提升益农信息社服务窗口功能，建立健全广覆盖、多功能、便捷化信息服务体系，为农户提供更多更便捷的数字化服务。

8. 创新场景应用

围绕"四群八链"和现代农业产业布局，突出需求导向和问题导向，找准小切口，谋划大场景，"让数据多跑路，让群众少跑腿"，打造"一件事"数字农业应用场景工作品牌，探索建设粮食安全、智能农机产业链、智慧畜禽、智慧渔业、茶叶全产业链数字化管理、无人驾驶等六大领域应用场景，覆盖农业产业链全过程。

（作者单位：镇江市农业农村局）

数字经济赋能镇江经济高质量发展研究

| 严明礼　卞　茜　王玉凤 |

在经历了马力时代和电力时代后，以数字化为特征的"算力时代"已经到来。以数据资源作为关键生产要素、以现代信息网络作为重要载体、以信息通信技术的有效使用作为效率提升和经济结构优化重要推动力的一系列活动，为经济社会发展带来了革命性重塑的机遇。党的十八大以来，以习近平同志为核心的党中央将发展数字经济作为国家战略。中共江苏省委十三届九次全会提出，"全面强化数字赋能，率先构建起现代化的强劲经济支撑"。镇江也确定了数字经济"一号工程"的战略地位，明确要求在推动数字产业融合发展、催生发展新动能上取得更大突破。本文基于 SWOT模型，对当前镇江发展数字经济存在的优势和劣势、面临的机遇和威胁做全面分析，探讨镇江加快发展数字经济的实践路径。

一、镇江数字经济发展的 SWOT 分析

（一）S（Strengths）——发展优势

进入"十四五"时期，中共镇江市委、市政府将数字经济作为全市聚力打造的"四大产业集群"之一，有力推进数字应用，高水平打造了 6 个省级工业互联网平台、8 家省级工业互联网标杆工厂，创成 334 家省级星级上云企业；构建了"1+1+N"智慧镇江体系和"一局、一中心、多生态"的大数据发展格局。产业质效加快提升，2021 年全市数字经济核心产业增

加值同比增长 19.3%，高于地区生产总值增速 9.9 个百分点。近年来，市政府与华为等企业签订了战略合作协议，共同积极推动华为（镇江）数字联合创新中心、数字镇江、智慧警务等领域合作项目落地；与微软合作共建的镇江数字经济创新中心、阿里和润数字产业园、数据湖产业园、江苏旺捷大数据有限公司等重大项目有序推进，数字产业规模不断扩大。

（二）W（Weaknesses）——发展劣势

1. 政策规划起步迟

为抢抓数字经济发展新机遇新引擎，全省各地竞争极为激烈，纷纷出台了数字经济发展规划及扶持政策。镇江关于数字经济发展的政策还局限于数字政府建设、产业数字化等，并没有明确出台数字经济全面发展的规划目标及相关扶持政策。

2. 产业规模体量小

由于起步迟、投入强度小，镇江市数字经济规模能级偏弱，规模效益亦未显现。2021 年，全市规模以上数字经济核心产业增加值占地区生产总值比重为 3.5%，远低于全省 7% 左右的平均水平；和数字经济核心产业密切相关的电子信息产品制造业、软件和信息服务业的营业收入，在全省占比均不足 1%；全市模规以上数字经济核心产业企业仅 400 家左右，占全市"四上"企业数的比重不足 10%。

3. 数字产业水平较低

目前，镇江市数字产业还集中在传统的电子元器件制造行业，位于电子信息产业链的中下游，难以辐射带动上下游相关企业的数字化发展；缺少"互联网+"、大数据、人工智能、云计算等新一代信息技术服务企业，移动、电信和联通三大传统信息服务业占据半壁江山。

4. 产业集聚度不高

数字化发展是一项系统性、长期性的战略工程，镇江市已推动建设的官塘创新社区、大禹山创意新社区等专业园区，因载体平台建设还不成熟，缺乏高端大型数字经济产业项目，故还未成为具有综合影响力和辐射带动力的数字经济发展核心区。

（三）O（Opportunities）——发展机遇

1. 政策环境更趋完善

党中央、国务院对发展数字经济形成系统部署，为数字经济发展创造了有利的政策环境。中共镇江市委、市政府顺应数字经济发展大潮，提出要"做大数字经济关键增量"，抢抓数字经济发展机遇。

2. 经济转型更加迫切

目前，镇江经济正处于转变发展方式、优化经济结构、转换增长动力的攻关期，在爬坡过坎过程中面临各种难点、堵点、痛点，数字经济将成为镇江经济发展的关键变量和增量，是镇江经济发展的制胜关键。

3. 数字赋能更加突出

应通过打造数字产业链条，培育数字产业集群，提升新一代信息技术产业发展能级，并通过数字化技术改造传统优势产业，释放数字经济对传统经济的放大、叠加、倍增效应。

（四）T（Threats）——发展威胁

1. 国内外环境依然存在不确定性

当前，我国经济仍处于疫情冲击后的恢复阶段，经济发展动力不足，不稳定不确定因素增多，国内企业缺乏活力，经济下行压力还在持续加大。

2. 中小微企业转型面临较大困难

2022 年是"智改数转"的首年，面对智能化改造及数字化转型的要求，大部分企业积极主动进行"智改数转"，但一些企业特别是中小微企业存在"不想、不敢、不会"的"三不"现象，面临观念、制度、管理、技术、人才等方面的挑战。

3. 网络安全形势较为严峻

网络安全是数字经济良性发展的保证。在利用多种数字化工具开发建设网络的同时，数据与信息日益成为数字化运营的中心，这也导致了安全考验日益严峻。

二、镇江数字经济发展的路径选择

面对数字化浪潮，镇江应牢牢抓住数字化、网络化、智能化融合发展的机遇，全力推进信息技术与实体经济的深度融合，以数字经济赋能经济高质量发展，打造数字经济"镇江路径"，实现镇江数字经济由"跟跑""并跑"向"领跑"转变。

（一）强基础，夯实数字经济底座功能

一是加大信息基础设施建设。以推进"千兆城市"建设为契机，加大信息通信方面基础设施建设力度，包括互联网宽带线路、5G 基站数量等，统筹全市 5G 信号覆盖规划，提高 5G 网络覆盖密度，使信息通信网络向现代化网络过渡。二是坚持政府推动和企业实施并进。企业是市场经济的重要主体，需要与数字经济发展相适应，顺应智能化、平台化新趋势。政府在提供高速网络资源的前提下，应指导和扶持企业应用新一代信息技术、编制技术突破路线图和任务，促进云计算、大数据、人工智能和区块链等技术与实体经济的深度融合。三是夯实数字平台载体建设。以集成电路、云计算、人工智能、区块链等硬件和软件领域为重点，综合考虑各地区产业发展的基础与条件，着力推进专业园区载体建设工作，尤其要在已初具规模的官塘创新社区、大禹山创意新社区、高新区科技产业园，以及国家级、省级数字化重点片区建设上有所突破，将重点园区、片区打造成科技资源集聚地和科技创新小高地，带动数字企业在这些专业园区集聚，充分发挥园区示范带动作用，助推全市数字经济集聚发展、高质量发展。

（二）强融合，释放数字经济市场活力

一方面，要大力培育数字产业新增长点。紧盯"一号战略"，按照数字产业的发展方向和镇江市的产业禀赋，研究制定明确的数字领域投资招引方向和目标，重点引进 5G、智慧城市、大数据、人工智能、智能制造等领域的企业和项目。立足镇江市电子信息产业现有基础，大力实施补链、延链、强链，尽快摆脱电子信息产业处于产业链中间低价值环节的生存状态，通过提质增量，推动电子信息产业高质量发展。着力培育一批主业突出、核心竞争力强、带动作用明显的领军企业；高度重视培育成长型中小企业和科技初创企业，努力实现数字经济核心领域的"四上"企业在库数量达到700家以上。另一方面，要加快推动传统制造业"智改数转"。推动重点产业链、龙头骨干企业、中小企业"智改数转"，形成"智改数转"推进合力，促进"智改数转"落地落实，为加快镇江制造业高质量发展提供强力支撑。

（三）强技术，增强数字经济内生动力

数字经济的核心驱动力在于创新，应充分发挥平台在技术创新中的引领作用，搭建一批高端研发、产业创新和共性服务平台，加快优质创新资源集聚，增强数字经济原发性创新、产业共性技术攻关和专业化服务能力，为数字经济的可持续发展注入强劲动力。应有效发挥企业的主体作用，企业应该牵住自主创新"牛鼻子"，提升数字技术基础研发能力，加大关键核心技术攻关力度，扩大品牌知名度，打造享誉世界的品牌。应主动发挥领军企业的带头作用，引导整个行业创新发展。应主动向数字经济发达地区学习，借鉴其发展模式和成功经验，与市情、企业实际相结合，生产出符合自己产品定位的产品，提高数字经济产品和服务的增加值。

（四）强保障，优化数字经济生态环境

一是政策保障。根据镇江数字经济发展规律和现实特点，协调数字经济发展的短期、中期和长期目标，前瞻性、高标准制定数字经济发展规划，积极抢抓数字经济发展机遇。二是人才保障。落实好人才"镇兴"政策，主动链接北京、上海、南京等地知名院校的创新资源，推进人才和产业项目的交流合作。定期发布全市数字产业紧缺人才需求目录，做精做实赴重点区域校园引才活动，鼓励校企合作培养应用型、技能型人才，为数字经济迭代发展夯实智力支持。三是资金保障。加大对重点企业、重大项目、关键技术的支持力度，推动财政专项资金向数字产业的倾斜。鼓励金融机构为中小市场主体实施数字化转型提供定向金融支持，畅通数字产业企业增信融资渠道，形成资金向实体经济、数字经济流动的政策导向。

（作者单位：镇江市统计局）

镇江市中小企业"智改数转"对策研究

| 朱　霞　温大勇　徐晓声　戴诗宜 |

《江苏省制造业智能化改造和数字化转型三年行动计划（2022—2024）》发布后，苏州、无锡、常州、南通、盐城等地纷纷出台制造业"智改数转"三年行动计划，将"智改数转"视为企业提质增效、抢占发展制高点的关键之举，以及推进制造业转型升级、实现高质量发展的必由之路。在此背景下，《镇江市制造业智能化改造和数字化转型三年实施方案（2022—2024）》出台，镇江市将发展数字经济作为产业强市的战略引擎，着力以"智改数转"助推镇江经济高质量发展。

一、镇江市中小企业"智改数转"现状

目前，镇江市相关职能部门分类施策推进"智改数转"，构建服务体系，提升支撑能力，各企业纷纷驶入"生产换线""机器换人""企业上云"等"智改数转"发展赛道，但深入调研发现仍存在以下问题。

（一）企业"智改数转"的决心不够、信心不足

镇江市大部分企业，尤其是制造业企业，已认识到"智改数转"的重要性，正加快实施"智改数转"，助力企业提质增效。但仍有不少中小微企业持观望态度，在购买设备、谋划改造等方面显得更加保守和谨慎。

（二）企业数字能力有待建设与提升

当前，技术快速迭代更新、用户需求变化加速、资源环境刚性约束增

加，使得企业发展面临的不确定性日益增强，未来唯一确定的就是不确定性。数字能力具备动态感知和实时分析、敏捷响应和精准执行、自主决策和预测预警、快速迭代和学习优化 4 方面素质，可以有效预防、理解、处理、化解不确定性。因此，企业最迫切需要提升和建设的是应对挑战、抢抓机遇的数字能力。然而，大部分企业对何为企业数字能力、如何建设数字能力尚处于探索阶段。

（三）企业"智改数转"的治理体系有待完善

镇江市中小企业推行"智改数转"，普遍存在没有成熟的技术系统、缺乏产品解决方案、缺乏组织文化和机制体系等问题，尤其是各部门、各职能机构在传统的组织体系下相对割裂，难以形成统一的客户观并付诸执行；领导层对数字技术理解和认识不到位；员工数字化能力不足；原有工作机制不适应数字化时代新的需求和特点；日常业务和工具的数字化升级改造不足；"智改数转"变革期间的内部沟通不到位；等等。

二、中小企业"智改数转"的路径解析

（一）中小企业数字能力的科学解构

中小企业应从与价值创造和传递紧密关联的各个环节统筹考虑，主要包括产品创新能力、生产与运营管控能力、用户服务能力、生态合作能力、员工赋能能力、数据开发能力等。

（二）"智改数转"的治理体系

推进中小企业"智改数转"是一项系统工程。为保障其顺利实施，需要多重体系的"保驾护航"，包括确保战略协同的推进体系、以用户为中心的闭环管理体系、强化过程管控的制度体系、激发转型活力的人才体系等。

首先，在推进体系方面，需要完善领导和决策体系、各部门分工与协作体系，以及纵向一体化推进体系。企业可成立由一把手挂帅的"智改数转"领导小组、由各部门领导参加的"智改数转"工作小组，以及办公室等常设工作机构，构建"智改数转"的领导与决策机制，把"智改数转"作为"一把手工

程"，建立战略、业务、数字化、财务、人力等相关部门的分工与协作机制。

其次，在闭环管理和过程管控方面，需要以能力建设为主线，全过程贯穿"智改数转"的战略洞察和规划、战略分解、战略落地、战略闭环和迭代等，帮助企业更好地统筹"智改数转"战略全局，促进数字化投资与业务变革发展持续适配，从而降低企业"智改数转"失败的风险。同时，要围绕数字能力建设，以价值效益为导向，不断实践和迭代优化治理体系，形成闭环的过程管控机制。

最后，在人才体系建设方面，需要梳理数字化人才能力需求，开展能力测评，完善数字化人才的选、育、用、留机制。企业要建立不同层次的数字人才培育体系，实现高层赋智、中层赋能、一线人员数字素养和技能提升。应通过开展关键岗位数字人才能力测评，形成数字人才能力提升及激励计划，构建数字人才交流互动、知识创新等赋能机制。同时，应推动各级人员转变观念，通过理论教学和复盘训战相结合，加速数字人才的技能培养。要通过"智改数转"工作常态化开展和数字能力的持续打造，达到在实战中培养数字人才的目的。

三、加快推进中小企业"智改数转"的对策建议

（一）加大优秀服务商培育力度，形成"智改数转"推进合力

建立本地"智改数转"服务商资源池，引进扶持一批专业化水平高、服务能力强的"智改数转"服务商，形成"智改数转"推进合力。为广大中小企业进行分行业、分层次的"智改数转"诊断，并出具高质量的诊断报告，为企业"智改数转"明确路径和方向，解决企业转型过程中的痛点、堵点、难点，引导企业加大智能化投入、提升数字化水平。深入推进"智改数转"工作落到实处，深层次、宽领域、多场景推进企业"智改数转"。

（二）强化工业软件应用、网络设施及信息安全等基础保障，加快"智改数转"推进步伐

支持新型电力装备、智能农机装备、医疗器械、物流等重点特色产业

链培育，建设一批工业互联网平台。加强自主可控工业软件技术攻关、产品研发和解决方案集成，为面广量大的中小企业打造出多个工业大数据应用示范项目和典型应用场景。坚持数字赋能，用优质的服务推动企业转型。开展"数字画像"，帮助企业找准转型路径；推动"上云用数"，帮助企业提升管理水平；拓展平台资源，帮助企业增强竞争力。坚持"软硬协同"，用坚实的基础支撑企业转型，加快"智改数转"推进步伐。

（三）以诊断服务为抓手、以人才培训为支撑，促进"智改数转"落地落实

高标准遴选一批优秀的"智改数转"诊断服务商，分类为中小企业开展免费诊断服务，提高诊断方案转化实施率。按照江苏省示范智能车间申报条件和镇江市"智改数转"相关政策，从智能装备全面应用、生产物料精准配送、生产过程实时管控、生产信息跟踪追溯、能源消耗智能管控、安全环保智能管控、车间内外联动协同等方面，分析企业实际状况，找出关键指标差距。基于诊断结果，结合企业的实际需求和行业特点，参考《智能制造能力成熟度模型》（GB/T 39116—2020），给出智能制造能力提升路径，确认企业的智能制造改进目标。此外，充分运用和落实人才"镇兴"行动相关政策措施，着力引育全市急需的"智改数转"领军人才、创新创业团队和数字工匠。坚持需求导向，加速集聚创新人才。立足镇江市产业发展需求，集聚多层次创新创业人才，培育急需的专业技能型人才，锻造优秀企业家队伍，切实有效地推进人才引培工作，以此促进"智改数转"落地落实。

（四）构建更具竞争力的创新发展生态环境，打造更加高效友好的政策服务环境

畅通全要素，构建更具竞争力的创新发展生态环境，打造更加高效友好的政策服务环境。注重政策的便利性和可达性，"说了让企业听到""说到就坚决做到"，确保各项政策有效执行、落地落实。构建更加集中精准的财政金融支持体系，进一步加大财政投入、金融供给、基金招商力度，充分发挥财政扶持资金"四两拨千斤"的作用。建立更加有力有效的推进落

实机制，进一步明确责任，加强联动协作、督查调研，在政策落地上做好"后半篇文章"。营造更加包容、宽容的社会氛围，鼓励各级干部勇于创新，引导各类企业敢于创新，推动整个社会乐于创新，真正让创新在全社会蔚然成风。

（五）大力招引培育高新技术企业、"专精特新""小巨人"企业、"独角兽"和"瞪羚"企业，发挥引领作用

加强科技型企业招商，与此同时，切实抓好现有企业研发机构建设、研发经费投入、研发人才培养。成立专班、细化方案、梳理名单、精准诊断，一企一策，示范引领，稳步推进。

（作者单位：江苏科技大学）

坚持高质量发展扎实推进共同富裕

| 史健洁　蔡　希　吕若曦 |

实现全体人民共同富裕是中国式现代化的本质要求。党的十八大以来，党中央把逐步实现全体人民共同富裕摆在更加重要的位置，江苏省委、省政府要求江苏在率先建设全体人民共同富裕的现代化上走在前列。镇江推进共同富裕有着良好的现实基础，同时也面临着一些问题，亟须加快落实党和国家关于扎实推进共同富裕的战略部署，谋划镇江高质量发展推进共同富裕的特色路径。

一、准确把握新时代推进共同富裕的内涵要求

新时代推进镇江全体人民共同富裕，大体包括以下要求。

1. 坚持产业强市推动高质量发展，夯实共同富裕的基石

做大"蛋糕"是共同富裕的前提。对镇江来说，推进共同富裕就是要坚持实施产业强市战略，构建高效益、低消耗、更具竞争力的现代产业体系，夯实全市人民共同富裕的"基本盘"。

2. 覆盖全体人民，做到"一个不少"

共同富裕不是少数人的富，而是全体人民的富。镇江要以茅山革命老区等经济相对薄弱地区，以及低收入人口为重点帮扶、保障对象，通过生产力布局、城乡融合等方式，缩小城乡差距、收入差距，让全市人民共享"幸福镇江"发展成果。

3. 畅通渠道，激发全体人民共同富裕的内在动力

共同富裕不是均等富裕，也不是劫富济贫，更不是完全由政府兜底，而是通过一部分人先富的示范，带动大家走向共富。为此，要着力保障教育、医疗、就业等社会资源顺畅流通和公平分配，让人人都有通过勤奋劳动实现自身发展的机会，实现"镇江很有前途"的奋斗理想。

4. 提高公共服务水平，建设"幸福镇江"

共同富裕本质上是人民的普遍利益、根本利益和长远利益，不是数字达标的速度游戏，更不是空口许诺、吊高胃口的说教式宣传。对镇江来说，实现共同富裕就是要科学构建与经济社会发展相适应的公共服务体系，稳步提高社会保障水平，创造人民群众看得见、摸得着、享得到、有温度、可感知的幸福。

5. 发扬"大爱镇江"精神，加强全方位文明建设

共同富裕的最终目标，不仅是物质财富的极大丰裕，而且是物质文明、政治文明、精神文明、社会文明、生态文明的全面提升。对镇江来说，要发扬"大爱镇江"精神，全面提升人的思想道德素质，实现"富口袋"与"富脑袋"的高度统一，创造更加丰富灿烂的镇江文化、更加和谐优美的社会环境和生态环境。

二、镇江扎实推进共同富裕的现实基础和短板弱项

1. 现实基础

一是综合实力不断提升。2021 年，镇江全市实现地区生产总值 4 763.42 亿元，人均 14.82 万元，达到中等发达国家水平，高出江苏人均水平 1.12 万元。二是居民收入稳步增长。2021 年，镇江市常住居民人均可支配收入 50 360 元，高于全省人均可支配收入 2 862 元，居全省第五位。三是市场活力持续迸发。2021 年，全市市场主体达到 54.2 万户，上市挂牌企业总数 512 家；全市规模以上民营工业企业 1 763 家，占全市规模以上企业的 83.8%。四是民生福祉大幅改善。镇江连续入围"中国最具幸福感城市"，

医疗、养老、失业等主要保险覆盖率保持在98%以上。五是富民强村成效显著。2021年，镇江农村集体经营收入平均达到160万元，城乡居民人均可支配收入比例缩小到1.89∶1。六是生态环境全面好转。镇江连续4年成功举办国际低碳大会，荣获"中国人居环境奖"。七是文明风尚不断彰显。镇江实现全国文明城市"三连冠"，"大爱镇江"品牌影响力不断提升。

2. 短板弱项

一是产业发展内生动力不强。镇江产业结构偏重，化工、钢铁等重工业占比超过70%，附加值高、盈利能力强的产业占比较低；规模以上工业企业亩均税收低于省内沿江8市平均水平；产业创新动力与产业发展不匹配，科技进步贡献率、研究与试验发展经费支出占地区生产总值的比重均低于江苏平均水平；高新技术企业数量仅占全省总量的3.2%；大企业、大项目较少，头部企业数量较少、实力偏弱、带动性不够；近年来列入省重大项目清单的项目数量处在全省较低水平，对产业后续发展的支撑不够，总体发展势头不足。

二是城市发展活力有待激发。镇江开放活力不足，进出口总额和实际利用外资金额处在全省下游，分别占全省的1.6%和2.8%。综合保税区、中瑞镇江生态产业园等开放载体尚未找到自身发展定位和特色发展路径，通关效率、口岸服务水平等仍需优化提升。对中高端人才的吸引力不足，创新型、技术技能型等人才培养和储备不足，面临周边宁沪杭、苏锡常等城市"虹吸效应"的压力，引才聚才难度进一步加大。

三是区域发展不平衡不充分问题仍然存在。镇江县域经济特色不够鲜明，带动能力不足。与苏南其他地区相比，丹阳、句容和扬中的竞争力不强，仍未摆脱传统的生产模式和经济模式。园区经济整体实力不强，部分园区主导产业趋同、发展空间受限、产出效益较低，特别是省级以下园区，普遍存在规模小、布局散、产业层次不高等问题。

四是公共产品供给质量与人民期盼仍有差距。公共服务供给结构性失衡，镇江市每千人口拥有执业（助理）医师数居全省末端，重点专科数量和水平处于"洼地"；部分基层乡镇卫生院无人上门，中高端医疗手术外流现象严重。社会保障水平与周边地区相比仍有差距，城乡居民基础养老金、最低生活保障标准等指标显著低于苏南其他城市。

三、扎实推进镇江全体人民共同富裕的思路、目标与途径

1. 基本思路

以习近平新时代中国特色社会主义思想为指导，全面贯彻党的二十大和二十届一中、二中全会精神，深入落实习近平总书记关于江苏工作的重要指示和要求，坚持高质量发展，坚持重点突破，坚持共建共享，坚持系统谋划，坚持市场主导、政府引导，不断增强人民群众的获得感、幸福感、安全感和认同感，高水平展现现代化建设"镇江很有前途"新篇章，为江苏推动共同富裕做出镇江贡献。

2. 主要目标

到 2025 年，镇江全体人民共同富裕迈出坚实步伐，居民收入增长和经济增长、劳动报酬提高与劳动生产率提高基本同步，居民收入和实际消费水平差距逐步缩小。到 2035 年，共同富裕取得更为明显的实质性进展，人均地区生产总值在 2020 年基础上翻一番，居民人均可支配收入再上新台阶，中等收入群体比重明显提高，基本公共服务实现均等化，农村基本具备现代生活条件。共同富裕的制度体系更加完善，共同富裕价值取向牢固树立，群众获得感、幸福感、安全感和满意度居于全国前列。

3. 主要路径

一是锚定产业强市目标，做大做好共同富裕"蛋糕"，构建更具竞争力的富民产业体系。促进"四群八链"能级提升，大力发展市场前景广阔、具有良好成长性的细分领域，吸引核心配套环节、优质资源要素在镇江集聚发展。打造更加强劲的产业创新动力：健全技术创新风险保障和利益分享等机制，提升镇江对各类创新资源要素的吸引力与集聚力。建立更加高效高质的产业发展模式：强化"亩产、效益、能耗、环境论英雄"导向，健全低端、低效企业退出长效机制，完善高耗能企业使用绿色电力的刚性

约束机制，突破资源与指标瓶颈，提升产业发展质量。培育更具活力的市场主体：打造一批深耕细分领域、具有市场竞争力的"专精特新""单项冠军"企业，培育壮大高新技术企业集群。营造更加优化的营商环境：持续树立"企业至上"的理念，优化法治化、市场化、国际化营商环境，提升政府服务效能，打造"镇合意"营商环境服务品牌。

二是完善收入分配制度，打造合理、有序的橄榄型社会结构。优化三次分配格局，根据镇江发展实际动态调整最低工资标准；通过法律、市场、行政等手段推行区域性、行业性工资集体协商制度。推动更高质量就业：实施"双创"载体提质增效行动，打造小尺度、功能复合的创客工坊、创业社区等新型众创空间，争创国家级创业型示范城市。研究制定扩大中等收入群体的行动方案，增强高校毕业生、科技人员、高技能人才、职业农民等重点群体的增收活力。强化困难群众托底保障，健全分层分类的社会救助体系，统筹社会救助、社会福利、社会互助、优抚安置等各类制度，推进各类救助政策综合集成。

三是促进机会公平与结果公平，推动创富机会均等化。着力打造人才集聚福地，实施"产业链人才赋能"计划和"一行业领域一人才工程"，精准引进产业需要的高层次经营管理人才和专业技术人才。坚守教育公平底线，重点改善全市薄弱地区、薄弱学校、乡村教育的办学条件，保障进城务工人员随迁子女、残疾儿童、家庭经济困难学生等适龄青少年平等接受良好的义务教育，坚决遏制教育资本化倾向。

四是推进区域协调发展，拓宽"先富带后富"有效路径。加大开放合作力度，深度融入长三角一体化发展，以配套互补和关联发展为方向，建立健全接轨上海的合作交流机制；携手推进南京都市圈建设，合力打造G312产业创新走廊，探索跨区域产业合作税收分享和统计分成可行路径。做强县域经济，充分激发丹阳、句容、扬中县域经济发展活力，培育壮大眼镜、康旅、智能电气等强县富民特色产业，以数字经济、分享经济、平台经济等新业态、新模式为传统产业赋能，打造全国县域经济高质量发展集聚高地。推动园区创新转型发展，持续完善"一区多园"代管托管模式，加快形成各具特色、功能完备、层次分明的园区发展格局，不断提高园区承载力和贡献度。繁荣发展农村经济，深化农村一、二、三产融合，不断拓展"戴庄经验"内涵，积极发展乡村旅游、民宿、农耕文化体验、健康养老等绿色富民产业，打造农村网络知名景点，建设共富乡村样板区。

五是增加优质普惠公共产品供给，塑造高品质生活。促进公共服务优质均衡发展，开展基本公共服务供给质量提升行动，动态调整与经济发展相适应的基本公共服务标准，稳步增强全市人民的获得感、幸福感。顺应人民日益增长的美好生活需要，扩大中高端公共服务供给，扩大专业化、个性化、品质化公共产品和服务供给，形成与基本公共服务相互补充、相互支撑的良性发展格局。健全家庭发展支持体系，争取开展以家庭为课税主体的税收改革试点，积极落实国家优化养老、教育、育儿相关税收优惠政策。

六是营造自信自强文化氛围，充分激发共同富裕精神力量。点亮"大爱镇江"精神地标，以社会主义核心价值观为引领，弘扬劳动精神、奉献精神、工匠精神，发扬"亚夫精神""糜林精神"等的重大典型示范效应，彰显新时代镇江精神、镇江价值、镇江力量。培育现代公民素质；引导公民正确认识共同富裕的思想内涵，弘扬奋斗精神、创造精神，培养和激发青年人发挥主观能动作用、实现勤劳创新致富的思想理念。加强优质文化滋养；深度挖掘和整理历史文脉，实施"城市记忆"工程，进一步彰显长江文化、大运河文化的时代价值和独特魅力，塑造文化新风尚。

七是加大关键环节改革力度，探索资源资产价值化实现路径。深化农村土地制度改革，建立农村存量经营性建设用地清单管控制度，健全农村集体经营性建设用地入市制度。创新生态产品价值实现机制：建立生态系统生产总值（Gross Ecosystem Product，简称 GEP）评价应用机制，鼓励句容等地率先探索 GEP 核算，形成具有镇江特色的核算技术规范，有序建立覆盖全市的 GEP 核算制度。创新要素参与分配制度：健全各类生产要素由市场决定报酬的机制，加快探索知识、技术、管理、数据等要素价值的实现形式。拓宽城市资源资产化渠道：对于交通、水利、新型基础设施等重大投资项目，鼓励采用基础设施不动产投资信托资金（Real Estate Investment Trust，简称REITs）方式自我"造血"，并将回收资金用于新的项目建设，以形成投融资良性循环的商业闭环模式。

八是完善镇江共同富裕推进机制。建议将原镇江市富民增收工作领导小组调整为扎实推动共同富裕工作领导小组，由其负责统筹协调、组织推进全市共同富裕工作，做好共同富裕顶层设计。推动督查考核一体化，将共同富裕实现工作的推进情况作为考核相关部门和有关领导干部的重要参考，以激励保护和容错纠错的工作机制引导干部敢担当、善作为。积极开展试点示范：主动承担省级以上改革试点、探索示范任务，在数字经济、城乡区域协调发展、生态产品价值实现机制、碳排放权区域交易市场建设、政府债务化解等方面开展实践探索；在全市各部门组织开展共同富裕相关的各类市级试点，鼓励有条件的辖区、市主动承担、积极探索，加强对各地方、各部门试点示范的统筹指导，力争形成更多的突破性制度成果和创新性实践成果。夯实工程项目支撑：围绕可以示范引领、需要补缺补短、必须巩固增强的环节，找准关键抓手，聚焦富民产业壮大升级、收入分配合理公平、人力资本普惠提升、公共服务提质扩面、城乡品质生活共享、"富口袋""富脑袋"相协调等关键领域，系统梳理、提前谋划、扎实推进一批重点项目。强化政策协同保障：根据共同富裕导向，完善经济社会相关配套政策，既衡量经济效益，又重视社会效益，在分配制度、科技创新、城乡区域协调发展、公共服务、生态产品价值实现等方面推动制度创新变革，形成相应行动方案或支撑政策文件，为共同富裕提供创新性、突破性政策和制度供给。凝聚社会建设力量：充分发挥各种市场主体在推进共同富裕中的积极作用，有效完善市场机制，调动政府引导调节功能，使实现共同富裕的过程成为各方互利共赢的过程。

（作者单位：镇江市发展和改革委员会）

镇江市开发园区体制机制改革创新研究

| 镇江市社科联、镇江市政府办公室、江苏大学联合课题组 |

开发园区是各地推进高质量发展的主战场、主阵地、先行军。随着资源要素日益紧缺、现代产业体系加速构建，开发园区必然要从"村村点火"转向"精耕细作"的新阶段。2022 年 7 月，中共镇江市委、市政府公布了首批 10 个保留开发园区名单，标志着镇江开发园区的整合提升进入实质性阶段。能否实现开发园区体制机制的改革创新，影响甚至决定着开发园区转型升级的成败。本课题组通过深入调研，学习借鉴"他山之石"，提出开发园区体制机制改革创新的相关思考和建议，以期能对党委、政府的决策有所助益。

一、镇江市开发园区体制机制改革创新的难点分析

通过深度访谈和问卷调查，课题组认为，镇江开发园区体制机制改革创新的难点，主要集中在观念更新、体制变革、人事改革、考评创新等方面。

（一）思想观念不适应

镇江开发园区建设发端于 20 世纪 90 年代初。1993 年，经江苏省政府批准，镇江市及丹阳、句容、扬中、丹徒 4 市（县）共设立 5 个省级经济开发区。至 20 世纪末，全市乡镇工业园区一度多达 92 个，甚至村级工业园区也遍地开花。2005 年以后，虽然几经整合，但成效并不明显。截至 2021

年年底，全市仍有各类工业园区 55 个，绝大多数未能摆脱发展粗放、形态低级、效益低下的传统发展模式，属地政府和园区管理人员的思想观念大多仍旧停留在"摊大饼"式发展的阶段，对园区发展的趋势、规律和国家政策研究不够，重当前轻长远、重数量轻质量、重外延轻内涵，处理不好局部与整体、园区与地方、产业与技术之间的关系，发展思路不清晰、对策不准确、重点不突出、特色不鲜明。

（二）管理体制不适应

镇江市开发园区以政府主导型"区政合一"管理体制为主，政府全面主导园区的建设和运营，行政化色彩浓厚，市场化参与度偏低；机构设置不够精简，内部管理层级较多，管理队伍比较臃肿，行政成本偏高（10 个首批保留开发园区平均设置职能机构 9 个，行政编制 44 个，管理人员 259人）；权责利划分不明确，管理边界不清晰，经济发展的主责主业不能聚焦（10 个首批保留开发园区中仍然承担社会管理职能的有 6 个）；授权不完整，园区自主权限不足，降低了园区的审批办事效率。

（三）人事制度不适应

镇江市开发园区人事管理以身份管理为主，实行薪酬待遇与编制挂钩制度，"官本位"现象较为突出（从平均薪酬看，行政编制人员年薪约为 25万元，事业编制人员年薪约为 20 万元，社会化聘用人员年薪约为 14 万元），薪酬制度欠灵活，难以激发员工的积极性和创造性；部分省级开发园区没有人事任免权，"看得见的管不着、管得着的看不见"，容易出现人岗不匹配等问题。

（四）考评体系不适应

镇江市开发园区年度考核名义上由商务、科技部门牵头（商务部门负责对经济技术开发进行考核，科技部门负责对高新技术产业开发区进行考核），但是属地政府在园区资源配置、薪酬确定等方面有很大的自主权，各行其是消减了统筹效用；考核内容"大而全"，有的与发展战略脱节，缺乏文化支撑，有的业绩与奖惩不匹配，导向和激励效果不彰，甚至部分园区领导干部甘愿"躺平"。

二、国内典型开发园区体制机制创新实践考察

　　课题组先后考察了佛山、广州、北京（中关村）、上海（漕河泾）、苏州等地的开发园区。这些园区的管理体制各有不同，大体可分为政府主导、企业主导和政企混合三种类型。政府主导型有的是园区管委会出面主导，有的是园区和政府协同主导。政企混合型有的是政企合一，有的则是政企分离。不同管理体制适合于不同功能定位、发展阶段、开发面积的开发园区。这些园区在人事管理、绩效考评、薪酬激励等方面的运行机制都比较灵活（这里从略），各自取得了优异的发展成绩。

　　佛山国家高新技术产业开发区（简称"佛山高新区"）于1992年12月成立，核心区面积48.6平方千米，管辖区面积470.72平方千米。佛山高新区实行"市统筹、区建设、齐分享"的管理体制和"一区五园、统一规划、分园管理、创新服务"的管理模式。2021年，佛山高新区实现地区生产总值1 846.29亿元，工业总产值4 792.67亿元，经济强度达3.92亿元/平方千米。科技部火炬中心通报显示，佛山高新区在2020年全国169家参加排名的国家高新区综合评价中列第25位；2020年第八届先进制造业大会发布的《中国先进制造业发展指数》显示，佛山高新区列全国先进制造业百强区第13位。

　　广州开发区成立于1984年，核心区面积88.77平方千米，管辖区面积450.56平方千米，实行"一个管理机构、一套班子、四块牌子"（广州经济技术开发区、广州高新技术产业开发区、广州出口加工区、广州保税区）的新型管理模式，集成不同经济功能区的优惠政策。2021年，广州开发区实现地区生产总值3 495.78亿元，规模以上工业总产值6 586.65亿元，经济强度达7.76亿元/平方千米。商务部通报显示，广州开发区在2021年全国217家国家级经开区综合发展水平考核评价中列第2位；实际利用外资、财政收入、上市企业数量等5项主要经济指标2021年保持全国经开区第一；2019—2021年连续三年获得国家级投资促进大奖。科技部火炬中心通报显

示，其在 2021 年全国 157 家参加排名的国家高新区综合评价中列第 4 位。

中关村国家自主创新示范区（简称"中关村示范区"）源于 20 世纪 80 年代初期的"中关村电子一条街"。1988 年，国务院批准成立北京市新技术产业开发试验区（即中关村示范区的前身），这也是全国首个国家级高新技术产业开发区。经历了"一区三园""一区五园""一区七园"的范围调整，目前中关村示范区拥有 16 个功能园区，核心区面积 174 平方千米，管辖区面积 488 平方千米。北京市成立了中关村国家自主创新示范区领导小组，设中关村科技园区管理委员会作为市政府的派出机构，与市科学技术委员会合署办公。2021 年，中关村示范区实现企业总收入 8.3 万亿元，经济强度达 27.3 亿元/平方千米。科技部火炬中心通报显示，其在 2021 年全国 157 家参加排名的国家高新区综合评价中列第 1 位。

上海漕河泾新兴技术开发区（简称"漕河泾开发区"）成立于 1988 年 6 月，地跨徐汇、闵行两区，同时具备国家级经济技术开发区、国家级高新技术产业开发区、国家级出口加工区三重功能。开发区核心区面积 9.4 平方千米，管辖区面积 14.28 平方千米，实行"人大立法、政府管理、公司运作"的独特管理模式，不设管委会。1988 年 7 月，上海市漕河泾新兴技术开发区发展总公司成立，为上海临港经济发展（集团）有限公司下属核心企业，实行企业化运作。2021 年，漕河泾开发区实现销售收入 5 850 亿元，经济强度达 409.7 亿元/平方千米。商务部通报显示，其在 2021 年全国 217 家国家级经开区综合发展水平考核评价中列第 15 位。

苏州工业园区成立于 1994 年，是中国和新加坡两国政府间的重要合作项目。2019 年，国务院批准设立中国（江苏）自由贸易试验区，苏州片区全部位于苏州工业园区内。苏州工业园区面积 278 平方千米，实行政企混合型管理模式，设有中共苏州工业园区工作委员会（简称"园区党工委"）、苏州工业园区管理委员会（简称"园区管委会"）、苏州工业园区人大工作委员会、苏州工业园区政协工作联络委员会和中新苏州工业园区开发集团股份有限公司。园区管委会突出经济发展职能。2021 年，苏州工业园区实现地区生产总值 3 330.26 亿元，一般公共预算收入 400.06 亿元，规模以上工业总产值 6 007 亿元，经济强度达 11.98 亿元/平方千米。商务部通报显示，其自 2011 年起在全国国家级经开区综合发展水平考核评价中连续六年列全国第 1 位。科技部火炬中心通报显示，其在 2021 年全国 157 家参加排名的国家高新区综合评价中列第 7 位。

三、镇江开发园区创新体制机制的建议

镇江开发园区体制机制改革应学习借鉴国内先进园区的经验，以保留开发园区为主，从优化机构设置、变革人事薪酬制度、健全考核评价体系等方面进行重点探索。

（一）重构管理体系架构

推行"一区多园"管理体制，按照"一个平台、一个主体、一套班子"的体制架构，优化机构编制资源配置。

1. 精简管理机构数量

从可行性、先进性角度考虑，镇江新区（镇江经济技术开发区，简称"经开区"）宜采用管委会主导模式，实行两级管委会管理方式，顶层实行"一套班子、两块牌子（镇江经开区、镇江综合保税区）"，集成国家经开区、保税区的优惠政策。其他开发园区宜采用区政适度分离模式。要严控、压减基层管委会数量。丹阳经开区、丹阳高新区、句容经开区、扬中高新区、扬中经开区、丹徒经开区、京口经开区采用一级管委会管理模式，将辐射联动园区管委会纳入主体（核心）园区管委会，推行合署办公。管委会作为区（市）人民政府的派出机构，实行"一套班子、一块牌子"。镇江高新区、官塘创新社区采用一级管委会管理模式，实行"一套班子、一块牌子"。开发区顶层除设立管委会领导机构外，可以根据实际需要设置党工委作为所在行政区党委的派出机构，也可以设管委会党组。党工委（党组）和管委会对园区规划、财政、招商和人员等进行集中统一管理。

2. 精简优化内设机构

实行"大部门制"，按照"小机构、大服务"原则整合优化内设机构，

尽可能设置综合性部门，不搞对口设置、过细分工。原则上国家级开发区内设机构不超过 15 个，省级开发区内设机构不超过 10 个，官塘创新社区内设机构不超过 8 个；职能相近的事业单位同步整合，原则上数量不超过 2 个。从严从紧核定人员编制和领导职数，鼓励统筹使用各类编制资源，实行编制分类管理、人员统筹使用，实现编制资源集约化利用、科学化管理。

3. 优化管理运行模式

镇江新区、镇江高新区实行"区政合一"型管理模式，顶层管委会作为市政府派出机构，代表市政府全面管理区内各项建设、土地开发和招商引资工作。丹阳经开区等 5 个省级开发区和官塘创新社区探索经济区与行政区适度分离模式，剥离开发园区管委会的社会管理职能，将其交由开发园区所在地政府负责，开发园区聚焦于产业发展、项目招引、科技创新、营商环境等经济职能；同时，推行"政企混合"型管理模式，按照管理机构与开发运营企业合理分离的原则，探索"党工委（管委会）+"的运行机制，支持独立的开发运营主体承担开发建设、产业培育、投资运营等专业化服务职能。

（二）变革人事管理和薪酬制度

按照"企业化管理、市场化运作、专业化服务"的要求进行人事管理制度改革，变身份管理为岗位管理，树立和践行以奋斗者为本的导向。

1. 选优配强领导班子

高配党工委"一把手"，实行"区政合一"模式的开发园区党工委主要负责人由上一级党委常委兼任；实行"区政分离"模式的开发园区的党工委书记由所在行政区的党委书记兼任，以增强统筹力度。管委会领导班子尤其是主要负责人应当采取组织推荐和个人自荐相结合的方式选拔，把真正"想干事、能干事、敢担当"的优秀干部选拔出来攻坚克难；实行"政企混合"模式的开发园区，管委会与开发公司领导人员适度交叉任职、合理兼职。

2. 推行全员聘任制度

破除行政事业编制和编制内外的身份界限，推行聘任制，变身份管理为岗位管理、绩效管理、能力管理。下放管理层级和岗位设置权限，根据开发园区规模、财力等情况，合理确定员额数量。园区可以根据工作职能和承担的任务，设置若干主管、主办岗位，可以在规划建设、招商引资、项目服务、财政融资等领域特设岗位，每个岗位都有明确的职责和权限，做到"权责对等，有职必担"。

3. 搭建动态薪酬体系

坚持"以贡献论英雄"的导向，建立市场化、差异化的薪酬体系，推行绩效工资制，探索基本工资、绩效考核奖励、特殊贡献专项奖励薪酬分配制度，不搞论资排辈，不管职务高低，贡献大就可以拿高薪。

(三) 健全考核评价体系

构建园区、部门、个人三个层级的绩效考核体系，强化考核结果应用，推动在"干得好"和"薪酬高"之间形成正反馈循环。

1. 健全开发园区考核体系

开发园区考核由镇江市考核办协同镇江市发展和改革、商务、科技部门负责实施，要把开发园区考核纳入全市高质量发展绩效评价考核体系。在考核指标设置上应当有所突出，重点关注经济增长、税收贡献、产业链群构建（主导产业集聚度）、招商引资（重大项目投资增量）、安全环保等指标。既可以采取"发展指数+水平指数"的评价方法，也可以采取积分法，设置考核指标"基准线"，实绩低于"基准线"的扣分，超额完成任务的加分，多劳多得、优劳优得。9 家转型发展类园区应列入全市层面统一监测考核，三年过渡期内考核达标可以保留。将园区年度考核结果与园区领导班子尤其是管委会主要负责人的年度考核挂钩，并将其作为干部任用的重要依据：达"基准线"的留任，达不到"基准线"的调整；因不达标而被调整的人员，不得安排高于现任岗位等级的岗位。空缺职位鼓励"毛遂自荐"。新提拔的领导干部实行 1 年试用期制，期满考核达"线"者正式任用，不达"线"者免去试任职务。

2. 健全内设机构（包括所属事业单位）考核体系

内设机构考核由开发园区党工委和管委会负责实施，交相应部门或成立专门部门承担。考核强调关键绩效指标导向，以实绩论英雄。根据部门主要职责设置，明确考核指标"基准线"，实绩低于"基准线"者扣分，超过者加分。实行"政企混合"模式的开发园区，对开发公司的考核明确年度目标，由开发园区管委会负责实施，把考核结果作为支付服务费用、给予政策支持、运管委托存续的主要依据。

将内设机构的年度考核结果与机构主要负责人的年度考核挂钩，并将其作为干部任用的重要依据：不达"基准线"者免除现任职务，且不得安排到高于现任岗位等级的岗位。

3. 健全个人考核体系

个人考核由负责内设机构考核的部门组织实施。考核坚持结果导向，量化赋分到个人，不能量化的实行团队负责制，按照责任大小分配部门考核得分。个人考核结果与薪酬待遇挂钩，绩优酬优、奖优罚劣。在项目招引、资金争取等方面有突出贡献者，给予专项特殊奖励。

探索末位淘汰制。学习华为等企业每年保持5%自然淘汰率与10%合理流动率的经验，实行岗位考核等次强制分布，设置不低于3%的最差等次比例，考核末等者视情况重新分配或予以解聘，不愿意接受重新分配者予以劝退。

四、市、县层面对开发园区发展加强统筹保障的建议

只有市、县层面实施强有力的统筹保障，园区整合方能行稳致远，达成预期效果。

（一）向开发园区赋权

政府要依法有序地向开发园区下放行政审批权和行政执法权。只要园区有需要且能"接得住"，就应当"能放尽放、能授尽授"，实现"园内事园内办"。可由市委机构编制委员会办公室、市政务服务管理办公室牵头落实。应赋予园区人事、财政、薪酬等更多的管理权限，允许园区设立独立金库，实行园区财政独立核算，对收入增量实行"基数留存、增量分成"。

要在放权的同时加强监督，确保下放的权力接得住、用得好。为防止编外人员无序扩张和园区间薪资待遇"比学赶超"，可以实行园区薪酬总额管理，根据考核评价结果确定薪酬总额，适当拉开差距，以薪酬差距激励园区争先创优，用薪酬总额约束人员扩张。在薪酬总额限制内，鼓励园区推行绩效薪酬制。

（二）强化要素资源保障

严格供地范围，园区外原则上不供应建设用地，倒逼项目入园进区。加强激励支持，对绩效考核位于前列的园区给予建设用地、综合能耗、环境容量等要素指标的激励。对 10 亿元以上的重大项目，由市级统筹保障用地指标。健全建设用地"增存挂钩"机制，引导园区盘活低效闲置土地，实现集约利用。组建企业授信风险资金池，推动征信数据与金融创新融合，鼓励、引导在镇金融机构创新"园区保""小微贷"等金融产品，有效解决园区发展资金需求问题。

（三）加强主导产业引导

根据全市"四群八链"主导产业发展方向，每个保留园区主导产业原则上不超过 3 个。在充分沟通的基础上，每个园区明确产业主攻方向，并选择 1 个作为首位产业。加强政策引导扶持，实施差别化、精准化的区域政策，符合全市"四群八链"发展技术路线图且符合链群空间布局的项目，可享受市主导产业支持政策。设立市主导产业专项资金，统筹目前部门主管的专项资金集中使用，重点支持各园区首位产业项目。创新产业转移共享机制，项目转出地和承接地共享产值、收益、用地等指标。探索设立镇江市区域产业协作与发展基金，主要用于补贴产业合作中利益受损或者较少获利的地区和园区，为跨区域合作研发项目提供融资功能，为对全市有牵动性的重大基础设施建设项目提供配套资金支持，从而推动和加强区域间、园区间的协作。

（四）深化"放管服"改革

深化投资项目审批改革，推行容缺审批、告知承诺制等管理模式，着力打造"精简、高效、便捷"的项目审批服务。深化综合行政执法体制改革，整合园区内部执法职责，实现"一支队伍管执法"的目标。推行"标准地"供给改革，将环境保护、投资强度、亩均产值、亩均税收、能耗标准、开竣工时限等条件纳入"标准地"使用协议，提前配置电、水和配套设施等资源，让项目"拿地即开工"。

（五）优化园区发展环境

市、县层面要站在全域角度，统筹考虑基础设施和公共服务布局，从顶层设计层面规划、推进园区集疏运交通体系建设，统筹布局学校、医院、城市综合体等公共服务配套设施，着力提升园区功能品质。加快生产性服务业发展，统筹布局技术、人力资源、市场销售、检测认证等方面的公共服务平台，解决园区第三方服务机构难以满足入园企业需要的问题。深化学研合作，促进园区与高等院校对接，构建开放式创新平台；建立健全园区专利导航服务体系，引导企业创新发展。

（课题组成员：刘春安　江心英　丁　鹏　薛玉刚等）

以企业上市助推镇江产业高质量发展

| 镇江市地方金融监督管理局课题组 |

上市公司不仅是资本市场的重要组成部分，还是地区综合经济实力的直观体现。近年来，镇江积极抢抓机遇，系统谋划，主动作为，加快推动企业上市，助推产业发展。但与先进地区相比，镇江还存在较大差距，需进一步努力，增强企业上市与产业发展的协同效应。

一、镇江上市公司助推产业发展现状

为促进资本市场"镇江板块"稳健发展，中共镇江市委、市政府出台并实施了资本市场"扬帆计划"，积极构建分层、分类推进格局，企业上市助推产业发展取得了一定成效。

（一）企业上市情况

1. 上市公司数量逐年递增，并向战略性新兴产业延伸

"十三五"以来，镇江市上市公司总量稳步增长。截至 2021 年 12 月末，全市共有 19 家公司 A 股上市，与"十二五"末相比，增长 11 家，增幅达 137.5%。新增上市公司所属行业逐步向新材料、生物医药等战略性新兴产业延伸。

2. 股票融资增速较快，资本运作活跃度提高

近年来，全市 A 股上市公司首次公开募股（Initial Public Offering，简称 IPO）募集资金合计 109.38 亿元，增发、配股等再融资合计 179.63 亿元，

与"十二五"末相比增长 202.55 亿元，增幅达 234.27%。

3. 市值规模稳中有增，证券化率有所提升

截至 2021 年 12 月末，全市 A 股上市公司总市值 2 121.50 亿元，较"十二五"末增长 1 621.32 亿元；上市公司市值占地区生产总值比重达 45%，较"十二五"末提高了 21 个百分点，区域证券化率明显提升。

（二）助推成效

1. 上市公司对产业带动作用明显增强

一是加快推动产业集聚。上市公司发挥"虹吸作用"，吸引上下游产业链企业，促使产业集聚得以形成且效应显著。以医疗健康产业为例，江苏鱼跃医疗设备股份有限公司（简称"鱼跃医疗"）吸附上下游企业，形成以高端医疗设备、医用辅助耗材为主的完整产品制造体系，其中制氧机产量和市场占有率均为国内第一。二是加速传统产业转型升级。上市公司募集资金主要用于产业链升级改造，有效带动了产业链升级优化。以江苏索普（集团）有限公司为例，2021 年，集团将定向增发募集资金中的 7.84 亿元用于醋酸造气工艺技术提升建设项目，构建煤化工、基础化工和精细化工一体化产业平台，有效带动了传统化工产业链升级优化。三是加快新兴产业发展壮大。战略性新兴产业企业在镇江现有上市公司中的比例不断提高，龙头公司对新兴产业带动作用明显。

2. 上市公司对地方经济贡献度明显提升

一是带动区域项目建设。自 A 股上市以来，各上市公司新增股票融资 289.01 亿元，募集资金流向主要为市域范围内的技改扩建项目，为区域项目建设提供了有力支持。二是创造更多税费收入。自上市以来，全市上市公司累计缴纳各项税费 207.10 亿元，仅 2020 年就缴纳各项税费 21.12 亿元，有力推动了地区经济发展。三是提供更多就业岗位。截至 2021 年年末，镇江上市公司就业员工合计 39 985 人，较各自公司上市当年增长 18 216 人，增长率达 120%。

3. 上市公司对科技创新推动作用明显增强

上市公司出于提升核心竞争力的需要，会自发投入资金研发新技术以

提高市场占有率、增加企业利润。上市公司通过资本运作优化资源配置，拥有充足的人才、资金等推动科技创新成果转化。截至 2021 年三季度末，镇江 A 股上市公司研发支出共计 17.53 亿元。截至 2021 年年末，全市上市公司累计获得专利数量超 2 600 件，成为镇江市科技创新的重要增长源。

二、当前镇江上市公司助推产业发展存在的挑战

(一) 宏观环境波动影响深刻

当前，我国面临的经济形势复杂多变，国际经贸格局深刻变化，新冠疫情影响依旧持续，全球经济治理进入快速变革期；国内后疫情时代，经济增长面临挑战，人口红利逐渐消退，要素市场改革加快，金融领域资本市场风险防范的监管趋严，IPO 排队企业增多，企业上市成功率不确定性加大。

(二) 上市公司引领作用不强

截至 2021 年三季度末，镇江 A 股上市公司总资产合计 847.64 亿元，资产均值 42.38 亿元，在全省列第十二位；实现营业收入合计 463.25 亿元，营业收入均值 23.16 亿元，在全省列第十一位；实现净利润合计 56.05 亿元，净利润均值 2.80 亿元，在全省列第八位。全市上市公司经营业绩远低于省平均水平。其中，资产均值仅达全省平均水平的 20%。总体上看，上市公司盈利能力较弱，核心竞争力有待进一步增强，在引领产业发展方面有待进一步提升。

(三) 产业层次影响上市公司培育

产业层次决定产业高度。目前，镇江产业层次不高，产业协同效应不明显，对推动企业上市工作存在一定不利影响。截至 2021 年 12 月末，镇江共有 19 家 A 股上市公司，数量在全省列第六位。同期，苏州有 175 家、南京有 106 家、无锡有 104 家、常州有 57 家、南通有 45 家 A 股上市公司。镇江与这些城市差距明显，且上市公司以传统行业为主，新兴产业较少。镇江上市公司的后备资源有 66 家，远低于苏州、无锡等先进地区，且主要集

中在丹阳和镇江新区，占比超过 70%。这反映了各地区产业基础的差异，充分体现出地区产业发展与上市公司数量的多少密切相关。

三、以企业上市推动镇江产业高质量发展的对策建议

（一）培育行业龙头，推动企业上市

镇江应紧紧围绕产业强市发展战略，突出重点、加强培育、精准招商、加快集聚，借资本之力，加速吸附产业链配套，创新要素集聚，打造具有品牌效应的地标产业集群。

1. 标杆引领，加快培育符合产业发展需要的上市公司

镇江按照"培育一批、挖掘一批、推动一批、上市一批"的工作思路，在"四群八链"重点企业中培育一批行业龙头企业，挖掘一批符合上市条件的企业纳入后备资源库，同时分类推动一批企业迈入多层次资本市场，实现重点产业链上市公司全覆盖。

2. 精准招商，优先招引具有上市潜力的产业企业

一是强化产业链项目招引。镇江应围绕本市重点产业链，开展"建链、补链、延链、强链"的产业链招商，优先引进一批处于产业链前端、具有上市潜力的领军企业。二是聚焦新兴产业项目招引。应进一步加强新兴产业布局谋划，瞄准智能制造、生物医药、数字经济等新产业新业态，积极布局一批未来产业，加大对科创板拟上市企业的招引。三是发挥龙头企业头雁效应。应借助上市、拟上市企业以商招商、产业链招商，推动上下游企业同步引进、抱团落户，加快产业链向上下游延伸拓展，带动全产业链整合发展。

3. 加快集聚，推动形成具有产业特色的上市集群

当前，在医疗器械、生物医药和高性能材料等产业链中，镇江已培育了一批像鱼跃医疗、天奈科技（江苏天奈科技股份有限公司）这样的行业龙头上市公司。下一阶段，要因"链"施策，在优势产业链中培育更多的上市公司，形成"产业+资本"的融合发展，打造产业地标。

（二）发挥上市公司引领作用，加快产业协同发展

品牌优势明显、行业影响力大的上市公司是区域产业发展过程中至关重要的一部分，会对产业的整合和集聚产生十分重要的作用。

1. 拓宽融资渠道，支持上市公司做优做强

鼓励镇江上市公司开展资本运作，通过增发、配股等方式扩大再融资规模。同时，鼓励上市公司根据自身战略规划精准引入战略投资者，积极对接行业内优质资源，提升核心竞争力。引导上市公司在规范经营、健康发展的基础上，发挥资本、品牌、市场、人才等优势，通过整合和重组，形成一批技术含量高、发展质量好、产业带动强的行业龙头上市公司。

2. 开展并购重组，聚焦主业强链补链

支持上市公司聚焦主业，通过设立并购基金、控股或参股外地相关产业链上市公司，突破主业瓶颈，提升市场占有率。依托上市公司平台，科学推进产业链整合、完善，提升产业链、供应链稳定性和竞争力。鼓励上市公司围绕主业开展上下游产业链资源整合，加速实现产业链的补链、强链、扩链。

3. 利用平台优势，招引培育人才队伍

利用好上市公司的吸引力，努力招引高端人才。支持和引导上市公司科学实施股权激励和员工持股计划，建立健全长效激励机制；积极落实上市公司股权相关税收优惠政策，充分调动人才积极性；健全高端技术人员职业教育与职业培训体系，为人才深造提供有效路径。

（三）强化金融服务保障，构建良好的产业发展环境

1. 基金助力，有效推动产融结合

政府投资引导基金是社会资本与实体产业融合发展的催化剂，对促进产业升级、补齐产业短板、加快产业聚集具有重要导向作用。一是探索设立科创子基金，引导天使基金、风险投资基金等社会资本参与新兴产业科创企业股改培育，为科创型中小企业提供资金支持，着力解决科技创新企业创业期、孵化期融资难题。二是加快重点产业链企业孵化、培育，集聚资源支持"四群八链"重点企业，引导各类投资机构加大对镇江重点产业

链企业的孵化和培育。三是鼓励国有资本参与优质拟上市企业股权投资，通过资源整合、资产注入等方式提高国有资产证券化比例，进一步提升对接多层次资本市场的能力。通过国有资本投资，积极引导和帮助所投企业总部、人才队伍及其符合产业规划的核心产业在镇江落户。

2. 金融赋能，加大上市支持力度

引导各类金融机构为符合战略性新兴产业条件的企业提供全方位投融资服务。鼓励银行等金融机构在保障重点产业链上市后备企业的信贷资金需求的基础上，加强金融产品创新，通过投贷联动、知识产权质押等方式为符合条件的产业链上市后备企业提供个性化的融资服务。

3. 精准服务，提高政务服务质效

持续加强营商环境提档升级，为企业上市提供坚实保障。实施"镇合意"服务品牌2.0升级版，在法治诚信、智慧政务、企业服务等方面实现更大突破，最大化激发企业活力，针对企业上市过程中涉及跨部门、跨层级、跨区域的社会保险、环境影响评估、合规证明办理等事项，重构标准化业务流程，形成一批"全城通"办事项目清单。同时，聚焦中小拟上市企业及上市公司，一方面，组建专家顾问团，开展无偿上市咨询服务，为企业现场问诊把脉，帮助企业解决上市难题；另一方面，全面优化投融资服务，为企业发展送上金融"及时雨"，针对企业上市前涉及多部门的内部合规性审查，探索实施"一网通办"模式，简化内部流程，压缩办理时限。

（课题组成员：张祝建　郑　蔚　王　凯）

镇江都市农业发展研究

| 镇江市社科联、镇江市委研究室、江苏大学联合课题组 |

都市农业是指在大城市、城市群、城乡边界地区，为城市居民提供日常农副产品及良好生态环境，而不同于传统农业的多功能农业形态。它是农业发展更高层级的现代农业的重要标志，是城乡融合发展的必然产物。镇江离上海、南京等大城市很近，有较好的农业基础，适宜发展都市农业，现代化新镇江建设也迫切需要发展都市农业。

一、镇江已经具备都市农业发展条件

"十三五"期间，特别是党的十九大以来，镇江坚持农业农村优先发展，扎实推进乡村振兴，现代农业迈上新台阶，城乡发展跃上新平台，都市农业全面发展的条件已经具备。

1. 农业产业加快转型为都市农业发展提供了良好前提

2021年，镇江全市农林牧渔业总产值270.70亿元，农作物耕种收综合机械化率达88.5%，拥有省级以上农业产业化龙头企业47家、省级示范家庭农场165家、农产品地理标志产品5种、绿色食品222种、有机农产品41种。

2. 城市乡村一体推进为都市农业发展提供了强大助力

2021年，镇江城市化水平达79.88%，农业转移人口全面融入城市，县域经济持续健康发展，城乡初步实现基础设施一体化和公共服务均等化；城乡居民收入水平快速提升，需求不断升级，呈现出高品质、差异化、绿色化、品牌化等特征。

3. 综合实力不断攀升为都市农业发展提供了有力支撑

2021年，镇江地区生产总值达4 763亿元，经济保持较快发展，人均地区生产总值长期居于全省第5位。全市拥有普通高校9所、银行业金融机构35家、上市挂牌企业512家、认定高新技术企业376家，科教、金融资源比较丰富，高端要素不断聚集。

4. 优美生态环境为都市农业发展提供了亮丽底色

从全国第二批低碳试点城市到全国首批生态文明建设先行示范区，镇江坚决贯彻习近平生态文明思想，更大力度加强生态保护，山水花园城市的定位更加清晰，绿色低碳生态的底色更加亮丽。

5. 文化旅游深度融合为都市农业发展提供了深厚底蕴

镇江文化底蕴深厚，食俗、乡俗、娱教文化丰富，古代、近代、当代贤达辈出，传统文化与现代文明繁荣并茂、交相辉映，文化与旅游、休闲、康养等业态不断融合。

二、镇江都市农业发展雏形日益显现

早在21世纪初，镇江就已经开始了发展都市农业的探索。20多年来，从无到有，镇江都市农业的雏形已经显现，特征十分明显。

1. 以需求为导向的品质农业

农民从满足长三角城镇居民的需求出发，提升农产品质量，打造农产品区域品牌，品质农业正在成为镇江农业最大的竞争优势。

2. 以生态为底色的绿色农业

镇江所辖各市、区将绿色发展贯穿于农业农村工作全过程，将其作为农业农村高质量发展的重要内容，绿色发展正在引领镇江农业农村现代化。

3. 以产业为支撑的现代农业

农村以全产业链为目标，贯通种产加销、融合农文旅医，挖掘农业多重功能，发展基于全产业链的现代农业已成为未来镇江农业发展的方向。

4. 以城市为依托的区域农业

镇江以长三角城市群为依托，与长三角城市群发展相呼应，以服务城市群大市场为己任，正在形成区域化、开放型农业产业体系。

5. 以文化为内涵的体验农业

具有地方特色的文化符号、文化创意等持续向农业渗透，提升了农业的文化品位，增强了农业的体验功能，已是当下镇江农业最生动的实践。

6. 以创新为动力的数字农业

"种植有大脑、生长有智慧、销售有追溯"的数字农业建设扎实推进，成为镇江农业转型升级的强力助推器。

三、镇江都市农业发展格局正在形成

根据镇江"十四五"农业农村发展规划和发展实际，镇江都市农业正朝着"1+3+3"的空间格局发展。

1. 一个全市域都市农业示范区

围绕建设全市域都市农业示范区这一目标，镇江各辖市区、各部门将优先发展都市农业置于实施乡村振兴的战略重心，将其视为区域协调发展的工作内容，并作为推动城乡一体化的重要抓手，全域统筹、协同推进、一体打造。

2. 三条都市农业集中带

一是句容与南京东部接壤地区以休闲观光为重点的都市农业集中带。其主要包括宝华、下蜀、后白、天王 4 个乡镇，重点发展休闲农业、会展农业、景观农业、康养农业等服务型都市农业新业态。二是沿江以生态休闲与农产品加工物流为重点的都市农业集中带。其充分发挥丹徒至扬中长江岛洲的独特优势，建设江中生态小岛、高端生态休闲旅游综合体、科技研发基地，重点发展生物农业、智慧农业、数字农业、农村电商、农产品深加工等。其中，丹徒世业镇要打造成集生态岛、田园岛、旅游岛于一体的长江沿线独具魅力的"生态健康岛"，丰富创新型农业新业态。三是沿京杭运河和 G312、G42 国道以设施农业、农产品加工及物流服务为重点的都市农业集中带。其包括句容下蜀、丹徒谷阳，以及丹阳司徒、陵口、吕城、珥陵、皇塘等乡镇，发展订单农业、社区农业、农业生产性服务业、植物工厂等社会型都市农业新业态，同时完善服务设施、电子商务产业园，建立电商服务体系，打造农业全产业链增值带。

3. 三个都市农业集中区

一是东部平原以田园乡村为重点的都市农业集中区，含扬中本岛、丹阳丹北和界牌镇等地。其以生态保护为主、农产品供应为辅，重点实施平原绿化，开发美丽村镇和特色小镇。二是中部丘陵以循环农业为重点的都市农业集中区。其包括丹阳丹西公路以西，S122省道、丹徒丹茅路、句容二茅路以北，句容镇句路、句茅路以东，G312国道以南丘陵区域的丹阳司徒镇西部及丹徒谷阳、上党、宝堰，句容白兔、边城、茅山等乡镇，走生态循环、绿色有机农业之路，打造优质农产品重点供应基地。三是南部以生态稻渔为重点的都市农业集中区。其包括太湖湖西平原，以及赤山湖圩区的丹阳皇塘、导墅、延陵、珥陵，丹徒宝堰、句容郭庄等乡镇，是镇江市优质水稻、水产品主要供应区，重点发展智能农业、设施农业、数字农业，解决稻米品牌化、产业化不强及水产品专业合作不深的问题，打造苏南地区重要的生态鱼米之乡。

四、镇江都市农业发展方向十分明确

发展都市农业不能一蹴而就，要坚持久久为功。重点是要沿着正确的方向，更好地发挥现有都市农业发展的优势，更大力度地补齐镇江都市农业发展的短板。

1. 坚持精品化

镇江市都市农业发展在规模上不具优势，在品种上受到限制。应当聚焦适宜本地资源禀赋的特色产业：一是定位精品，走精品化路线，市场定位于周边城市的中高端客户，以此与苏北、山东等地规模化农户错位竞争，凸显产业特色和独特价值；二是做大品牌，立足全市域，构建农产品乃至农业区域品牌，并持之以恒地做大做强。

2. 融入大市场

镇江发展都市农业，只有积极融入长三角区域大市场和全国统一大市场，才能在促进国内经济大循环的同时，获得广阔的展示平台和发展空间。一要理顺市域内部市场，努力消除市区与辖市之间的政策壁垒，畅通市域经济微循环；二要积极融入长三角区域大市场，不断完善基础设施和公共服务，主动对接宁镇扬都市圈和苏锡常都市圈，成为长三角区域大市场的有机组成部分。

3. 统筹全要素

一是统筹土地要素，消除土地流转障碍。鼓励土地成片流转，有步骤地调整草坪、苗木等产业土地用途。二是统筹人力要素，放开外地农村劳动力落户限制，解决劳动力数量不足问题，积极开展劳动力培训，持续提升劳动力素质。三是统筹金融要素，加大金融产品和服务对都市农业的支持力度，降低经营主体和流动人员的融资门槛，建立金融风险分摊机制。四是统筹科技要素，鼓励科技知识转化，完善基础科技服务体系，促进科研成果的推广转化。

4. 发展全产业链

一是积极延链，立足现有优势农业产业链条，向上发展现代种业，向下发展休闲农业和康养农业，提升产业链融合发展水平。二是努力补链，针对都市农业价值链、利益链不完整的局面，鼓励发展精深加工业，补齐都市农业全产业链条。三是持续强链，引导先进生产要素注入，发展智慧农业、数字农业等先进业态，加大力度培育农业全产业链龙头企业和链主企业，提升全产业链竞争力。

五、镇江都市农业发展应当加快步伐

镇江已经具备全面发展都市农业的优良条件，为了更好地促进都市农业全面发展，当务之急应抓好以下工作。

1. 规划引领

尽快启动都市农业发展规划编制工作，高起点制订都市农业发展规划，提升都市农业发展能级，以更好地保障都市农业可持续发展，为镇江各辖市、区发展都市农业提供战略指导。

2. 改革推进

作为一项系统工程，镇江都市农业的发展牵一发而动全身。针对在全产业链发展、全要素保障等方面存在的短板和劣势，迫切需要紧盯矛盾问题，渐次深化改革，坚持久久为功，建立有利于都市农业发展和各部门各板块共同参与的推进机制。

3. 人才支撑

发挥高校资源优势，加大农业农村科技创新人才培养力度，推进农业人才配置的国际化，参与国内外农业人才市场的竞争，有针对性地开展各类培训教育，探索培养现代农民的多种途径，进一步放开城市落户限制，积极吸纳外地劳动力人口流入。

4. 金融助力

建立财政优先保障机制，加大财政对都市农业的支持力度；推进金融产品和服务创新，鼓励和引导金融机构强化服务都市农业的意愿，扩大金融机构对都市农业的覆盖面，提高金融机构对都市农业的渗透率，探索保险服务创新；积极引导工商资本参与都市农业发展，投资农业服务业、农产品深加工业、康养农业等。

5. 数字赋能

加大数字技术创新与集成，为都市农业赋能。加快构建农业农村基础数据资源体系，为农业生产数字化赋能，推进农田建设、种业、农产品加工等环节的数字化，推进管理服务数字化转型，探索全产业链数字化发展新路径，建设数字农业工程载体，等等。

6. 法治护航

尽快建立与都市农业发展相关的法律法规体系，出台保护和规范都市农业发展的法律法规，从制度层面完善都市农业发展监督机制；加大已经出台的相关法律法规的执行力度，完善法律法规制度，有效保护镇江都市农业的可持续发展。

（课题组成员：于　伟　刘　璇　黄启发）

镇江融入南京都市圈要以服务业经济对接为重点

| 陈正群　刘文君 |

2002 年，江苏省政府推出的《南京都市圈规划（2002—2020）》对区域内城市优势互补、融合发展发挥了指导作用。《〈长江三角洲区域一体化发展规划纲要〉镇江实施方案》赋予宁镇一体化新内涵。无论是"一体化""都市圈"，还是"同城化"，服务业经济对接都既是规划重点、主要内容，也是有效实现路径。镇江应把服务业作为融入"南京都市圈"或"宁镇同城化"的发展重点。

一、宁镇同城化下服务业经济对接是必然选择

作为省会城市和全省政治文化中心，加之自然禀赋和历史积淀，南京具有其他周边城市不可比拟的发展优势。镇江属于制造业带动型城市，产业相对比较单一，与南京的互补性总体较弱。2021 年，南京制造业增加值为 4 776.31 亿元，占地区生产总值的比重达 29.2%；镇江制造业增加值为 1 919.60 亿元，占比 40.3%，占比高于南京 11.1 个百分点。2021 年，南京服务业增加值为 10 148.73 亿元，占比 62.1%；镇江服务业增加值为 2 286.67 亿元，占比 48.0%，总量上南京遥遥领先，超出镇江 7 862.06 亿元，占比高于镇江 14.1 个百分点。特别是信息传输软件和信息技术服务业，南京占比高于镇江 7.9 个百分点；金融业南京占比高于镇江 4 个百分点。

由上可见，镇江与南京在服务业方面差距较大，与制造业配套的相关

生活性服务业难以满足现实需要，从而制约了制造业的发展。因此，镇江应借助南京服务业的优势，强化自身薄弱环节，补足短板。也只有大力发展服务业，镇江才能自然融入南京产业链，实现宁镇一体化发展。

二、宁镇同城化下服务业经济对接的以优补劣

1. 加快发展新业态，实现信息服务业精准对接

2021 年，南京有 797 家规模以上信息传输软件和信息技术服务企业，镇江仅有 43 家；南京信息传输软件和信息技术服务企业实现营业收入 2 258.73 亿元，镇江为 59.76 亿元，镇江的营业收入仅为南京的 2.6%，差距较大。在大数据、人工智能、区块链等新兴领域，镇江还未形成规模优势，且缺少成长较好的龙头企业，对行业无法起到支撑带动作用。

镇江要实现与南京信息传输软件和信息技术服务业的对接，需从两方面发力：一是促进产业园区聚集化发展，共建跨区域产业合作园区。要加大政策扶持力度，优化整体行业结构，探索专业园区合作开发新模式和新机制，积极承接新兴产业转移和项目落户。二是加快培育龙头企业，提高企业核心竞争力。要抢抓机遇，积极推动互联网新技术与产业融合，加快培育具有较大影响力的领军型软件信息服务业龙头企业，提高龙头企业核心竞争力。

2. 推动科技创新，实现科技服务业精准对接

2020 年，南京地方财政科技支出达 100.86 亿元，研发投入占比达到 3.55%；截至 2020 年年末，南京全市研发人员达到 16.16 万人。同期，镇江地方财政科技支出 16.63 亿元，总额仅为南京的 16.5%，研发投入 97.57 亿元，占比 2.31%，比南京低 1.24 个百分点；截至 2020 年年末，镇江全市研发人员仅 2.55 万人。此外，镇江还存在着市场主体发育不健全、高端服务业态较少、缺乏知名品牌等问题。

镇江要实现与南京科技研发方面的对接，可以从两方面着手：一是联合提升原始创新能力。走"科创+产业"道路，加强镇江基础性、战略性关

键技术的研发，集中突破高端装备制造、新材料、新能源、集成电路、人工智能等一批"卡脖子"问题。二是协同推进科技成果转移转化。要利用好南京经济实力强、研发要素集聚、产业层次高的优势，积极对接南京紫金山实验室等重大创新平台，在镇江设立其分支机构。对于建设飞地研发中心、飞地孵化器的在宁企业，镇江可以在租金、科技创新券、研发补助、税收加计扣除等方面给予一定优惠，鼓励南京具有科技含量和规模的企业入驻镇江。

3. 提升教育质量，实现教育服务业精准对接

2021年，南京共有普通高等学校53所，其中"211"高校8所（包括"985"高校2所），以南京大学、东南大学为代表的一批知名高校为南京的科教进步奠定了坚实基础。南京仙林大学城、江宁大学城和浦口大学城，拥有丰富的教育资源。镇江有普通高等学校9所，数量仅为南京的1/6。拥有"江苏"头衔的江苏大学、江苏科技大学，面临的综合竞争力压力越来越大。镇江大学城不仅建设滞后，规模、知名度及对周边的带动力均与南京存在明显差距。

镇江应加强与南京教育服务业的对接，让南京的优质教育资源辐射到镇江，促进镇江教育发展水平和人才培养质量的提高。镇江可以依托南京优质的学前教育和中小学教育资源，与南京共同打造现代化教育体系。应鼓励镇江与南京的学校跨区域牵手合作，扩大优质教育覆盖面。引导南京名校到镇江大学城等地开办分校，丰富镇江的教育资源，提高镇江的教育知名度。镇江可与南京共同搭建一体化协同发展平台，共同发展职业教育，做大做强全市联合职业教育集团。大力提升教师的教育教学能力，鼓励教师去南京等地参加培训，强化师德教育和教学基本功训练。

4. 强化金融保障支撑，实现金融服务业精准对接

截至2021年年末，南京金融机构各项存款余额44 708.68亿元，其中住户存款10 830.65亿元；金融机构各项贷款余额43 305.40亿元；全年新增上市公司15家，总数达到140家。同期，镇江金融机构各项存款余额6 692.67亿元，其中住户存款3 093.96亿元；金融机构各项贷款余额

6 958.27 亿元；全市拥有银行业金融机构 35 家；A 股上市公司仅 19 家。镇江金融业与南京相比差距同样很大，金融业增加值总量与南京相差 1 622.07 亿元，存在竞争力不强、创新内生动力不足、人才引进和培养机制不健全等问题。

镇江必须正视金融业发展中存在的薄弱环节，努力在新一轮发展中探索出一条符合镇江实际的转型升级之路。要主动加强对接南京，借助南京"区域金融商务中心"的"总部优势"，承接南京金融服务辐射，大力引进南京创业投资、股权基金、互联网金融企业到镇江落户，提高金融对产业发展的服务水平，实现协同发展。

5. 激活消费市场，实现消费服务业精准对接

在 2020 年新冠疫情发生之前，南京消费市场规模分别于 2013 年、2015 年、2017 年、2019 年跨过 4 000 亿、5 000 亿、6 000 亿、7 000 亿元大关；截至 2021 年年底，南京共拥有限额以上批发零售住宿餐饮法人企业 6 008 家，全年实现社会消费品零售额 7 899.4 亿元，人均 8.5 万元。镇江同比实现社会消费品零售额 1 346.83 亿元，仅为南京的 17%；人均 4.2 万元，仅接近南京的 50%。推进南京都市圈发展或宁镇同城化建设，宁镇消费双向对流成为必然，但如何依托南京消费市场做大做强本地企业，镇江却缺乏应对之策。

实现宁镇消费市场对接可从三方面考虑。一是加大商贸大企业、大市场培育力度。全年应围绕扶优、扶大目标，加快龙头企业发展步伐，积极培育核心竞争力强的大中型商贸龙头企业，鼓励企业做大规模，培育商贸流通竞争新优势。二是吸引在宁商贸企业来镇分布经营。应加强与在宁规模型商贸企业的对接沟通，寻找合作商机，引进先进生产要素，同时出台相应政策，优化本地营商环境，为在镇开设分部的企业提供便利。三是吸引南京人口在镇江的住房消费。南京市区人口密度为 0.86 万人/平方千米，镇江市区人口密度仅为 0.12 万人/平方千米，南京市区的人口密度是镇江的 7 倍多。土地紧张导致南京人均居住面积较小，且平均房价约为镇江的 3~4 倍。镇江应充分利用自己的地理优势和 G312 产业创新走廊开发建设契机，

吸引更多南京人口到镇江工作、生活和居住，带动镇江房地产业的发展和过剩房源的消费。另外，要加强配套设施对接，将南京优质的医疗、教育、商业资源同时引入。

三、宁镇同城化下服务业经济对接重在行动

2012年，江苏省政府明确提出"宁镇扬同城化"建设，历经十余年，同城化建设取得了积极进展，但与目标预期存在较大差距。因此，南京、镇江要以服务业经济对接为突破口，采取更得力的措施，加快宁镇同城化建设进程。

1. 在把舵定向实现共赢上增共识

同城化融合的过程是一个互相借力发展的过程，必须抓住长三角一体化和南京都市圈发展的机遇，利用好宁镇地理位置近、交通便捷的优势，把镇江市服务业经济短板补上去。在宁镇服务业经济对接上，不能只算你得我失的小账、短期账，而要算互利共赢的大账、长期账，尤其要处理好"先予"与"后取"的关系，要有"不为我所有，但为我所用""将欲取之，必先予之"的格局和境界。

2. 在"人的同城化"改革上求突破

促进"人的同城化"需要打破现有的条条框框。一是打破户籍制度的制约。逐步缩小居住证持有人和户籍人口在享受公共服务方面的差距，将户口和福利适度剥离松绑；巩固和落实义务教育与户籍脱钩，打破学前教育、异地高考等户籍限制；推进两地居民养老、医疗保险和社会救助与户籍脱钩，有效促进人口无阻碍流动。二是打破人才流动的藩篱。坚持两地"一盘棋"思维，共建高端人才数据库，协同开展高端人才招引。共同开发科技、教育、产业等优势资源平台，深化人才交流合作，组建人才发展联盟，共同培植人才成长的"沃土"。三是打破交通壁垒。科学布局轨道交通，建成公交化城际轨道客运网。加快江宁—句容、仙林—宝华等毗邻地区共同发展。适度超前布局航空基础设施，强化镇江与南京禄口机场的快

速交通联系，实现一小时直达。

3. 在科学谋划落实项目上见真章

加快落实《长江三角洲区域一体化发展规划纲要镇江实施方案》《镇江市推进长三角一体化发展重点工作任务、重大平台项目和重要改革举措清单》，对宁镇同城化下服务业经济对接的"六大行业"进行具体细化。一是由行业管理职能部门牵头，加强镇江与南京联动，在开展可行性研究的基础上，制订小切口、针对性、可实施的计划方案，明确对接目标内容、时间节点、保障机制，清晰路线图、时间表，切实杜绝计划方案的格式化、形式化。二是构建政府搭台、企业主导、市场运作的互利共赢项目推动模式，最大限度调动各方积极性、主动性，保证供需双方充分认可、发展前景十分看好、可见可感成熟度高的项目落地见效，以实实在在的项目建设获得实实在在的成果。

4. 在力推立行强化保障上动真格

一是设立机构专班推进。建议镇江市政府成立"宁镇同城化下服务业经济对接"专项推进组织机构，并设立若干工作专班，建立定期分析、研究、会商、督办的工作机制。二是明确责任合力推进。宁镇同城化下服务业经济对接需要部门、板块、相关单位同向发力。职能部门要发挥好牵头作用，利用情况清楚、政策熟悉、便于联络的自身优势，为各项工作推进充当桥梁纽带；8个板块要坚持分工合作，立足自身实际，充分发挥资源禀赋、区位、交通、产业基础等比较优势，积极创新探索，发挥好主体作用，着力补缺补短，优选对接方向和领域，开展错位对接，优化配置自身资源，提高项目承载能力。三是督导鞭策激励推进。建议各地党委、政府将宁镇同城化下服务业经济对接纳入年度专项考核，与经济社会发展同布置同检查同考核，将其作为单位和个人评优评奖、选人用人的重要参考。

（作者单位：镇江市统计局）

提升镇江城市竞争力路径研究

┃ 丁 吉 邹威华 ┃

　　城市是由一定数量的人口组成的一定空间区域范围内的政治、经济、文化中心。城市竞争力是指城市系统所表现出的对内稳定能力和持续发展能力，以及对外吸引能力和辐射能力。评价城市竞争力，主要看其经济实力、科技水平、人力资源、对外开放、政府管理、基础设施、生态环境、经济效益和生活质量9个方面。我们通过对镇江、扬州、泰州、常州和南通5个城市的全面考查发现，镇江与其他城市相比在竞争力上有较大差距。而竞争力的大小，决定着城市发展的未来。因此，镇江必须正视差距，采取有力措施迎头赶上，大力提升自身的城市竞争力。

一、镇江与先进城市的竞争力差距分析

　　经过改革开放40多年来的快速发展，镇江社会经济取得了长足发展，但与先进城市相比，主要存在以下4个方面的差距，在提高城市竞争力的过程中还面临着一些困难与挑战。

　　1. 经济实力差距不小

　　镇江体量规模相对较小，产业结构偏重，经济发展的新增长点相对较少，与先进城市相比，差距十分明显。2021年，镇江实现地区生产总值4 763.42亿元，固定资产投资总额1 112.46亿元，社会消费品零售总额1 346.84亿元；南通实现地区生产总值11 026.94亿元，固定资产投资总额

4 206.26 亿元，社会消费品零售总额 3 935.48 亿元，分别是镇江的 2.31、3.78 和 2.92 倍；常州实现地区生产总值 8 807.58 亿元，固定资产投资总额 2 646.56 亿元，社会消费品零售总额 2 911.36 亿元，分别是镇江的 1.85、2.38 和 2.16 倍，镇江与南通、常州的经济实力存在较大差距。

2. 人力资源较为薄弱

人力资源是地方经济发展的主要驱动要素之一，其开发和利用直接影响该地区经济发展的速度和潜力。2021 年，镇江的常住人口为 321.1 万人，只有南通的 41.6%、常州的 60.8%；在岗职工人数为 199.4 万人，只有南通的 41.0%、常州的 66.4%。

3. 基础设施建设滞后

基础设施是城市竞争力系统组织的"硬件"，同时也是其他组成要素发展的基础和载体，直接关系到居民生活水平的提高这一城市发展的最终目的和城市竞争力提升的立足点。与先进城市相比，镇江基础设施建设存在较大差距。镇江建成区面积 235.94 平方千米，比南通小 193.85 平方千米，比常州小 74.45 平方千米；镇江邮电业务总量 351.3 亿元，只有南通的 39.6%、常州的 48.6%。

4. 对外开放水平不高

在全球化日益深化的今天，对外开放是一个城市竞争力的重要指标之一。改革开放以来，镇江作为长江第三大港口，在对外贸易及招商引资方面取得了较快和较大发展，但与先进城市相比依然有较大差距。2021 年，镇江进出口总额为 129.13 亿美元，仅占南通的 24.5%、常州的 27.6%；实际利用外资额 8.09 亿美元，仅占南通的 25.9%、常州的 26.4%。

二、提升镇江城市竞争力的对策建议

针对镇江在城市竞争力方面的主要差距，本文提出以下对策建议。

1. 以经济发展为重心，弥补竞争短板

经济发展是影响城市竞争力的第一要素，经济发展了才可能提升城市各项设施建设水平，改善城市人居环境，提高居民生活水平，保持社会的稳定性，实现城市发展的良性循环。镇江要以提升经济实力为出发点，坚持"产业强市"发展战略不动摇，紧紧围绕"四群八链"产业布局，因链施策，抓住关键点精准发力，不断完善、补充、延伸产业链条，推动经济高质量发展。

2. 强化引资力度，扩大城市对外开放程度

招商引资的质效，一定程度上直接影响了城市经济发展的质量和速度。从镇江的实际情况看，强化引资力度，扩大外资规模，是实现城市经济跨越式发展的重要途径，是缩小与先进城市发展差距的必由之路。镇江工业基础较为扎实，但产业结构较为落后，高污染、高能耗、低附加值的产业占比较高，高新技术产业发展滞后，数字经济产业发展与省内先进城市差距明显。因此，要结合镇江自身发展实际，从改善产业结构、增加经济发展新动能的角度，谋划招商引资工作。一是对招商引资进行统一规划和指导。以具体、明确的规划，确保项目引进后达到预期的经济促进作用；强化对招商引资的综合指导，确保引进的项目在规运行。二要强化政府部门的保障力度，要为项目招引提供完善的配套政策和基础设施，改善投资环境，搭建引资平台。三要重视、拓宽引资渠道。在新形势下应当顺应时代潮流，注重线上与线下相结合的引资模式。此外，可大力推行"中介招商"，通过专业咨询顾问机构，将招商项目推向投资市场，为投资方选择合作者。

3. 重视人力资本，确立以人为本理念

现代城市的竞争，归根结底是人才的竞争。一要改变人才观念。坚持用经营意识和战略眼光看待人才，树立"发展的城市为人才的发展提供广阔平台，发展的人才为城市的发展创造无限空间"的人才理念。二要增加教育投入。可以通过改善科教人员待遇吸引科教人才，还可动员社会各方面的力量，多层次、多渠道筹集教育发展资金，吸引高校来镇办学。三要完善用人机制，充分调动科技人员的积极性。可以通过鼓励科技人员积极承担课题，实行开发成果与经济效益挂钩的途径，做到多开发、多得益，

使科技人员的报酬与其贡献和市场价值靠近。四要创造吸引和聚集人才的环境。政府应该积极发挥主体作用，制定与人力资本集聚相关的制度及优惠政策，积极进行政策引导，简化人才流动手续，降低人才流动成本，为镇江的人才引进提供良好的政策环境。

4. 改善基础设施建设，跟上城市现代化步伐

基础设施是城市主体设施正常运行的保证，它既是物质生产的重要条件，也是劳动力再生产的重要基础。要建设好吸引外部资金、人才、资源的交通、通信和信息等基础设施，积极营造有利于产业专业化发展的投资、科研和居住环境。政府一定要从产业的专业化和集群性角度考虑基础设施的先进性，大力推进适合本地产业发展的技术性基础设施建设，为科技创新和高技术、高管理产业的发展创造硬环境。应围绕改善人居环境、完善区域网络加强基础设施建设，推进建设以城市供水、供气、供热、防洪、垃圾处理、污水处理、危棚房改造、公共应急系统等为重点的"城市民生工程"。实施以完善环路、提高通达能力、建设快速交通体系等为重点的"城市现代化交通"改造工程。

（作者单位：镇江市统计局）

长三角一体化背景下镇江产业链创新链的融合发展

| 杨丽丽　卞月 |

　　根据中共中央、国务院 2019 年《长江三角洲区域一体化发展规划纲要》要求，长三角将构建区域创新共同体，联合提升原始创新能力，协同推进科技成果转移转化，共建产业创新大平台，打造具有全国甚至全球影响力的科技与产业创新高地。长三角作为我国经济最发达、创新能力最强的区域之一，在深入实施创新驱动发展战略、推进产业链创新链深度融合方面，应发挥引领和示范作用。作为长三角 27 个中心城市之一，镇江有着坚实的工业基础、丰富的科教资源和良好的创新发展能力，如何发挥自身的比较优势，积极融入长三角一体化发展新格局，实现产业链创新链融合发展，是值得深入探讨的重要问题。

一、长三角一体化背景下镇江产业链创新链融合发展的态势

1. 项目招引成效初显，产业链创新链融合发展的产业基础逐步夯实

　　作为江苏 4 座老工业城市之一，镇江过去经济增长主要依赖化工、造纸、冶金等传统产业。在新发展理念指导下，镇江积极推进老工业基地改造和产业转型升级，以高新技术产业开发区建设为载体，聚焦"四群八链"主导产业，积极开展高质量产业项目的招引工作。2021 年，镇江建设重大产业项目 284 个，年度计划投资 552.7 亿元；9 个项目入选江苏省重大项目清单，年度计划投资 63 亿元，涉及 5 个战略性新兴产业和 4 个先进制造业，

涵盖高端装备、生物技术和新医药、冶金、汽车及零部件、材料等领域。项目招引促进了先进制造业的快速增长，2021年镇江高新技术产业产值占规模以上工业总产值的比重上升至46.9%，高技术制造业增加值同比增长10.7%，为产业链创新链融合发展奠定了基础。

2. 科技型企业加快培育，产业链创新链融合发展的关键主体逐渐壮大

近年来，镇江工业企业研发投入强度稳步上升，企业创新主体地位持续巩固。规模以上工业企业中，开展研发活动的企业占比保持在40%以上，研发人员占全部从业人员比重上升至9.3%。鼎胜新材、鱼跃医疗、江苏索普等头部企业持续加大研发投入，2021年研发经费内部支出分别为6.21亿、4.25亿和2.56亿元，成为当年镇江研发费用排名前三的上市公司。与此同时，加快培育"单项冠军"与"专精特新"企业。截至2021年年末，镇江共培育8家国家"单项冠军"企业，10个国家级"专精特新""小巨人"企业，73家省级"专精特新"企业。这些企业依靠自主创新或引进消化吸收再创新的方式，研制、生产具有自主知识产权的关键零部件、元器件和配套产品，成为产业链创新链融合的重要节点。

3. 新型研发机构加快培育，产业链创新链融合发展的载体日益多样化

在以研发功能为主的机构方面，镇江建有企业院士工作站5家，与江苏省产业技术研究院共建企业联合创新中心21家，拥有国家级、省级工程技术研究中心210家。江苏省产业技术研究院、丹阳市政府及鱼跃集团三方，合作共建了"JITRI—鱼跃联合创新中心"，中心针对医疗细分行业中的关键技术开展产业化研发，发挥了以源头创新带动产业发展的杠杆作用。在科技转化平台方面，2021年镇江新增国家级孵化器1家、国家级众创空间3家，省级科技企业加速器2家、省级众创空间3家，市级孵化器9家、市级众创空间8家。这些平台型研发机构聚焦创新链中下游的科技转化、资源对接等，发挥了技术转移、创业孵化和核心技术产业化等功能。

二、长三角一体化背景下镇江产业链创新链融合发展面临的困境

1. 产业结构优化缓慢，尚处于投资驱动向创新驱动转换期

2021 年，镇江三次产业比例为 3.3∶48.7∶48.0，服务业增加值占地区生产总值比重同比下降 1.39 个百分点，第三产业占比在江苏 13 个城市中居第 8 位，比全省平均水平低 1.4 个百分点。镇江服务业不仅规模较小，且结构层次偏低。2021 年，镇江生产性服务业增加值占全市服务业增加值的比重为 54.8%，低于全省 55.5% 的平均水平。从工业内部结构看，镇江轻工业、重工业比例约为 2∶8，工业结构整体偏重；传统产能依然占据主导地位，营业收入前 50 家企业中，来自造纸、化工、建材、重工等行业的企业超过 70%，产业转型升级压力依然较大。镇江新兴产业内大企业、大项目数量不多，具有较强区域影响力和竞争力的优势新兴产业和千亿级新兴产业集群也偏少。

2. 研发投入增长乏力，企业自主创新能力提升缓慢

近年来，镇江全社会研发经费支出金额虽然总体上呈增长趋势，但 2017 年后增速明显放缓。2021 年，镇江全社会研发投入强度为 2.4%，低于全省 2.95% 的平均水平。工业企业研发投入增长放缓的趋势更明显。2021 年，镇江规模以上工业企业研发经费内部支出为 89.80 亿元，尚未恢复到 2017 年的水平。由于缺乏充足的研发投入，因此一些产业链龙头企业尚未有效围绕产业链布局创新链，关键核心零部件自主供给能力不足，技术创新总体上仍处于跟踪模仿阶段。如航空用板材生产商爱励铝业（镇江）有限公司所有技术由德国的爱励铝业科布伦茨轧制工厂提供；大全赛雪龙牵引电气产品的生产常年外购瑞士赛雪龙的直流测量放大器；丹佛斯动力系统（江苏）有限公司的内曲线式柱塞液压马达关键技术一直被国外公司垄断。

3. 科技服务业发展滞后，产业链创新链对接不畅

与长三角其他城市相比，镇江的科技服务业规模较小。据不完全统计，

截至 2019 年年末，全市累计登记注册科技推广和中介服务类企业 545 家，在业的仅为 215 家。2021 年，镇江科技服务业增加值为 108.9 亿元，占地区生产总值的 2.29%。科技服务业发展相对滞后，一定程度上导致了产业链创新链对接不畅的问题。一方面，科技工作者普遍缺乏科技推广与科技服务的动力；另一方面，一些创新成果产业化应用性不强，部分创新主体对科技成果转化过程涉及的风险顾虑重重。据中国科学技术信息研究所发布的《国家创新型城市创新能力评价报告 2021》，镇江在万人发明专利拥有量上表现优异，但技术输出（入）合同成交额占地区生产总值的比重、科技孵化器新增在孵企业数明显落后于长三角其他中心城市，科技成果转移转化能力亟待加强。

4. 长三角各地产业发展趋同，面临周边城市资本和人才的"虹吸效应"

受区域经济增长压力的影响，长三角超半数的城市将电子信息、生物医药、高端装备、新材料作为新兴产业发展的重点，镇江亦如此，因此在项目和资金招引，以及产业做大做强方面各城市间必然存在竞争。周边城市较高的经济发展水平、便捷的交通、更多的工作机会和良好的收入福利，对镇江创新创业人才方面产生了巨大的"虹吸效应"。据智联招聘与泽平宏观联合发布的《中国城市人才吸引力排名：2021》，百强城市中长三角占据 22 席，镇江在其中排在第 17 名。另据相关部门统计，2008 年至 2017 年，镇江引进的近 1 500 名高层次产业人才中，已长期落户的只有 481 人，占比 32.4%，其中省"双创计划"人才长期落户的占比仅为 28.5%。创新创业人才的流失或转移，严重制约了镇江产业链创新链的互促发展。

三、长三角一体化背景下镇江推进产业链创新链融合发展的政策建议

基于产业链创新链融合发展的现实考察，当前镇江产业创新发展需要两方面同时推进。一方面，做大做强本地的产业链创新主体，支持产业链龙头企业牵头组建创新联合体，努力打造本地产业和创新协作平台；另一方面，要积极融入长三角区域产业协作和协同创新体系，充分整合利用外

部优质创新资源，实现产业链创新链关键环节跨区域的耦合。此外，政府应在完善创新成果产业化应用配套机制、建立"双链"融合发展保障体系等方面积极作为。

1. 做大做强产业链创新主体

一是壮大产业链创新主体。聚焦八条重点产业链，以镇江高新区、丹阳高新区等国家级、省级开发区为载体，实行链条式招商，打造"科创企业森林"，构建科技型企业孵化培育、成长扶持、推动壮大的全生命周期梯次培育体系。二是做强产业链龙头企业。设立重点产业链专项基金，制定专门的扶持政策，对龙头企业的原始创新、技术升级、品牌培育、市场拓展给予政策倾斜；持续推进重点产业链"链长制"，支持和服务龙头企业通过并购重组的方式进行产业链横向扩展和纵向延伸。三是以激励政策"组合拳"促进中小企业创新。综合运用奖励补助、贷款贴息、融资担保等方式，引导金融资源流向中小企业；完善税收激励形式，通过扩大固定资产加速折旧范围、提取风险准备金、扩大研发费用扣除范围及比例等方式为中小企业提供税收优惠。

2. 完善高能级创新平台引培机制

一是围绕重点产业链，精准布局适配创新平台。电气装备、高端新材料、生物医药等重点产业链依托国家级、省级重点实验室培育产业创新平台，开展产业关键共性技术研发和工程化研究；对航空航天、智能农机、海工装备等产业链，应加大高技术项目和创新资源要素引进，加强与长三角国家技术创新中心的对接和合作，建设本地产业技术服务平台，为创新成果在镇江落地提供全链条的服务保障。二是优化创新平台管理。深入开展高能级平台的分类管理服务，依据功能定位、发展阶段、扶持力度实行更细致的分类考核；对于造血能力较强的平台，探索以市场化管理机制代替行政考核机制；对于平台的财政经费支持，探索更灵活的拨付方式。三是强化平台运营激励。突破体制机制障碍，推动创新平台向"企业化运作"方向改革；出台科技成果处置使用权改革的地方性政策，鼓励高校和创新平台的成果在镇江开展技术转化活动，鼓励江苏大学、江苏科技大学等高等院校和科研院所的科技成果完成人以职务发明进行创业。

3. 加快发展高技术产业创新联合体

一是引导龙头企业牵头组建产业创新联合体。围绕镇江"四群八链"主导产业规划重点发展产业，搜集和梳理行业共性技术需求，结合"卡脖子"技术清单和国家重点科技项目，筛选重点攻关项目和合适的牵头企业，由政府资助建设创新联合体。二是健全创新联合体运行机制。明确产业创新联合体的基本构架和成员的基本要求，建立内部协商和外部协调机制，健全联合体创新监督体系，对研发各环节进行信息化管理；建立高效的研究成果转化机制，密切成员合作联系，形成能够自我运转、持续稳定合作的"利益共同体"。三是推进开放式协同创新。充分利用长三角国家技术创新中心及相关机构搭建的平台，积极对接国内外知名大学与科研院所，为创新联合共同体提供智力支撑。借助城市外交和民间外交，开拓国际科技创新合作渠道，引导龙头企业布局和建立海外创新中心，主动融入全球创新网络。

4. 完善创新成果产业化应用的配套机制

一是加强政府投资基金的引导作用，探索科学家团队研发、本土企业家投资运营、政府引导基金补充的联合创业模式。通过政府投资基金撬动更多市场化基金、引入更多战略投资者，支持创新成果的产业化落地，拓宽科技型初创企业的融资渠道。二是完善以政府及公共部门首购订购、政府采购基金等方式为主的采购政策体系，采用报价优惠、合同预留、比例限制等手段扶持新兴产业的发展壮大，对品种、规格或技术参数等有重大突破但尚未取得市场业绩的首台（套）或首批次的装备、系统和核心部件给予支持。三是加强"四众"（众创、众包、众扶、众筹）创新创业孵化载体的建设。在科技经费中安排专项资金用于科技孵化载体建设，推动落实土地、人才、税收各类优惠政策，促进现有科技企业孵化器、众创空间"扩容强体"，发挥市场在资源配置中的决定性作用。

5. 完善"双链"融合发展保障体系的建设

一是构建创新服务型政府。探索建立鼓励创新的柔性治理模式，针对不同类型的创新平台采取不同导向和侧重点的评价规则；实行财政预留与用款控制机制，确保财政"刚性兑付"能力；引导下辖各市（县、区）树立正确政绩观，支持各类创新平台跨地区开展技术服务工作。二是深化科技创新领域的数字化改革。通过数字赋能对科技体制机制、组织架构、方式流程进行系统化重塑，加快推进重点产业链相关企业"智改数转"，建成线上线下融合的服务体系；加快构建并完善镇江科技资源云平台，整合创新型资源要素、科研项目、高端设备仪器和人才团队，提升创新资源管理能力。三是持续推进人才"镇兴"行动。依托"金山英才"等高层次人才计划，为企业重点引进具有国际水平的领军人才、工程师和创新团队；针对本科生、硕士生、博士生等中间类人才制定专门政策，对其创新创业给予更多的支持；转变现有人才引进方式，引入社会专业机构以"揭榜""接单"方式猎聘人才；推动企业与地方院校合作，加大产业人才、技术人才的联合培养规模，不断提高大学毕业生留镇比率。

（作者单位：江苏大学财经学院）

镇江东翼"金三角"区域一体化建设研究

| 中共扬中市委党校课题组 |

2021 年 3 月发布的《镇江市国民经济和社会发展第十四个五年规划和二〇三五年远景目标纲要》,将镇江新区、扬中市、丹阳市北部区域连成一片,作为"东翼产业协同发展区"。2021 年 9 月,镇江市第八次党代会提出,镇江发展要围绕"一体、两翼、三带、多片区"总体布局,有序谋划打造九大重点片区。东翼产业协同发展区就是这一布局中的"两翼"之一,被誉为镇江的"金三角"区域,是镇江市产业发展的重要增长极。

一、镇江东翼"金三角"区域产业协同发展的有利条件

1. 区位优势明显,为协同发展提供了优越载体

镇江新区、扬中市和丹阳市北部(三地)组成的镇江东翼,东与常州市区相邻,北与泰州、扬州市隔江相望;比邻上海、南京两大都市圈,是长三角一体化、长江经济带战略核心区域,区位优势十分明显。G346 国道、S122 省道、常泰高速、镇丹高速贯穿而过,且都在此区域设有出入口;丹阳北部距沪宁高铁丹阳站、京沪高铁丹阳站、常州奔牛机场约 30 分钟车程,交通便捷且成熟,同时拥有年吞吐量 5 000 万吨的长江飞达港口。三地分别设有国家级和省级开发区,为产业协同发展带来了巨大的经济动能。

2. 产业特色鲜明，为协同发展奠定了坚实基础

经过多年发展，三地产业已经凸显各自特色。镇江新区作为国家级开发区，近年来依托专业园区大力发展先进制造业，重点发展以通用航空、新材料、新能源为主导的新兴产业，以及与之相配套的生产性服务业和现代物流业。扬中市已形成以智能电气、新能源、临港装备制造、汽车零部件为主导的"4+X"产业体系。丹阳被誉为"汽车零部件之乡""五金工具之乡""新机械之乡"，这些企业主要集中在丹阳市北部，这里是世界上最大的高速工具钢和工具麻花钻生产基地、亚洲最大的农业机械和园林机械生产基地、全国汽车零部件生产基地。

3. 交通条件良好，为协同发展提供了有力支撑

近年来，三地的港口集疏运和多式联运体系建设取得突破。镇江新区的大港港区主要承担集装箱、金属矿石及其他散杂货的运输；扬中港区主要为区域内临港工业开发和物流业发展服务。目前，镇江正在着力推动苏南运河"四改三"、丹金溧漕河"五改三"等重要水运通道建设。随着扬中区域附近夹江河道整治的实施、镇江港—沪宁高速快速通道的修建，以及镇瑞铁路支线延伸段项目的建设，三地公路、水运、高铁等多种交通手段的互联互通将更加完善。

4. 政府大力支持，为协同发展提供了良好环境

近年来，镇江市政府主动抢抓长江经济带建设工程、"一带一路"倡议等发展机遇，积极争取中央资金支持，促进地方工程建设。镇江新区管理委员会着力规划推进心湖人才共享社区建设，并借助航空航天工业园、大路通用航空港等现有优势，努力建设新材料、飞机零部件制造产业基地和通用航空运营业务集聚区。扬中市政府重点规划实施兴隆港产城一体化产业园区项目，以推动新能源、汽车零部件、临港工业等发展，整个园区包括兴隆港、园博园、长城汽车零部件工业园。

二、镇江东翼"金三角"区域产业协同发展的现实困境

1. 相互之间的理性博弈

按照产业梯度理论，区域间资源要素、文化、科技、生产分工等的不同会导致产业结构阶梯型差异，这种差异是促进区域间产业转换、合作的重要因素。但是，镇江东翼"金三角"区域三地间缺乏产业梯度。同时，地区政府很易产生地方保护主义和机会主义不良倾向，这将会带来发展过程中的招商引资竞争、基础设施建设不衔接、产业同构、城市规划冲突等问题。

2. 人才和创新能力不足

一方面，产业高端科技人才缺乏。由于就业、教育、医疗等资源优先集中于镇江市区，镇江新区、扬中市、丹阳市北部的基础配套设施与市区相比有一定差距，因此其对高级人才的吸引力自然略逊一筹。另一方面，民营企业研发创新的积极性明显不够。2021 年，三地规模以上工业企业研究与试验发展（Research and Development，简称"R&D"，全书同）费用开支力度普遍不大，总开支占地区生产总值的比例低于苏南区域。

3. 基础设施建设存在瓶颈

近年来，三地交通运输条件已经有大幅改善，但仍然存在瓶颈。三地交通运输成本仍然较高。扬中市没有建设高铁，港口与铁路、航空的配套建设滞后，区域内断头路仍然存在。镇江与扬中市衔接的金港大道的交通信号灯总量偏多，快速化程度不够，严重影响了通行效率；S358 省道北延（扬中四桥）项目已完成前期调研与专家论证，但真正开工建设尚有待时日。

4. 港产城联动依然乏力

镇江东翼"金三角"区域港口众多，大港港和扬中港处在沿江，深水岸线条件优越，但处于南京港和常州港的辐射腹地之中，海港生存空间相对狭窄，海港规划条件尚不成熟。目前，镇江新区大港港货运吞吐量占镇

江港货运吞吐量的将近一半，但金属矿石、煤矿等大宗散货居多，对城市经济和工业发展拉动效果有限。集装箱运输可促进高端工业和外向型经济发展，但目前大港港和扬中港物流规模相对较小，不成气候。

三、镇江东翼"金三角"区域产业协同发展的对策建议

根据镇江东翼"金三角"区域产业协同发展的基本情况，借鉴国内其他地区推进产业协同发展的经验，我们提出东翼"金三角"区域分工协作实现共赢的对策建议。

1. 加强顶层设计：推进产业协同发展

产业同构，是镇江东翼"金三角"区域三地制造业协同发展的主要障碍之一。为此，要通过加强顶层设计，合理确定各地区制造业的发展规划与分工。一是编制区域组团发展规划。建议由镇江市级层面统筹，在镇江"十四五"规划的基础上，围绕"东翼产业协同发展区"的总定位，制订相关一体化发展行动计划。二是统筹岸线开发利用规划。从"共抓大保护、不搞大开发"战略全局出发，做好科学利用岸线、国土空间及临港产业布局等专项规划，真正让"黄金岸线"发挥"黄金效益"。三是完善园区综合提升规划。按照园区整合提升的要求，加快淘汰"低小散"园区，加速"腾笼换鸟"。按照"一特三提升"和新"九通一平"的园区发展要求，坚持错位竞争、特色发展，打造一批主题园区、特色园区。

2. 寻找内生动力：提升产业发展动能

区域一体化，产业发展是关键。一是强化特大项目合作招引。积极培植龙头骨干企业，推动镇江东翼优势产业集群的建立。同时，利用长江黄金水道重点扶植大中型运输公司，并借助上港集团所制定的"长江战略"，形成辐射整个长江沿岸的运输集团。二是合作打造科研中心。围绕三地在新材料、新能源等方面的产业布局，共同建立研发中心和域外飞地，为产业发展提供创新活力。三是培育制造业增长极。镇江新区要发挥自身教育、科技、信息等齐备的资源优势，积极培育人才密集型的高端企业；扬中市、

丹阳市北部拥有优越的工业基础设施，可借助沿江区域资源优势，开发相应的高端产业。要通过发展新能源产业链、新材料产业链等打造产业增长极。

3. 优化基础设施：促进产业互通互联

坚持用"交通圈"支撑"都市圈"，推进区域产业协调发展。一是完善东翼"金三角"公路网络。横向增加 G523 国道东延接兴旺大道和 S306 省道、G523 国道东延过夹江桥梁；纵向增加 S358 省道北延至兴旺大道、圌山路南延、滨江大道南延，增加 S358 省道夹江桥梁，支撑起东翼"金三角"路网体系。积极争取将 S358 省道延伸至扬中纳入"江苏省十四五省道网规划"，开工建设 S238 省道镇江新区金港大道通港路口至滨江大街一段的快速化改建工程项目。二是加强三地港口联动。三地协同做好《镇江港总体规划》，完善岸线港口基础设施和配套服务，加速推进临港产业、综合交通、服务配套、城镇发展一体化进程。三是贯通铁路互联。在科学研判、充分论证的基础上，尽快启动镇江市区至扬中市、丹阳市和新区的轨道交通项目，全力打造"金三角一刻钟通勤圈"。

4. 强化要素融合：推进人才技术流动

同城化和一体化发展，关键在内源动力及运行机制。三地要利用各自的优点，克服各自的缺点，真正实现 1+1+1>3 的效果。一要建立区域要素合作机制。要提高政策协同性，合理引导人才等要素在区域范围内畅通流动和重组，并在更大范围内整合、优化和共享优质资源，以促进市场主体间和城市间协调发展。二要提供合理高效的政策便利。要降低企业运营成本和时间成本，发挥制度环境的"虹吸效应"，实现人才、资本和技术的快速集聚，为实现要素流动的开放融合提供政策便利。三要完善人才技术共享机制。应通过建立人才互通、互认机制和一体化的技术共享平台，在人才高集聚区设立中心，打造数字创新高地，从而实现技术资源的自由流动和高效配置，助推城市群高质量发展。

（课题组成员：郭　渝　庄广雷　华　露　孙小琴）

加大力度培育更多专精特新"小巨人"企业

| 国家统计局镇江调查队课题组 |

近年来,镇江市专精特新"小巨人"企业正在加速发展,企业数量和发展质量有显著进步,但同时也面临不少问题,需要各方努力加以解决。

一、专精特新"小巨人"企业发展现状

1. 数量状况

2021年,镇江市新认定的专精特新"小巨人"企业共21家,占全省总数的3.37%。其中,新产品类企业11家,省内占比5%;制造类企业9家,省内占比3%,省内占比最高,但低于2020年占比;创新类企业1家,省内占比2%。全市专精特新"小巨人"企业总数比扬州少10家,比徐州多2家。新认定企业总数和创新类企业数,与2020年相比不增反降。全市累计68家省级及以上专精特新"小巨人"企业,应税销售总额和上缴税收总额分别同比增长42.0%和17.0%,发展速度加快。

2. 专业化状况

专业化企业一般都采用了专项技术或工艺,生产制造专用性强,专业特点明显,产品市场专业性强,在细分市场中具有专业化发展优势。如江苏海川新材料科技有限公司的玻璃纤维及其制品、上迈(镇江)新能源科技有限公司的eArc轻质柔性组件等。

3. 精细化状况

这类企业按照精益求精的理念，建立精细高效的管理制度和流程，通过精细化管理和精心设计，生产精良产品。多数企业获得了 ISO9000 质量管理体系认证、ISO14000 环境管理体系认证，多项产品获得发达国家或地区权威机构认证。2021 年，全市新增 13 家国家"两化"融合贯标通过企业、3 家省级工业互联网标杆工厂、7 家省专精特新软件企业、22 家智能车间、86 家星级上云企业和 11 个 5G+工业互联网及 5G 应用场景项目。诺得物流股份有限公司、江苏锐天信息科技有限公司入选江苏省大数据产业发展试点示范项目，惠龙易通国际物流股份有限公司入选江苏省区块链产业发展试点示范项目。

4. 特色化状况

这类企业采用独特的工艺、技术、配方或特殊原料研制、生产具有地域特点或具有特殊功能的产品，提供特色化服务。2021 年，全市 8 条重点培育产业链 210 家骨干企业中，中小企业 194 家，占比 92.4%。高端装备制造、新材料、数字经济和生命健康四大主导产业集群完成应税销售额 3 503 亿元，同比增长 28.1%；8 条重点产业链完成应税销售额 2 854 亿元，同比增长 30.3%。鱼跃医疗、国健（江苏国药控股旗下公司）等龙头企业，通过"链接"，打造原材料、终端产品、物流服务的全产业链生态，形成医疗器械和生物医药领域大中小企业融通特色发展载体样板，获得江苏省 3 000 万元专项支持。

5. 创新性状况

这类企业依靠自主创新、联合创新或引进消化吸收再创新方式，转化科技成果，研制、生产具有自主知识产权的高新技术产品。有了它们，镇江市才能位列国家创新型城市第 25 位。为支持创新，2021 年全市 R&D 经费支出占地区生产总值比重为 2.4%；全市高新技术企业达 1 222 家、科技型中小企业达 2 163 家；全市 111 个省级企业技术中心中，99 家为中小企业，占比 89.2%；全市 82 个省首台套重大装备中，80 个由中小企业创造。

二、专精特新"小巨人"企业发展中存在的问题

调查显示，镇江市专精特新企业数量偏少，规模较小，总体发展相对缓慢，特别是与周边地区相比有较大差距。2021 年，镇江新增此类企业数量仅为常州、南京的五分之一，不到南通的一半、扬州的三分之二。同时，已认定企业多集中在装备制造、汽车零部件等传统产业领域，分布较为单一，企业创新性和特色性在全省的比较优势不够明显。问题主要表现为以下几个方面。

1. 政策引导和培育力度偏弱

省内其他 12 个兄弟城市对专精特新"小巨人"省级企业均给予 30 万~50 万元奖励，对国家级企业则给予 50 万~100 万元奖励。南京市专门出台了投资融资、研发创新、人才引进、认定奖补等方面的 10 条政策"干货"。镇江市的政策力度处于全省垫底水平。从全国看，山东、广东等省通过高额奖金奖励、上市费用补助、数字化转型费用减免、用地用房特殊保障等措施，加快培育专精特新企业。镇江尚未出台专门的培育政策，培育力度明显不足。

2. 招人难、留人难问题突出

在镇江市 8 条重点产业链中随机选取的 56 家企业的问卷调查中，有 51 家企业反映人才紧缺，占总企业数的 91.1%。一线技能人才缺乏直接影响企业创新。结构性用工问题成为中小企业的重要"痛点"。一些企业反映，招人才难，留人才更难。企业创新转型对数字化人才的需求呈现爆发式增长，横跨多领域、学习能力更强、综合素质更高的复合型人才极为匮乏，过去一些仅掌握信息技术的人已不能满足数字化发展的人才需要。

3. "智改数转"进程面临多重障碍

智能化改造数字化转型正日益成为制造业发展的重要趋势和核心内容，也是专精特新中小企业快速发展的重要途径。镇江市中小企业多处于产业链、价值链中下游，信息化应用刚起步，不少企业对"智改数转"思想认

识不足，"不想转""不敢转""不会转"顾虑较多。"不想转"是因为企业发展观念难转变，企业人员对数字化认识不一致，和关联企业难协调，一些管理层和相关员工甚至担心"智改数转"后，因所有流程明晰且可追溯而会被追责从而利益受损；"不敢转"是企业担心前期资金投入大，效果不明确，失败了赔不起；"不会转"是因为转型路径不清晰，没有专业人才，企业的数字治理能力较弱。调查显示，镇江市企业普遍面临盈利能力弱、管理模式相对粗放、产品附加值不高等问题，这些问题同样限制了企业"智改数转"能力的提升。

4. 企业技术效率偏低

用Froniter4.1模型对镇江中小企业的技术效率予以测算，我们发现全市中小企业技术效率普遍偏低。2019—2021年，技术效率上升速度平缓，各行业的平均值仅为0.31。技术效率的提高离不开创新，创新离不开资金和人才的投入，但中小企业一直存在融资难和人才缺乏的问题。

三、加快镇江专精特新"小巨人"企业发展的对策建议

1. 构建系统思维，完善服务体系

专精特新"小巨人"企业发展是一项系统工程，需要资金、技术、人才、孵化平台等诸多要素资源。为此，一要放大现有平台作用。充分利用市场配置资源，促进服务资源与企业需求对接。鼓励52家市级以上公共服务平台、18家小微型企业创业创新示范基地和知识产权服务机构等第三方力量，全面提升服务支撑能力，为中小企业发展提供政策解读、信息咨询、研发设计、管理提升、检验检测、人才培训等服务，促进"专精特新"技术和产品的产业化。二要优化融资模式。搭建融资服务平台，拓宽支持中小企业技术创新的融资渠道，促进银行等金融机构与企业加强对接，鼓励创新金融产品和服务，加大信用贷款、知识产权质押、仓单质押、延期还本付息等信贷力度，支持中小企业应对疫情影响、平稳健康发

展。三要集聚服务合力。发挥财政、税务、商务、市场监管、生态环境等多部门联动作用，完善推进措施，探索培育方式，细化工作目标，形成工作合力，协同培育"专精特新"中小企业。组织中小企业积极参加中国国际中小企业博览会、APEC 中小企业技术交流暨展览会等，引导中小企业开拓新兴市场。

2. 聚焦重点领域，强化创新能力

创新是企业发展的灵魂。一要引导中小企业积极创新。聚焦新一轮科技革命前沿、江苏省"531"产业链、镇江市 8 条重点培育产业链的短板和关键技术领域，积极参与产业基础再造工程、工业强基工程，开展关键核心技术突破和重大质量共性技术攻关，抢占技术高点，推动解决产业链"卡脖子""掉链子"问题和"智改数转"的关键"卡点"。针对镇江市企业数字治理能力普遍偏弱的问题，促进企业以数据应用创新推动业务创新变革；打通企业各个环节留存数据，促进业务数据在企业各个环节的快速流动，以企业信息流引进物资流、资金流、人才流和技术流；构建企业大数据中心，统筹规划企业数据资源；根据业务数据流动需求，加快企业信息系统升级改造；构建企业数据开发利用统一支撑平台。二要充分发挥高校、科研院所优势。在镇高校及科研院所具有人才、技术资源优势，可为中小企业提供产品研发、成果转化、人才培养等技术服务，助力中小企业"借梯升高"，应促进建设研发机构、加大创新投入、实施技术改造。要立足镇江特色优势产业，通过组建行业技术中心、产业技术创新联盟等方式，建立技术转化合作机制，促进中小企业新技术、新产品开发。三要支持中小企业产品创新。应通过帮助设计自主产品、培育企业自主品牌，提高商标注册、运用、管理和保护能力，打造具有较强市场影响力和竞争力的特色品牌，扩大企业知名度和美誉度。引导中小企业建立知识产权管理体系、质量管理体系、标准管理体系，加强专利申请、预警分析、标准制定、质量控制工作，全面提升企业综合能力。

3. 突出企业主体，夯实人才支撑

人才是"专精特新"企业发展的第一资源。为此，一要梳理人才需求。

围绕高新技术企业—科技型中小企业—专精特新"小巨人"企业—"单项冠军"企业等，开展人才需求梳理摸排工作，为企业搭建高层次人才、高技能人才、高素质人才等企业急需人才的供给通道。二要加大培训力度。充分用好省"英才名匠"人才培训计划，同时在市域范围内常态化组织开展"专精特新"、精益管理、质量控制等公益性人才培训活动，促进中小企业人才的能力提升，推动更多中小企业聚焦主业、强化创新、融合发展。三要搭建人才舞台。引导中小企业发挥人才作用，围绕大型企业、头部企业和领军企业的生产需求，开发技术水平高、产品质量好、市场前景广的创新产品，提升协作配套水平，让"小巨人"成长为配套专家、"隐形冠军"、"单项冠军"，让"专精特新"铺天盖地释放大能量，让中小企业成为全市工业经济的"硬支撑"。

4. 推进"智改数转"，促进提质增效

一要实施诊断服务对接行动。紧扣研发设计、生产制造、经营管理、市场营销等关键环节，遴选一批优秀"智改数转"诊断服务商，为中小企业开展免费诊断服务，找准问题、瓶颈，提供精准化、个性化解决方案，引导中小企业提高思想认识、主动"智改数转"。二是实施中小企业赋能行动。充分发挥数字技术的放大、叠加和倍增效应，鼓励中小企业实施以工业机器人、全自动生产线、信息化发展等为主的升级改造，开展星级上云、"两化"融合贯标和智能车间建设，加快"上云""用数""赋智"步伐，实现数字化、网络化、智能化发展。三是实施标杆示范引领行动。引导积极性高、基础条件优、成长性好的中小企业"智改数转"先行先试，挖掘一批细分领域、不同层次的优秀典型案例，评选一批标杆领航企业。通过各类媒体在全市宣传推广，形成引领"智改数转"的浓厚氛围，促进中小企业不断提升精益生产、精细管理和智能决策水平。

5. 补齐政策短板，营造更优环境

推动银行业金融机构，为专精特新"小巨人"企业提供更优服务，开辟"绿色通道"，加大信贷额度，降低融资成本。充分发挥企业网络服务平台作用，打造跨部门政策咨询和帮办平台。建立专精特新"小巨人"企业服务专员制度，实施"一企一员"精准帮扶，梳理企业需求诉求，实行跟踪督办制度，为中小企业办实事、解难题，营造良好发展环境。参考先进地区做法，对首次获得认定的国家级、省级专精特新"小巨人"企业给予资金奖励，激励中小企业做优做强，朝"专精特新"方向发展。

（课题组成员：罗凌俊　朱莹莹　姚钦元　徐泽飞）

金融赋能科技创新的镇江路径

| 张祝建　郑　蓠　王　凯　郭宜捷 |

金融作为现代经济的核心，是赋能科技创新的活力源泉。金融与科技的紧密融合，日益成为影响区域经济社会发展的重要因素和关键驱动力。加快金融与科技的全面有机融合，已成为镇江培育战略性新兴产业、加快产业结构转型升级、实现高质量发展的重要战略。

一、镇江金融赋能科技创新发展现状

1. 金融业基本情况

一是存贷规模稳步扩大。2021 年年末，镇江金融机构各项存款余额6 692.67 亿元，比年初增加 400.62 亿元；各项贷款余额 6 958.27 亿元，比年初增加 852.85 亿元。《镇江市关于加强知识产权质押融资工作的指导意见》出台后，全市知识产权质押融资金额 7.2 亿元，同比增长 494%，助力中小企业创新发展。

二是资本市场加速发展。至 2021 年年末，镇江成功推动 313 家高新技术企业挂牌上市。其中，上交所等科创板 21 家，新三板 16 家，区域性股权交易市场 276 家。全市累计实现股票融资 274.54 亿元，总市值超 2 000 亿元。此外，2021 年镇江将 86 家高新技术企业纳入上市后备资源库，通过重点培育分类辅导，加快推动其上市融资。

三是融资担保作用凸显。镇江组建政府性融资担保机构 4 家，并设立省农业担保分支机构，实现了融资担保区域全覆盖。2021 年年末，镇江融资担保余额 104.04 亿元，较年初增长 34%。其中，新兴产业占比 30%；在保户数 915 户，较年初增长 64%。

2. 金融赋能科技创新主要成效

一是创新主体数量稳步提升。2021 年，镇江新增高新技术培育库入库企业 381 家，认定高新技术企业 376 家，共有国家高新技术企业 1 221 家；备案科技型中小企业 2 163 家，同比增长 172%。截至 2021 年年末，镇江拥有省创新型领军企业 11 家，上交所科创板上市企业 3 家，国家创新型（试点）企业 2 家，"2021 全球独角兽榜"上榜企业 1 家，国家"独角兽"企业 2 家，省潜在"独角兽"企业 2 家，以及苏南国家自主创新示范区"瞪羚"企业 32 家。

二是创新发展动能不断增强。2021 年，镇江成功举办产学研用、政银企合作对接活动 40 余场，发布科技成果 1 000 多项，达成合作协议 500 余项、合作金额超 2 亿元。2021 年，镇江专利授权量为 22 695 件，其中发明专利 2 808 件。年末，镇江有效发明专利拥有量 15 561 件，比 2020 年增长 17%；万人拥有量 48 件，比 2020 年增长 16%。全市国家知识产权示范企业达 11 家。3 家科创板企业拥有发明专利 126 件，5 家创业板企业拥有发明专利 213 件，有效发挥了科技创新示范效应。

三是创新创业活力持续激发。2021 年，全市高新技术企业所得税优惠减免 12.28 亿元，研发费用加计扣除 54.01 亿元，为企业创新发展"减成本、降风险"。同时，镇江开展"高新技术企业融资服务直通车""科技金融进孵化器"等活动，构建"金融惠企"绿色通道，2021 年"苏科贷""高企贷"等为镇江 190 余家企业提供科技贷款近 10 亿元。

二、当前镇江金融赋能科技创新的机遇和挑战

1. 机遇

一是宏观经济形势趋稳向好。2022 年以来，面对国内新冠疫情反复、

外部环境不确定性因素增加等挑战，我国坚持稳中求进，统筹推进疫情防控和经济社会发展工作，宏观经济运行依然平稳，经济运行延续恢复向好态势，主要经济指标运行在合理区间内，为金融赋能科技创新创造了良好的环境。

二是资本市场注册制改革助力科技创新。党的十八大以来，以注册制为核心的资本市场改革稳步推进。注册制下，股票发行企业的优劣和未来发展前景都交由市场和投资者决定，对科技创新企业包容性增强，利好科技创新企业和整个新兴产业。

三是科技创新再贷款设立并运行。2022年4月，科技创新再贷款设立，它通过"先贷后借"的直通机制，引导银行业金融机构加强对科技创新企业的融资支持力度。

2. 挑战

当前，制约科技金融融合发展的主要瓶颈如下：一是金融资源配置结构不够合理，科技研发投入不足。截至2021年年末，镇江第二产业贷款余额1 365.74亿元，其中工业贷款余额占79%；第三产业贷款余额3 104.49亿元，其中金融资源对新兴产业投放较为有限；普惠型重点领域贷款余额847亿元，小微企业贷款增长比各项贷款低2.5个百分点，金融助力中小微企业科技创新力度不足。受此影响，全市高新技术企业数量少，多数企业发展仍然依靠廉价劳动力、原材料及能源价格优势，缺乏创新发展的内在动力，科技创新基础薄弱。截至2021年年末，全市高新技术产业占规模以上工业产值比重为46%，低于全省1.5个百分点；研究与试验发展经费支出占地区生产总值比重为2.4%，低于全省0.53个百分点。

二是金融创新产品落地成效不佳，科研成果数量落后。镇江全市336家拥有知识产权的企业，融资需求达22.2亿元。目前，知识产权质押贷款规模偏小，不能有效满足科技创新企业融资需求。2021年，全市获得国家专利2 805项，与同期苏州获得的14 708项相比，差距太大。缺乏金融有力支持，全市科技创新企业的研发能力普遍不强。

三是金融资本投资项目结构失衡，科创企业孵化缓慢。截至2021年年末，镇江有私募基金 21 家，仅占全省的 1.72%；基金产品 65 只，仅占全省的 1.48%；对外投资 59.12 亿元，仅占全省的 0.62%。金融资本对新兴产业、高新技术企业的投资力度不足，加上高层次人才、创新型人才短缺，高校和科研院所数量不足，重大科技基础设施、高水平研发机构和重点实验室相对缺乏，导致镇江科创企业孵化缓慢。

三、镇江金融赋能科技创新的路径思考

1. 发挥直接融资对科技创新的支持作用

深入贯彻落实镇江市资本市场"扬帆计划"和加快股权投资行业发展"云帆计划"，以引导更多的长期资本投向创新型科技项目和早期的科技类项目，培育良好的科技创新投入环境和氛围。

一要科学运作产业引导基金。通过产业基金的方式撬动社会资本共担风险，聚焦"四群八链"，组建"1+N"基金体系，形成一只政府主导产业基金、多只子基金联动的基金发展体系，发挥财政资金的杠杆效应，吸引社会资本参与科技创新企业的初创期、种子期活动，引导金融资本投向符合国家发展战略和地区产业规划的项目，实现"资本+产业+科技"的融合发展。在引导科技创新的过程中，注意厘清市场边界；对关系国家科技命脉的关键行业，发挥政府调控的作用；对已经成熟的或者具有一定资产规模、融资相对较为容易的科创型企业，可以不给直接补贴，而鼓励其更多融资。

二要大力发展股权融资。根据技术创新的不同阶段，资本市场应从不同的环节给予技术创新支持。在种子期、研发期和初创期，投资机构应为企业提供大量的流动资金支持创业；在成熟期和衰退期，应由市场提供转型升级、二次研发所需的资金支持。应通过资本市场引导土地、劳动力等生产要素向潜力大、前景广阔的科技创新型企业集聚，达到资源配置最优化目的。应积极吸引各类股权投资机构，帮助有条件区域构建股权投资集聚区，进一步促进股权投资与科技创新的深度融合。支持科技企业孵化器、

产业（技术）创新中心、科研院所设立相应科创投资基金，探索"创投风投+孵化"模式。应服务科技创新企业对接多层次资本市场，通过上市指导培训、政策宣传等方式，推动科技创新企业上市挂牌、再融资，充分利用资本市场政策工具做优做强。

三要完善投融资合作服务平台。依托镇江综合金融服务平台，构建股权投资机构与企业融资合作平台，适时发布企业股权融资需求，建立优质股权投资项目动态发布和推荐机制，完善金融资本和项目常态化在线协同服务机制。建立由镇江高新技术企业、上市后备企业等组成的科创企业资源库，依托深圳证券交易所科技金融2.0平台等，使线上线下投融资路演活动常态化；定期组织高端投资行业发展论坛，为区域内重点产业企业、科技创新企业建立与资本衔接的有效桥梁。

2. 加强间接融资对科技创新的推动作用

通过制定相关政策，运用贷款、贴息及信用担保等手段，为科技创新企业和项目提供间接融资，降低科技创新成本。

一是加大银行业金融机构信贷供给。引导银行业金融机构在利率、期限、担保抵押等方面给予科技创新企业差异化支持政策。支持银行业金融机构针对科技创新企业"轻资产"的特点，围绕企业现金流、知识产权、股权三个核心资产，加大资金支持力度。全面推广科技贷款贴息政策，增加低息贷款投放，降低科技创新企业融资成本。完善银行业金融机构考核激励机制，支持成立科技金融专营机构，建立单独客户准入、单独信贷审批、单独风险容忍、单独拨备、单独业务协同的科创金融管理模式，为科技创新企业提供专业金融服务。

二是发挥地方金融组织补充作用。充分发挥地方融资担保机构、小贷公司等金融组织自主决策、灵活性强的特点，形成科创融资补充体系。通过合理分配风险分担比例、适当提高担保放大倍数、建立容错纠错机制、优化考核办法等方式，多措并举打破"担保难"等瓶颈，增强融资担保机构担保能力，提升科创融资担保服务水平。鼓励民间资本和社会机构依法进入融资担保行业，增强行业资本实力。

三是创新科技金融服务模式。加快落地知识产权、商标专利权、股票质押贷款等适合中小微技术创新企业的贷款产品，满足科技创新企业的多种融资需求。积极推进科技保险创新区试点，引导保险机构开发科技创新保险产品，通过科技保险转移科技风险。支持金融机构和股权投资机构开展投贷联动、投债联动、投保联动等创新业务，争取银行业金融机构投贷联动试点，为科技创新企业提供股债相结合的融资方式，针对科技创新企业多元化融资需求提供基于全生命周期的综合金融服务。

3. 优化金融环境，凝聚科技创新发展动力

持续深化金融等领域"放管服"改革，坚持企业的创新主体地位，完善自主创新服务体系建设。

一是强化资源信息共享。推进政府公共信用数据与市场信用数据的融合，打造一体化信用信息平台，加快数据基础设施建设，加强与金融机构、股权投资机构在信息、资源等方面的互融互通，打破科技创新企业与金融机构、股权投资机构在融资方面的信息"壁垒"。

二是建立健全金融服务体系。进一步完善与金融机构、地方金融组织、资本市场相关单位的合作交流机制，常态化开展融资培训、股权融资路演、银企对接等活动。同时，完善中介服务体系，为企业提供财务、法律、金融等一体化专业服务，让科技创新企业的融资过程更加顺畅。

三是加强科技金融人才队伍建设。镇江市人才扶持政策吸引力不足，导致部分企业把研发核心迁移至上海、苏州等地。应大力引进并培育高素质、专业化科技金融人才和优秀团队，贯彻落实镇江市实施人才"镇兴"行动的若干意见，进一步加大人才奖励力度。应持续吸收国内知名大学和重点军工类院所来镇江设立分校，以加深镇江的科技创新底蕴。

（作者单位：镇江市地方金融监督管理局）

绿色金融助推镇江"双碳"目标实现

| 张 莹 郭焦锋 俞孟蕻 郭 积 高瑜婧 |

"十四五"时期是碳达峰的关键期、窗口期，镇江作为国家生态文明先行示范区、全国低碳试点城市，要切实发挥好"试验田"作用，走绿色发展之路，坚决扛起"双碳"战略使命，持续探索"双碳"落地路径。绿色之路离不开绿色金融，如何利用绿色金融推动镇江经济社会全面绿色转型，加速"双碳"目标实现，值得深入探究。

一、"双碳"目标下镇江绿色金融发展现状

1. 绿色金融产品加快发展

一是绿色信贷投放加快，总额扩大。2021 年，镇江开展了"金山绿金"计划，全市绿色信贷投放 551 亿元，同比增长 59.13%。截至 2022 年上半年，全市绿色信贷余额 442.26 亿元，与上年同期相比增长 33.65%；全年预计绿色信贷余额可达 737.75 亿元，占信贷总余额的 6.6%，高于往年绿色贷款增速，整体表现出积极态势。二是绿色债券平稳运行。自 2017 年获准发行 29 亿元绿色债券起，镇江便积极向企业推广绿色债券，为绿色项目提供了新的中长期融资渠道。2021 年，镇江又为江苏天奈等企业争取到绿色债券贴息。三是绿色保险初步发展。2015 年，镇江提出要稳妥推进环境污染责任保险，镇江的绿色保险市场开始起步。

2. 借力金融科技赋能绿色金融

近年来，镇江持续利用大数据、人工智能、区块链、物联网等先进技术，服务绿色金融，增强了金融科技服务绿色金融的能力。2019 年，工商银行镇江分行通过区块链平台成功处理了第一笔跨境金融业务。2021 年启动"科技领跑者计划"后，镇江举办了多种"智慧金融"活动。江苏银行镇江分行探索科技创新与金融创新合作新模式，搭建镇江"线上+线下"绿色金融服务新平台。

二、"双碳"目标下镇江绿色金融发展面临的问题

1. 绿色金融配套体系不完善，金融"助绿"难

一是缺少第三方绿色评级和认证。镇江缺乏将环境风险纳入评级体系的绿色评级机构，亟须引进第三方绿色认定机构，完善绿色产业指导目录和行业范围，以帮助金融机构精确识别并支持绿色项目。二是帮助绿色企业规避融资风险的风险评估机制不健全，风险补偿政策不完善，尤其是对投资周期长、风险高、易出现资金缺口的复杂项目的评估机制不健全。三是企业"确绿"成本高。请专业机构鉴定绿色项目的费用高，有的企业"确绿"后难以提供大额贷款需要的抵押物，这降低了企业"确绿"及申请绿色贷款的积极性。

2. 绿色金融监管体制仍需加强

一是缺乏数据信息披露内容的具体标准。绿色信贷业务没有明确的信息披露框架和硬性规定，披露的大多是企业的碎片化信息。金融机构对绿色债券信息的披露不全面，没有明确说明绿色债券投放数量和对应的节能减排折算量。二是对企业 ESG 即环境（Environmental）、社会（Social）、公司治理（Governance）风险信息披露的管理力度不够。没有对企业提出强制的披露要求，也没有制定统一的信息披露指标，评估评级缺乏系统化绿色指标体系，相关数据的收集难度较大，导致 ESG 信息披露质量低，ESG 投资的"镇江标准"难以出台。三是存在企业"漂绿"行为。企业可能会在

绿色项目申请前期伪造绿色数据，隐瞒社会责任报告，使评估难以保证真实性。金融监管机构对企业"漂绿"行为处罚力度较弱。

3. 绿色低碳金融产品缺乏多样性

目前，镇江市金融机构发放的绿色金融产品主要集中在传统绿色融资上，较少涉足投资交易及中间业务，很难满足企业绿色项目差异化的融资需求。

4. 绿色金融专业人才缺乏，从业人员专业化操作水平低

镇江缺乏对相关人员的绿色金融知识培训，未培训人员难以识别绿色项目，易将绿色贷款计入普通贷款，统计监测系统如未发觉纠正，就容易造成绿色信贷投放数据失真。

三、绿色金融助推"双碳"目标实现的路径和对策

1. 构建"自上而下"的绿色金融政策标准体系，加快政策措施落地

一是建立环保项目贷款风险分担机制。扩大镇江"绿碳贷""环保贷"风险补偿资金池规模，对符合条件的污染防治、环保基础设施建设等项目贷款进行风险分担。二是建立绿色数据统计体系，做好金融统计监测。在《镇江市"十四五"绿色制造体系建设实施方案》的基础上，修改、增加绿色产业名单。统计局要落实数字经济监测试点及经济普查等相关工作。

2. 通过政府、行业增信，降低高耗能小微企业绿色认定成本

一是在财政政策上健全绿色增信增贷机制。可以针对绿色金融机构出台减税、贴息、补偿、担保、降低资本金占用等更多扶持政策。对融资期限长的项目，可相应延长贴息年限，并视项目风险程度增加贴息率。适当扩大财政贴息范围，提高财政贴息率，为绿色企业提供更多补助。财政与金融相互配合，缓释金融机构绿色贷款风险，允许碳金融业务回报率略高于其他业务回报率，激发金融机构开展绿色金融工作的积极性。利用财政资金分担绿色企业部分贷款利息，缓解企业融资压力。或者变现在的节能减排补贴为信贷贴息，激励更多企业节能减排；同时，提高企业排污成本。

成立财政绿色投资基金，或采用资金参股的政府和社会资本合作（Public Private Partnership，PPP）模式，整合市节能支持专项资金、新兴产业支持专项资金、循环经济发展专项资金，设立绿色发展支持资金；研究出台支持绿色产品的政府采购政策。二是完善绩效考核。把"绿色地区生产总值"纳入各区（市）的考核范围，提升各地区发展绿色产业的主动性、积极性。三是积极培育绿色金融中介服务机构，鼓励与第三方绿色认证机构合作。可通过镇江信用信息共享智慧信用平台，快速获取企业绿色信息；同时，从市风险补偿总资金池中抽取部分资金作为绿色认证补偿，降低企业认证成本。

3. 强化 ESG 风险评估，提升镇江绿色金融监管质量

一是加大金融监管部门的监管力度及对"漂绿"企业的处罚力度。督促银行等金融机构对绿色贷款企业的环境法律责任和潜在的环境风险进行全方位审核，强化绿色贷款责任追究机制，严惩骗取绿色补贴的企业，提高企业"漂绿"成本，约束金融机构"滥发"绿色贷款行为，提高公众对绿色金融的信任和支持度。二是构建 ESG 风险管理系统。可以参考赤道原则，对客户进行环境和社会风险分类管理，督促高耗能、"高碳"企业建立风险预警机制。三是强化 ESG 信息报告和披露机制。银行业应公开透明地披露贷款客户的环境信息，向高耗能企业提出绿色信息核心内容的强制性披露要求。要提高信息披露的质量和市场透明度，提升绿色金融资源的配置效率，倒逼企业获得资本市场的"绿色金融认证"。

4. 提升差异化竞争力，从需求端出发创新绿色金融产品

一是探索金融、科技、产业"三角互动模式"，优化能源结构，加大对非化石类能源重大项目的信贷支持。尤其要增加针对市内风电、光电、微电网、储能等绿色能源项目的信贷产品，贷款利率要与项目碳达峰、碳中和的贡献程度挂钩。支持各商业银行严格绿色贷款管理流程，帮助金融机构和租赁公司开展绿色金融租赁业务。为用能单位、节能服务公司提供绿色能效信贷融资，采用项目未来收益权质押的方式，使公司获得项目改造上的融资便利，缓解节能服务商担保难、融资难问题。二是注重线上产品

服务绿色事业，积极推广"微捷贷""抵押贷""小微网贷"等产品。各商业银行可通过分析客户储蓄卡的流水进账情况，线上自动测算授信额度，线下审批签约，适应客户急需贷款的需求。三是在现有"绿色创新组合贷""节水贷"的基础上，推出"生态修复贷""未来社区建设贷"等产品，服务镇江山水湖林田草海生态系统整体保护和修复工作，助力镇江绿色生态建设。四是研发"绿色金融制造贷"，助推镇江制造业高质量发展。细化"绿色工厂提升贷""绿色企业亩产提效贷"和"绿色项目提速贷"，服务镇江制造业转型升级。五是发行融资年限较长的企业债、公司债等绿色债券，以及以项目收益权为基础资产发行绿色资产支持证券。大力推动光伏电站、中低速风电站、污水处理厂、地铁等项目的建设。六是鼓励绿色龙头企业赴境外发行绿色债券。近年来，境外绿色债券市场迅速升温，支持绿色低碳循环发展的债券品种日益多样，欧美市场认购利率在2%左右。要支持镇江国际化经营水平高、风险防控机制健全的绿色企业赴境外发行相关债券，引导外债资金用于绿色低碳循环发展。七是对绿色衍生工具进行创新。全面深化行业内对于绿色保险的认知，充分利用"保险+银行+政府"的风险补偿机制，以信贷作担保，扩大保险市场绿色保险的承保范围。

5. 注重金融和节能环保复合型人才培养

一是加大绿色金融从业人员吸引力度。随着宁镇互联互通，镇江的银行等金融机构可以利用高薪待遇、住房保障、医疗保障等福利，吸引来自南京的金融机构的一线从业人员、碳金融科研团队等领域的专业人才，以提高镇江绿色金融业务发展能力。二是加强从业人员的绿色金融和节能环保知识培训。定期组织银行等金融机构从业人员参加碳达峰、碳中和的绿色专业知识讲座，并前往环保部门进行调研，提升从业人员绿色项目识别、绿色信贷统计、绿色可持续性投资和开展碳金融业务等方面的专业水平。

（作者单位：江苏科技大学）

强化乡村振兴战略实施中的金融服务

| 姚永康　郭　成　田进军　姚伟超　丁长华 |

党的二十大报告指出，"全面建设社会主义现代化国家，最艰巨最繁重的任务仍然在农村"，要求坚持把解决好"三农"问题作为全党工作的重中之重，全面实施乡村振兴战略。党和国家高度重视金融在乡村振兴中的重要作用，要求强化乡村振兴战略实施过程中的金融服务。本文对如何强化乡村振兴战略实施中的金融服务等问题做些探讨。

一、乡村振兴战略实施中的金融服务已经有所作为

农村金融是农村经济的血脉，是乡村振兴极其重要的驱动力。镇江农村金融自觉把服务好乡村振兴作为自己的不二使命，把"三农"主体真正当作"娘家人"，尽力为他们提供暖心、贴心服务。

1. 坚持高点站位，着力机构改革明职责

镇江作为江苏金融服务乡村振兴战略的试点市之一，率先对辖区内金融机构进行改革。银保监局镇江分局设立了普惠金融部，要求农村各类金融机构都设立服务"三农"的专业部门，支持全市"三农"工作。市区其他商业银行也设立了乡村振兴金融部或"三农"建设事业部。

2. 全面认清方位，善于运用考核增动力

金融系统通过差异化考核，调动金融机构及其从业人员服务乡村振兴战略的积极性；通过各种活动帮助他们认识自己在"三农"服务中的地位，

认清以信用、担保为主的"三农"贷款收益与风险并存，消除涉农金融中因民生项目"量小利微"、营销周期长、与客户沟通困难等因素所导致的畏难情绪。监管部门通过利率、贴息等经济杠杆进行引导，通过绩效考核、岗位津贴等手段对从业人员进行激励。

3. 准确把握定位，聚焦便民服务下功夫

为全面推进乡村振兴战略实施，增强群众获得感，金融系统一是在提升专业化服务水平上下功夫。鼓励商业银行到农村布局网点，对农业企业、家庭农场进行登记造册，实现"精准放贷"，直接拉近了银行服务乡村振兴的距离。农业银行镇江分行与市域内行政村挂钩结对，支持了 6 个联建项目，涉及资金 5 个多亿。二是在强化农业产业金融供给上下功夫。创新金融服务，加大信贷支持。金融系统通过"金穗行动"，与村、农业企业、农户签约授信；通过开展"万人进千村"金融服务活动推进农户信息建档工作，加大线上农户信贷投放力度；推出"太保蓝本"普惠下乡活动，重点解决农村居民看病难、看病贵、看病烦等问题。三是在推进农村金融基础设施建设上下功夫。支持各类金融机构在农村设立助农取款服务点、普惠金融服务点、农村金融综合服务站等，力求做到基础金融服务不出村、综合金融服务不出镇。

二、乡村振兴中的金融服务仍有短板

当前，金融服务乡村振兴虽然做出了一些业绩，但与政府要求、群众期盼相比还有一定距离，存在一些亟待解决的短板问题。

1. 政府层面希望解决的短板问题

政府希望金融机构能够带着资本下乡，有效助力乡村振兴。而当前乡村振兴的两大制约因素，一是缺钱，二是缺人。地方政府迫切期盼资金能下乡、人才能留住，为乡村振兴持续发力。但金融机构的逐利性，使其对高风险、低收益领域投资产生天然的排斥，对利润低、还款周期长的项目会"惜贷"。政府希望金融机构能够克服"嫌贫爱富"的惯性思维，在服务乡村振兴中敢于担当，在产业体系发展、美丽乡村建设、民生水平改善、县域实体经济转型、乡风文明治理等方面积极发挥作用，对乡村振兴实现金融服务全覆盖。

2. 金融机构期盼解决的短板问题

金融机构希望有可持续健康发展的金融生态环境。一盼企业能自主，政府少干预，尽可能减少政府对企业市场行为的制约。二盼改革能加快，政策能配套，涉农金融业务的优惠能落实。三盼征信能健全，失信不发生。建立健全农村征信体系迫不及待，但不少农民信用意识不强，拖欠水电费、话费，以及民间交往中的失信等行为较为常见，让个人信用形象颇受影响。农村各类信息分散在不同政府部门，收集难度大；农产品购买主体分散、单次销售量小，送货上门、入园采摘等营销方式不开具票据，导致经营状况无据可查，信用评估缺乏说服力，无法形成有效的征信共享机制。

3. "三农"主体急盼解决的短板问题

"三农"主体急盼金融机构改善服务，让资金顺利下乡。一盼资金能保障，事情能办成。乡村无论是产业发展，还是基础设施完善都缺钱。与此同时，金融机构对一般"三农"主体单笔投放的信贷资金金额都比较小，办不成大事，一些农民干脆将其用于个人消费而不是扩大再生产。二盼信息能畅通，供需多沟通。我们在调研中发现，供需双方的信息沟通不畅。金融机构开发了不少涉农信贷产品，"三农"主体尤其是小型家庭农场、个体农民等，却不知道该去哪个金融机构了解、购买信贷产品，以及什么样的金融产品适合自己。有的家庭农场主指着银行的"普惠金融服务点"名牌说"知道这个牌子，却不知道能干啥用"，"想扩大农场规模，却没有钱"。三盼限制能减少，操作更便捷。当前，农民贷款门槛高，征信审查涉及产品营销、发展前景、利润规模、偿还能力、个人信誉等多个方面。而且，无论金额多少，审批手续同样烦琐复杂。虽有了网上操作，但有许多限制，文化水平低、触网少的农民尤其是老人只能"望网兴叹"。四盼授信能扩展，征信大容量。授信主要依据村集体经济状况、农产品销售经营情况、村民个体及相互信誉评议，受益面窄、额度小，难以满足乡村振兴资金需求。农民急盼对土地承包经营权、设施用房、种养物、农业机械等进行价值评估，将其纳入授信依据。五盼产品能多元，个案有满足。一些金融机构推出了"苹果贷""光伏贷"等短期产品，不具有可持续性；一些金融机构为规避风险以经营者的第二产业项目作为抵押，违背了经营者意愿。适应家庭农场和个体经营户需要的周转快捷、方便的专项贷款产品，以及适应农民就医、就学、出行等民生服务方面救急、应急的小额贷款产品，还不能满足需要。

三、乡村振兴战略实施中金融服务进一步强化的对策建议

1. 政府要主动作为，把"有形"与"无形"之手相结合

政府要综合运用宏观调控手段克服市场调节的不足，引导、鼓励金融机构支持乡村振兴。一要考核赋能支持鼓励金融下乡。金融监管部门要通过监督考核、评比表彰激励金融机构服务乡村振兴。对执行相关政策到位、支持帮扶力度大的金融机构给予免检，并使其享受专项奖励，同时政策资金可对"先贷后借"或"先借后贷"的方式予以贴息支持。财政部门设立"三农"信用贷款风险补偿专项资金，鼓励金融机构向农户发放信用贷款，贷款产生的风险由财政和金融机构共担。二要政策赋能壮大"三农"主体。政府部门要减少行政干预，当好"三农"主体的"店小二"，将各类支农惠农政策落实到位，协助解决"三农"相关困难。鼓励金融企业直接参与"百企联百村"工程，与经济薄弱村结对共建或设立专项金融产品。三要法律赋能净化优化市场环境。要依法打击非法集资、金融诈骗等侵害农民、农村权益的违法犯罪行为，维护农村社会安定；着力构建良好的社会信用体系，依法打击失信违约行为，营造良好的金融供需氛围。

2. 金融机构要积极作为，抢抓乡村振兴发展机遇

一要确立为农服务理念，扛起乡村振兴金融责任。金融机构要正确处理经济效益和社会效益的关系，自觉融入乡村振兴战略；加强教育引导，将为民、爱农思想植根于员工脑海之中；对办理涉农金融业务的员工要从

岗位晋升、生活帮扶等方面予以倾斜，像建设银行镇江分行那样，对涉农金融业务员工实行弹性工作制、发放交通补贴。二要创新三大措施，提升乡村振兴服务品质。一是构建"三维"立体宣传体系，架起信息供需桥梁。通过微信、QQ、抖音小程序等新兴媒体，进行刷屏"漫灌式"宣传；通过农村应急体系中建立的"大喇叭"，播出金融服务信息，进行"轰炸式"宣传；组织人员进村入户进行面对面、点对点的宣传解释，帮助"网盲"农民解决一些网络操作难题。二是优化信用体系建设，让征信成为优质名片。要会同相关部门，为"三农"主体构建起坚实的征信体系。整合资源，做大征信底盘。配合相关部门对土地承包经营权、不动产、农作物价值等进行评估认定，将其纳入抵押物范畴。主动对接相关部门，对农户房屋财产参保、医疗养老参保、表彰处罚、农机具、家庭关系等信息进行采集，作为信用评价的重要依据。指导各类经营主体将零散的经营数据规整并保存凭证，动态调整信用风险等级评估。搭建平台，拓宽担保路径，将江苏省农业信贷担保公司拓展到县一级。认可地方国企、国有平台参与信贷担保。县级层面要开展"信用户""信用村""信用乡镇"的评定，将信用评价情况与支农再贷款限额分配挂钩，为信用等级较高的农户和经济主体优先配置信贷资源，简化审批手续、减省抵押担保、提高信用额度、实施优惠利率。三是打造特色金融产品和服务，满足"三农"主体需求。金融产品要针对不同群体的需要，如保障生猪生产的"生猪贷"、支持乡村基础设施建设的"美丽乡村信用贷"、针对具体农产品的"草莓贷""葡萄贷"、支持农村电商发展的"电商贷"、针对农业产业园的"农业产业园贷"、支持农业龙头企业的专项贷等。各类保险公司应根据"三农"不同特点开发出相应保险产品，为其遮风挡雨、保障兜底。要为乡村振兴提供金融人才的直接服务：或进村挂职，担任村"金融书记"；或在镇、村及农业龙头企业担任信贷、保险顾问；或担任沟通信息的金融联络员。各级金融机构要简政放权，将涉农信贷权限下放到县级支行，减少信贷资料，优化审批手续，实施快贷快放；普惠金融业务下沉到镇、村金融网点办理，打通服务群众生产、生活需要的"最后一公里"。要强化预警保障提醒机制。对"三农"

主体在金融风险防控、反诈等方面进行常态化宣传，保障资金安全。保险机构对农产品进行质量监测，提供保险预警；适时进行气象预警，提醒生产者做好防灾工作。

3. 覆盖五大领域，推动乡村振兴全面实现

金融机构要按照"产业兴旺、生态宜居、乡风文明、治理有效、生活富裕"的总体要求对接乡村振兴的金融需求。一是着力服务农业产业体系，助推乡村产业兴旺。金融机构要为支持现代农业发展，促进农村一、二、三产业融合提供强有力的金融支撑。要像农业银行镇江分行一样，根据句容市苗木特色产业的发展投放专项信贷，支持句容市唐陵村成为华东著名苗木市场。二是大力支持美丽乡村建设，促进城乡协调发展。金融机构要加大对基础设施建设、生态环境改善等方面的支持，特别是要加大对特色田园、美丽宜居村庄、人居环境长效治理、农业污染防治等方面的支持。要像镇江农商行一样设立"乡村建设贷"，在固定资产投资上支持乡村基础设施建设。三是加大"幸福产业"金融服务力度，提升改善民生水平。坚持以农民和农村实际需求为导向，推进农村普惠金融服务点建设，围绕适老化服务、政务服务、农村特色产业，推动服务功能聚集。要像建设银行镇江分行那样，搭建"1+N"平台，开发"一农通"产品，将农民公交出行、居家养老、农资销售等方面的支付归纳整合到一起，帮助农民，改善民生。四是鼓励支持乡村人才立足农村创业致富。要加大对农村青年致富带头人、返乡创业大学生、新型职业青年农民创业致富的支持力度，推动农业高端人才、"土专家"和"田秀才"扎根乡村，发展壮大现代农业。五是推动金融生态环境建设，助力乡风文明建设。通过加强政府征信体系、农村信用环境建设和农村基础金融服务，有效提升乡村治理和乡风文明水平，为营造和谐、安定、有序的乡村社会环境做出积极贡献。

（作者单位：中共镇江市委党校）

在现代化新征程上加快推进扬中县域共同富裕

┃ 中共镇江市委党校课题组 ┃

在全面建设社会主义现代化国家新征程上，全体人民共同富裕成为更加突出的主题。习近平总书记在党的二十大报告中指出：中国现代化是全体人民共同富裕的现代化。共同富裕是中国特色社会主义的本质要求。此前，2021 年 8 月 17 日，习近平总书记主持召开中央财经委员会第十次会议时指出：现在，已经到了扎实推动共同富裕的历史阶段。县域是落实我国经济社会发展目标的基本单元，没有县域的共同富裕，就没有全国的共同富裕。镇江扬中市加快县域共同富裕条件良好，可以先行先试，为镇江其他县域做出示范。

一、现实基础：党的十八大以来扬中的积极探索

党的十八大以来，扬中市结合自身实际，把握社会主要矛盾变化，遵循新发展理念，持续着力解决突出的民生问题，系统化推进就业、教育、医疗、养老、社会保障等各项民生事业全面发展，在共富领域展开了积极探索，取得了一定的成效，排名全国百强县第 67 位。为更好更快地推进县域共同富裕，扬中市做了以下探索。

1. 提升发展动能，做大共同富裕"蛋糕"

近年来，扬中市坚持调整优化产业结构，牢牢扭住项目"牛鼻子"，实施实体经济"强筋健骨"工程，鼓励主业突出、成长性好、带动力强的企

业登陆资本市场，支持企业通过兼并收购、组建联盟等方式做大做强；创新要素加速集聚，产业升级步伐加快，实体经济不断壮大，县域经济基本盘不断稳固。整个"十三五"期间，扬中市经济社会发展的稳定性、协调性明显增强，主要经济指标保持在合理区间内，2021年实现地区生产总值550.77亿元，城乡居民人均可支配收入逐年提升，富民政策成效显著，为县域共同富裕奠定了坚实基础。

2. 优化分配格局，提升富民增收成效

扬中市坚持以人民为中心，聚焦民生福祉，高标准推进脱贫攻坚，就业体系不断完善，人均收入持续提升。2021年，扬中市低收入农户可支配收入16461元，比2020年增长13.0%，总量和增速均高于镇江大市平均水平。

3. 坚持统筹协调，缩小城乡收入差距

扬中市大力推进城乡融合发展，努力缩小居民收入差距。2021年，扬中市城乡居民收入倍差降至1.82，低于全国的2.50、全省的2.16、全市的1.89。

4. 完善公共服务，提升共建共享品质

扬中市在推进基本公共服务标准化方面成绩显著，公共文化服务不断普及，教育文体设施不断增加，医疗基础设施逐步改善。全市深入推进"三医联动"改革和医疗资源优质共享，加强了医疗保障四级网络的建设。

5. 坚持"三治"结合，夯实社会平安基石

扬中市坚持和完善共建共治共享的社会治理制度，提高基层村民自治水平，推进德治建设，加强法治保障，积极构建既充满活力又拥有良好秩序的现代社会。扬中市通过开展家风建设的各类主题活动，弘扬了互助互爱的"新邻里"精神，以及尊老爱幼、家庭和睦、遵纪守法、保护生态、安全有序、移风易俗的社会主义新风尚。

二、制约因素：扬中加快县域共同富裕的现实难题

对照共同富裕的目标内涵，结合扬中当前实际，从城乡经济发展质效、收入绝对差距、民生共享机制、资源环境约束等4个维度考察，扬中加快县

域区域共同富裕仍存在一些制约因素。

1. 经济发展质效仍需提升

一是扬中市高新技术产业产值和比重在全省县域层面名列前茅，但"高技术产业占比"却低于全省平均水平，三大主导产业仍属于"高端产业、低端环节"，产业发展水平有待提升。二是财政收入年均增速偏低。地区财政实力是推动共同富裕的重要保障，但是近年来扬中市财政收入增速明显放缓。三是人才要素制约犹存，高质量发展需要高素质人才支撑，扬中市在这方面的短板不容忽视。

2. 收入绝对差距还需缩减

一是区域发展差距带来的居民收入差距。2021年，扬中市经济总量最高的新坝镇和最低的西来桥镇差距为172.97亿元，这种发展的不平衡性必然导致居民收入差距拉大。二是城乡收入差距不小，主要表现为农村劳动力人口下降，农民增收手段不足。这两方面原因造成了扬中中等收入群体扩面面临困难。

3. 民生共享机制有待完善

一方面，公共服务项目建设不足；另一方面，公共服务水平也有待提升。从教育看，扬中市内职业本科和普通本科院校建设未有突破，劳动者平均受教育年限不够理想。从医疗看，"十三五"期间扬中市卫生健康支出占财政支出比例低于镇江市平均水平，优质医疗资源还不够多。从养老看，扬中市已迈入老龄化社会，60岁以上老人占比为25.74%，比2010年上升9.75个百分点，现有养老服务还不适应日益提高的社会需求。

4. 资源环境约束不断加剧

一是用地供需矛盾较为突出。二是土地权属不清问题影响江滩管理开发。三是空气污染治理力度仍需加大。

三、对策建议：扬中加快县域共同富裕的路径思考

扬中市要立足当前实际，牢牢把握高质量建设、发展县域共同富裕示

范区的方向、目标和重点任务，结合《扬中市国民经济和社会发展第十四个五年规划和二〇三五年远景目标纲要》的实施，按照经济社会发展规律循序渐进，积极探索富有特色的加快县域共同富裕的扬中路径。

1. 加速产业转型升级，夯实共同富裕的经济基础

高质量发展是实现共同富裕的基础条件，加快传统产业升级和新兴产业发展是实现高质量发展的题中应有之义。扬中要深入实施创新驱动发展战略，加快打造支撑产业竞争力的科创载体，吸引高端创新要素，培育产业创新主体，加快建设成长三角地区具有较强竞争力的新兴产业科创城市。一要大力提升自主创新能力。重点围绕主导产业领域推进"雏鹰计划"，遴选一批掌握核心技术和专利的后备企业进行重点培育，形成集"产学研合作项目、新产品、专利技术、专家团队、研发平台"于一体的企业集群。二要构建产学研转化机制。发挥企业主导作用，引进大院大所建立分支机构和研究中心，推动高端研发机构集聚，着力推进新型研发机构建设，形成"一个重点产业一个大院大所支撑"的创新格局。深入推进"研发孵化在市外、加速成长在扬中"的发展模式。鼓励企业通过"驻点、挂牌、合作、自建"的方式，在高校院所、地方孵化器、重点产业园区布局离岸研发基地。三要积极融入区域产业合作。积极融入长三角地区先进制造产业链，主动承接优质企业及项目转移，打造长三角地区生产制造协作基地。

2. 聚焦"绿色生态岛"建设，擦亮共同富裕的生态底色

在共同富裕目标指引下，扬中市必须坚持"绿水青山就是金山银山"的发展理念，持续保护、改善全市生态环境，加强岸线资源的生态修复，深入推动节能减排及资源循环利用的绿色发展，建设天蓝、地绿、水净、城美的美丽扬中。一要加强长江岸线生态修复。科学划定、调整生态红线，开展长江岸线扬中段整治修复，降低岸线港口及临港工业用地的生态影响，提升沿江岸线与腹地的生态连通性。二要发展绿色低碳循环经济。强化产业园区水电气及副产品综合循环利用，打造"零排放"园区，实现产业链全生命周期的资源循环利用。三要深化生态环境综合治理。彻底消除岛内黑臭水体，坚持"一口一策"原则，做好入长江排污口专项整治工作。提

高企业环境准入标准，扎实开展工地扬尘、过境货车、化工行业等领域集中整治，做好两季秸秆禁烧工作，确保 $PM_{2.5}$ 浓度和污染天数双降低。实施净土工程，加强对土壤污染的修复和综合治理。

3. 持续缩小"三大差距"，打造共同富裕的公平基础

必须以解决地区差距、城乡差距、收入差距问题为主攻方向，着力抓好一系列创新性、突破性的重大举措，实现区域共同富裕。充分发挥市场在资源配置中的决定性作用，更好地发挥政府职能，坚决防止两极分化，在发展中补齐民生短板，让发展成果更多更公平惠及人民群众。一是健全融合发展机制，推动城乡要素双向流动。深入推进"万企联万村共走振兴路"行动，支持各类企业和社会组织在农村兴办各类事业，推动以工商企业资本、技术、管理优势提升乡村企业经济，形成村级发展、企业盈利、群众得惠的共赢格局。二是大力实施乡村振兴战略，不断缩小城乡发展差距。在产业发展上"求特"，在乡村环境上"求精"，在公共服务上"求优"，跑出城乡融合发展"加速度"。三是突出"扩中""提低"改革，努力缩小居民收入差距。借鉴外地先进经验，着手研究制订《扬中"扩中""提低"行动方案》，推动以中等收入者为主体的橄榄型社会结构的形成。

4. 完善公共服务体系，夯实共同富裕的民生基础

民生福祉的不断增加是实现共同富裕的重要路径，而高品质的公共服务供给是衡量共同富裕的重要标准。要坚持以创造高品质生活为目标，促进公共服务标准化、制度化，让发展成果更多更公平惠及全体人民，增强人民群众幸福感、安全感和归属感。一是加快推进"健康扬中"建设。"将健康融入所有政策"的理念要落地见效，要深入推进"三医联动"改革，强化医保、医疗、医药政策统筹与配套，建好人民健康共同体。二是不断完善社会保障制度。落实国家、省、市关于企业职工基本养老保险的省级统筹政策，提升职工养老保险基金统筹管理水平，建立管用、高效的医保支付机制。三是推进各类教育协调发展。

5. 打造精神文明高地，筑牢共同富裕的文化根基

要把打造精神文明高地放在推进县域共同富裕建设的突出位置，坚持

物质文明和精神文明相协调，加强社会主义核心价值观引领，使广大群众在看得见、摸得着、真实可感的美好精神文化生活中，得到精神升华、气质提升、文化熏陶。发挥文博系统的精神传承作用，发掘优秀传统文化的思想价值和时代价值。通过各种活动和载体，优化公共文化服务供给，做好扬中"四千四万"精神发源地的文化溯源和历史传承，展现扬中文化魅力，彰显敢为天下先、自强不息的新时代扬中精神。

6. 打造"平安幸福洲"，筑牢共同富裕平安底线

要把人民的"安全感"与"幸福感"放在首位，深入推进综合治理，筑牢共同富裕平安底线，走出具有扬中区域特色的法治平安之路，全力实现扬中人民心中的"诗和远方"。一是全面建设平安扬中。深入推进"三官一律"进网格，推动各类社会力量参与矛盾纠纷排查化解。规范信访事项的各个环节，落实"1539"工作法，深化"雪亮"技防工程、"慧眼"工程等建设应用。二是加强和创新社会治理。健全党组织领导、村（居）委会主导、人民群众为主体的新型基层治理框架，夯实治理基础。三是提高风险防控处置能力。完善扬中应急管理法规标准体系，建立分类管理、等级预警、动态管控机制，规范各级部门应急管理组织体系、工作机制，提升预案体系建设及管理水平。

7. 聚力"蓄势赋能"，打造共同富裕的人才引擎

人才是推动共同富裕的主体力量。要构建"引""用""留"全生命周期的人才政策，为实现县域共同富裕宏伟目标积蓄能量。实施"全力引才""合理用才"和"尽心留才"三大工程，把人才当作自家人，引得来、用得好、留得住。产业兴旺、安居乐业是留才根本，要通过充满活力的产业、优越良好的环境，为人才提供施展才能、长久发展的舞台。

（课题组成员：张玉枚　艾晓晖　孙文平　周秋琴　于　江　戴　惠　司海燕　庄广雷　李秋阳　万建鹏）

开发老龄群体人才"富矿"　助推镇江高质量发展

| 章存保　伍刚明　刘竞择　汪　蕾　何　国　汪建莉 |

　　镇江市老龄群体不断壮大，2021 年仅市区退休人员就超过 23.5 万人，其中包括大量专业技术、经营管理人才。同时，市外也有不少联系得上可为镇江市所用的退休专家。他们整体素质较高，接受新事物能力较强。其中，60 到 69 岁的"低龄"老人、身体健康有劳动能力者占 80% 以上，是现在及未来可供开发的人力资源"富矿"。而且老龄人员与年轻人在能力上的交叉不多，挤出效应不明显，在一起工作时老龄人员还可以发挥"传帮带"作用。分析老龄群体助推镇江发展的现状，采取适当措施激励广大老同志继续发光发热，为镇江高质量发展增添强劲动能，谱写"镇江很有前途"的现代化建设新篇章，是值得重视的事情。

一、老龄群体助推镇江发展的已有形式

　　老龄群体在相关领域富有经验，在人才使用上具有拿得准、投入少、产出多等特点，他们服务镇江发展的具体形式很多。

　　1. 帮助企业创业发展

　　一是助企业技术开发。镇江市"金山英才"、鼎胜新材首席技术官川崎拓，在日本大金工业株式会社退休后，被鼎胜新材聘用，领衔开发绿色短流程复合铝材生产关键技术，这一技术获评国家专利优秀奖、2021 年"中国最具潜力汽车材料创新奖"。二是助企业经营管理。镇江市商务局退休干

部李鸿宝带领镇江国际经济技术合作有限公司开拓国际建筑市场，成为企业"走出去"的领头人；张九生在南泰对外经贸有限公司，一边从事企业经营，一边帮助培养经营管理人才。三是直接创办实体。原镇江市环境保护局退休干部孙国忠创办了江苏华龙铸铁型材有限公司；上党镇农业服务中心员工付玉香退休后办起茶业生产合作社；医生许祥生退休后创办了南斗堂中医诊所。还有许多文化艺术界人士退休后创办起非遗传承基地、书画家工作室、文化艺术培训机构等。

2. 参与商协会工作

一是建言献策。镇江市旅游协会张庆生等老同志成了为镇江旅游发展当参谋的"四大员"，策划的活动有特色，市委常委会曾专门听取协会关于发展镇江旅游业的建议。二是服务企业。镇江市进出口商会陈建设、袁聿森、周祝全、竺红玉等老同志推动企业开拓市场、扩大外贸出口，他们的调研文章多次在报刊上刊发。镇江市商业联合会周凤霞、冯兵罗等老同志配合市商务局组织企业参加进口博览会，在第四届中国国际进口博览会上实现全省首批签约。黄秉东、徐安康积极参加镇江市石油流通行业协会工作，帮助会员企业实现安全生产、规范经营、共同发展。三是开展活动。镇江市商业联合会、餐饮服务（烹饪）协会、酒类流通行业协会的老同志，分别会同市商务局、市总工会，组织商品营业员、中式烹饪师、餐厅营业员、电子商务人员等开展技能竞赛，并从中发现和锤炼人才，培养他们在全省乃至全国同类技能竞赛中多次获奖，为推介镇江产品、助推扶贫惠民、提升行业水平做出了贡献。四是凝聚力量。镇江市篆刻艺术推广协会的老同志，召集一大批篆刻爱好者，每年举办的全国性篆刻活动吸引数万人参与。他们还编辑出版了《大众篆刻》杂志，成功研发全国首台小型数控篆刻机并投入批量生产。镇江市老科技工作者协会的同志，一边选取"科技顾问驻点服务单位"，一边聘请驻点科技顾问，通过实现精准化对接为企业提供技术服务和人才支持。

3. 提供专业技术服务

一是服务地方农业产业化。全国"时代楷模""优秀共产党员""先进工作者"赵亚夫建立"亚夫团队工作室+地方分室+农业专家+乡土人才+种养大户"的组织体系，为句容农民提供农业技术支持，推广农业产业化，帮助农民脱贫致富，受到习近平总书记的高度评价。二是定点服务企业。镇江市首家"银发人才工作站"组织10名退休老专家形成团队，服务天成农业科技有限公司（曾用名：天成畜禽有限公司），在省内外广泛推广蔬菜防虫网和稻鸭共作、发酵床养殖等技术。三是延续以往服务。中国农业科学院蚕业研究所潘一乐等退休专家，组成桑蚕科研服务团队，在多地建立优质桑树繁育基地，指导蚕桑综合利用，帮助农民丰产丰收。

4. 参加志愿服务

一是利用兴趣特长参加志愿服务。镇江市商务局组织离退休干部，通过公众号等平台分享书法、摄影、革命经历及家风传承故事，宣传城市形象，弘扬优良作风，激发奋进动力。丹徒区发改委原副主任尤林退休后帮助非公企业创建"五星"党支部。二是利用专业技术优势参加志愿服务。丹阳市老干部局组织"银发人才"走进模具城支招献策，助力产业强市。镇江市农业农村局组织退休农业专家下乡提供技术指导。三是利用从业经验参加志愿服务。原镇江市建材局局长周汉清多年帮助江苏鹤林水泥有限公司、建华建材（中国）有限公司、句容台泥水泥有限公司等企业转型升级、做大做强。华东铝业集团公司原董事长裴冠群为鼎胜铝业等企业出谋划策，助力镇江市铝加工行业发展。四是利用互助优势参加志愿服务。镇江市商务局开展离退休干部"互帮互助"志愿服务，通过加强交流、关心问候、提供帮助，帮助高龄老同志消除孤独感以安度晚年。

5. 接受委托服务

一是接受监督类委托服务。离退休老同志熟悉政策和当地情况，管理经验丰富，很多人接受了党政机关聘请，分别担任了行风监督员、社会监督员和市民督察员。退休干部张兴淮先后担任过食药安全、自来水及银行业服务网点等领域的监督员。二是接受专项委托服务。在首批镇江老字号认定工作中，市商务局委托原分管商贸的老同志黄秉东等人组成评审组，评选论证了18家镇江老字号，获得各方认可。

二、老龄群体助推镇江发展中存在的问题与制约因素

1. 体制内使用存在政策约束

镇江市高校、中小学、科研院所、机关事业单位拥有大批人才，但限于政策，老龄人才往往不能继续从业，退休后执业或参与商协会工作的只是少数。以江苏大学、江苏科技大学等高校为例，除极少数两院院士或学术大师外，博士生导师的退休年龄从 70 岁降到 65 岁，再降到 63 岁甚至 60 岁；在申请科研项目上，项目负责人年龄不得超过 60 岁或必须在职。

2. 市场化使用缺少服务主体

调研发现，镇江市基于产业结构特点和转型升级需要，对高技能人才和行业专家需求强烈。但目前大部分企业缺少相关渠道，在全国乃至海外聘请退休专家的，仅鼎胜铝业等少数企业。目前，镇江的人力资源服务机构缺少专门面向老龄人才的猎头等市场主体，老龄人才的再就业仅限于劳务派遣等方式。

3. 退休人员再就业缺乏保障措施

上海成立了老教授协会，南京成立了老年人力资源开发协会，而镇江目前缺少相应机构，退休人员再就业组织化程度低，基本上处于零星状态，在待遇保障等方面缺乏通用规定。老年人退休后再就业，多为去其他单位任职、兼职。由于缺乏明确的再就业政策，因此这种"隐性就业"的权益难以得到保障。

4. 老龄群体助推镇江发展缺少平台载体

镇江市老龄群体服务镇江发展的现实已如上述，呈现自发、零散状态，参与规模和程度都很有限，尚未适应人口老龄化的新形势，老龄人口自身的主动性等也未跟上。不少老人自认为想出力却"有劲使不出"，出了力好像"拳头打在棉花上"。这些问题亟待有关方面大胆创新探索，以便及时推出引导老龄群体助推镇江发展的平台和载体。

5. "老有所为"与"老有所养"衔接不够

据调查，镇江市养老机构护理模式普遍是一对多。一方面，缺乏养老护理人员。新增护理人员赶不上老龄人口增长的需要，加之人力成本日趋提高，老龄人口护理人员短缺局面将更为严重。另一方面，互助养老缺少对接平台。老龄人互帮互助，共同参与交际、娱乐、休闲十分重要。因为缺乏资源和平台，许多相对"低龄"、活跃的老年人虽然有余力，却不能为"老有所养"助力，只能望"老"兴叹。

三、做好老龄群体助推镇江发展工作的对策建议

1. 导流银发力量，挖掘供需潜力

一是强化组织保障。明确牵头部门，建立老龄人才库。镇江市老干部工作部门负责全市机关事业单位的退休干部，继续实施"银发生辉"工程；老龄工作委员会办公室、民政局推进互助式养老模式，鼓励建设涉老公益创投项目；人社部门梳理和盘活企业层面高级工程师、高级技师等退休人才资源；民政部门梳理在镇江以外地区工作的乡贤；各产业牵头部门梳理8条产业链中相关高校退休教授、镇江籍两院院士和在外顶级人才。旅游、住建部门除吸引本地、外地老龄人才外，还要进一步营造环境，擦亮镇江宜居、宜养、适老品牌，吸引全国各地老人到镇江休闲养老。二是引导老有所为。人社部门引导用人单位设立适合老年人的工作岗位及弹性工作制，鼓励更多"低龄"、健康、有能力的老年人继续工作。民政部门会同社科联，每年对行业协会调研成果予以表彰奖励，激励行业协会发挥桥梁对接、参谋助手作用。授予对镇江做出重要贡献的老龄人士荣誉市民等荣誉，增强老年人才的荣誉感、归属感。三是搭建平台载体。参考创业就业政策，提供创业孵化、场地租金、税费优惠等方面的扶持，梳理一批闲置办公场所或社会楼宇并提供给商协会、公益组织、老龄人才团体创业或发展公益项目。发挥老专家、老艺术家的独特优势，注重扶持非遗传承、创意工坊、劳模工作室，实现技艺传承、作品创作、人才培养多赢局面。四是扶持专

业组织。支持成立老年人力资源开发协会、老年人才协会等组织，让老龄群体服务发展有组织、有依靠、有归属。鼓励商协会、公益组织使用老龄人才，做到人尽其才、才尽其用。

2. 引导创新创业，增加人才供给

用好老龄人才库和对接平台，根据企业需要精准推荐，通过专项工作、业务外包等方式灵活给予薪酬待遇，广泛集聚老龄人才智慧。一是注重招引高层次退休专家。将高层次退休专家作为人才招引重点之一纳入"金山英才"政策，还可与京、沪、宁等地高校、科研院所、老科学技术工作者协会、央企国企等单位主动对接，在人才退休前即建立"预约"衔接，退休即可为我所用。在住房、医疗、交通、疗养等方面，根据老年人特点推出定制化政策。二是用好市内外退休高技能人才。针对"四群八链"产业需求，用好本地及上海等地退休劳模、老技师、"低龄"老技工等人才，破解技能人才荒尤其是紧缺人才荒，为职业院校增加"双师型"师资。三是鼓励老龄人才创新创业。通过税费、融资等优惠政策及帮办服务，让老龄创业人才轻松创办实体，尤其是高科技企业，让手中的专利技术产生效益。

3. 用好智慧资源，汇聚强大动能

用好老龄智慧资源，让宝贵财富转化为发展成果。一是用好专家学者，积极借力借智。吸收老龄人才参与智库、咨询委员会，使他们拥有类似于政府参事的身份，建立论坛等常态化建言献策渠道，让退休人才有身份、有荣誉、有职责。组织有特长的老年人才参与文化出版、产品设计、公益演出、城市推介等工作。二是用好在外乡贤，助力产业强市。密切与镇江籍院士、企业家、专家学者及全国乃至全球老龄人才的关系，向他们借力借智，通过招商中介、顾问、城市合伙人等渠道，引进他们的技术、资金、人脉资源，并请他们牵线搭桥，实现他们报效桑梓和成就事业的愿望。三是吸引市区老龄人才，助推乡村振兴和养老服务。镇江每年新增大量来自科研、教育、文化、卫生和工商业等各领域的城市离退休人员，可通过老区建设促进会、扶贫基金会、老科学技术工作者协会、关心下一代工作委员会等渠道，与村"两委"联动，引导老龄人才投资兴业、行医助学、参与乡村建设、进行文化普及、发展养老事业等。

4. 凝聚老龄人才，组织供需对接

发挥好中介组织、商协会等方面的优势，凝聚退休专业人才为高质量发展所用。一是搭建老龄人才对接平台。扶持建立第三方平台和服务组织，实现信息匹配、精准对接、全流程服务。依托苏南人力资源市场，增加发布老龄人才岗位信息、急需紧缺岗位清单。发展市场化人才服务中介组织，提供再就业、创业、证照办理、权益保障、法律咨询等服务。二是建立老龄人才库。根据老龄人才的优势特长、专业领域，分门别类建立数据库，为供需双方导航；借鉴南京老年人才资源开发协会经验，根据自身优势推出服务。鼓励协会吸收老龄人才为个人会员。三是建设项目对接平台。每年集中发布一批政府购买服务项目，如产业规划、专题研究、专业技术服务等，通过"揭榜挂帅"制，组织老龄人才为全市高质量发展问诊把脉、决策参谋、保驾护航。搭建供需对接平台，企业发布需求，行业协会、中介机构组织对接，老龄人才承接服务。四是引导创办实体。引导老龄人才创业，开办企业、研究咨询机构、创业孵化基地等，发挥协会群策群力和联系企业资源的优势，帮助老龄群体轻松创业运营、迅速达产见效。

5. 引导互帮互助，助推"老有所养"

将老年人由"照顾接受者"转化为社会回馈者。一是推广"时间银行"制度。在养老领域深化"大爱镇江"城市品牌建设，各居家养老中心在做好自身服务的同时，可牵头组织老年人互帮互助，借鉴日本社区老年人互助养老、抚幼计划、友好探访者等项目经验，以及我国香港地区"左邻右舍计划"等做法，鼓励相对年轻、身体条件好的老年人照顾和帮助年龄大、身体条件差的老年人。二是支持互助式养老组织。政府出台场地、租金优惠等引导政策，依托养老机构、行业协会、从业企业、慈善组织等，发挥老龄群体懂养老、懂老年人、亲身参与的优势，专业机构、老龄人、政府三方合力，创办互助式养老组织，探索低成本、便利化、人性化的养老互助模式。三是助推养老产业发展。牵线整合老年人才，发展老龄婚姻中介、康养培训、配餐机构，培育涉老服务互联网平台。坚持共建共享，组织老龄人才参与体育休闲、花卉园艺、环卫配套、生态环保、适老化改造的规划设计、建设运维，开拓老设计师、工程师、农民工就业门路。四是鼓励涉老公益创业。针对年迈、老龄群体适应现代生活、家务劳动等方面的困难，鼓励现有机构向涉老服务转型，发展一批技能培训、职业介绍、生活交流、托幼指导等专业机构，培训师资和活动组织人才，带动整个老龄群体参与。发展垃圾分类回收利用、家电维修、环保工艺品制作等微创业，助推防治污染、社会治理、扶贫济困、文明创建、技能提升、关心下一代等公益事业。

（作者单位：镇江市商务局）

破除城乡二元结构　促进城乡融合发展

| 吴继英　闵亚娟　崔　静　赵广凤　|

随着共同富裕战略的实施，农村剩余劳动力不断向城市转移，城镇化进程不断加快，城乡融合发展的水平也不断提高。由于不同区域经济发展水平有所不同，因此城乡融合的发展态势也有差异。为进一步促进镇江城乡融合发展，当前的主要任务是彻底破除城乡二元结构壁垒，通过优化空间布局和进行制度创新，实现城乡经济、人口、社会、空间和生态各方面的融合，最终实现城乡共同发展和全体人民共同富裕。

一、镇江市城乡融合发展现状

1. 经济融合水平喜中有忧

经济学理论认为，城乡经济融合应该体现为城乡生产力之协调分工和效益最优。统计数据显示，2009—2012 年，镇江市城乡居民人均国内生产总值、人均收入比和家庭人均消费比都在显著上升，二元对比系数和城乡恩格尔系数之比则显著下降，说明镇江一方面朝着城乡融合的方向发展，另一方面城镇与农村的差距却在加大。2012 年以来，镇江市城乡人均国内生产总值、人均收入比和城乡居民家庭人均消费比仍在显著增加，城乡恩格尔系数之比呈现波动上升状态，表明城乡差距在缩小，同时二元对比系数在 2012 年左右达到最大值后呈下降趋势，说明产业结构的城乡差距有所扩大。

2. 人口融合水平稳定上升

数据显示，2009—2020 年，镇江市非农与农业从业人员比重、人口城镇化水平和城乡登记失业率之比均呈现稳定上升趋势，说明镇江市城乡人口融合水平在稳定上升。

3. 社会融合水平有待提高

社会学理论的城乡融合可通过城乡文教娱乐对比系数、城乡人均医疗保健对比系数、城乡交通通信对比系数、城乡养老保险人数和城乡失业保险人数 5 个指标来加以分析。数据显示，2009—2020 年，镇江市城乡居民的文教娱乐支出差距越来越大；城乡失业保险人数、城乡交通通信对比系数、城乡养老保险人数、城乡失业保险人数和城乡人均医疗保健对比系数都呈现先上升后下降趋势，在一定程度上抑制了镇江城乡社会融合发展。

4. 城乡空间融合水平逐年提高

从城市空间扩张、公路路网密度和土地城镇化水平三个方面看，2012年以来，镇江市建成区面积在逐步扩大，公路路网密度在逐年增加，到2017 年达到最高值，土地城镇化水平随城区面积扩大而逐年提高。

5. 城乡生态融合水平波动上升

2012 年以来，镇江市城乡绿化、城乡生活垃圾处理、城乡节能减排、城乡污染治理等 4 个指标的整体上升，说明镇江市城乡生态融合水平在显著上升。

总体上说，镇江市城乡融合发展水平在不断提高，但也存在城乡融合的抑制因素。经济融合发展方面，城乡恩格尔系数对比系数在显著下降，说明城镇与农村居民的贫富差距在拉大。社会融合发展方面，城乡文化教育娱乐支出农村比城镇越来越少，说明农村居民生活水平特别是精神文化水平有待提高；城乡人均医疗保健支出、交通通信支出的差距也比较大，表明城镇的医疗水平比农村高，乡村的交通通信与城镇的差距比较大。空间融合发展方面，从 2018 年开始，公路路网里程呈现波动下降趋势。生态融合发展方面，整体生态环境建设治理水平比较低，城乡生活垃圾处理能力更是从 2017 年之后就再没有提高，居民垃圾分类处理没有很好推开实施。

二、破除二元结构促进城乡融合发展的对策建议

结合镇江市城乡融合发展的现状和面临的困境，本文从资源、空间及制度三个方面提出破除城乡壁垒、促进城乡融合从而推动共同富裕的对策建议。

1. 城乡融合发展要以资源融合为物质基础

一是为城镇和农村提供开放性和共享性的资源，并对这些资源进行科学合理的配置。要打破城乡要素的市场壁垒，加大对农村经济发展的支持力度，提高农民收入，缩小城乡差距，促进农村三次产业融合发展。城市和农村要形成"你中有我，我中有你"的发展格局，最终助力城乡融合发展。

二是实现城市、农村之间资源的优势互补。城市、农村有各自的资源优势，要将其变成促进城乡融合、最终推动共同富裕的合力，重点应从提高农民就业率、增加农民收入、完善公共服务、优化人口结构等入手。要从城镇农村资源要素的优化配置中，获取经济效益以外的生态环境治理、公共服务等社会效益，保障城乡基本公共服务普惠共享，为镇江城乡融合全面赋能，进而促进镇江城乡共同发展。

三是借助土地、财政、金融、技术、人才等资源，促进镇江乡村振兴。城市的资本、技术、人才等要素要逐渐向农村与农业领域倾斜，弥补城乡之间的发展鸿沟，缩小差距，全面激活农村经济社会发展的内生动力，推动镇江城乡融合发展。

2. 城乡融合发展要以空间融合为基本载体

一要实行镇江城乡地理空间的功能互补。空间融合包括城乡地理空间融合和生态环境融合，是对城乡空间结构、功能和关系的进一步优化。要发挥城乡各自的空间优势，达到取长补短、功能凸显的效果。可将农村的青山绿水与生态资源适当融入城市，同时将城市中的工业化、现代化资源向乡村辐射，以达到绿色文明与现代文明在空间上的相互融合渗透。

二要以便捷交通为纽带连接城乡空间。过去，城乡各自的产业功能不同，对交通的要求也不同。相对于城市来说，乡村的交通还不够发达与便利，不利于城乡融合。城市与乡村的交通干线要更加合理地布局，以适应城乡融合和农村一、二、三产业融合，形成畅通便捷的城乡交通网络体系。

三要对城乡空间功能科学定位，合理布局。要遵循"城市—城镇—农村"空间发展规律，以城乡基础设施配套齐全为基本准则，促进镇江城乡经济、生态与社会空间的均衡发展。特别要保障农村生态环境的发展，建设美丽乡村，并同时带动城市资源下乡，达到城乡生态环境融合，最终构建健康美丽宜居宜业的新镇江。

3. 城乡融合发展要以制度融合为有力支撑

一要以制度保障城乡要素资源的双向流动更加便利。政府要从制度政策上保证人口、资本、土地的顺畅合理流动，使人人都有与要素资源结合而实现发展的公平机会。鼓励农民进城、市民下乡或就近创业就业，促进城乡共同发展。

二要制定公共产品、公共服务城乡共建共享制度。镇江城乡是一个紧密联系的生态共同体。美丽城乡作为公共产品，必须由城乡居民共建共享。只有坚持城乡环境协同共治的制度，才能促使城乡居民共担环境治理责任，也才能助推环境治理向好发展。其他公共服务，城乡居民也都拥有均等的享受权。有些保障民生的制度，应一定程度地向农村地区倾斜，以保障农民的生活福利，缩小城乡差距。

三要以制度保障城乡居民共享社会经济发展成果。要大力缩小城乡收入分配差距，在公平公正的基础上不断调节城乡居民收入，最终促进城乡融合发展，全体人民共同富裕。

（作者单位：江苏大学）

深化改革，促进镇江市公立医院高质量发展

| 蔡华忠　杨丽萍　周　峰　任国庆　孙国付 |

公立医院改革发展是医疗卫生事业改革发展的重点和难点，成功与否关系到人民群众的切身利益。管理部门和医院自身要正视差距找不足，找准解决百姓"看病难""看病贵"问题的关键，采取扎实举措，努力在人才技术、精细管理上下功夫，明确方向狠抓落实，切实把握镇江市公立医院高质量发展"新拐点"。

一、公立医院深化改革的必要性和紧迫性

健康中国战略的实施、人民群众健康需求的日益增长，以及公共卫生突发事件所带来的挑战等，都在倒逼医院转型发展。医院所承担的社会责任和政府财政投入、补偿机制之间的不平衡，总额预付、弹性结算下医保支付与医院实际医疗运行存在的差异，需要医院通过不断深化改革，在内涵发展、特色发展、创新发展中开辟新空间、新路径。医疗卫生领域的竞争如逆水行舟，不进则退、慢进亦退，这也迫切需要医院的改革发展"跑起来"。

对照现代化要求，我国医院总体水平与高质量发展的要求还有不小差距。现有的治理体系与治理能力还需要大力提升；以技术、品牌、质量为核心的竞争优势尚未形成；发展过程中长期积累的风险隐患有所暴露；干部职工推动事业发展的主观能动性发挥还不够充分，凝聚力、战斗力、执

行力还需不断增强。此外，医院党的建设还需大力加强，从严治党带动行风、院风建设任务艰巨。

镇江市作为国家公立医院改革试点城市，无论是在提供基本医疗卫生服务方面，还是在新冠疫情防控中，都发挥了主力军作用。为推动镇江市卫生健康事业高质量发展，必须将深化医疗改革与高质量发展结合起来，不断细化改革措施，创新体制机制，通过大力推进"经济管理年"、公立医院规范化运营改革等具体措施，推进"三医"联动改革，做实家庭医生签约服务，解决百姓"看病难""看病贵"问题。

二、公立医院高质量发展的主要目标

推动镇江市公立医院及卫生健康事业高质量发展，要完善制度体系建设，明确部门职责和个体职责，建立院、科、人相统一的现代医院管理制度体系，构建医院高质量发展轨道。要从改革发展、医疗服务、医德医风等各方面切入，精准把握学科建设、经济运营、人才建设三大发力点，调整全市医院学科发展战略与布局，不断推进医疗服务模式创新，实现三个方面的提升。

1. 医疗技术提升

要整合专业学科资源，补齐医学人才培养、科研创新、疾病防控、医院管理方面的短板，加快推进省级区域医疗中心建设；探索建立有效的激励机制，鼓励临床、医技科室创建省级以上临床重点专科，确保复核专科不掉队；加强与省内外高端医疗资源对接、协作，外引内联、借力发展，快速提高医疗技术水平；大力推进胸痛、卒中、创伤三大中心建设，着力构建快速、高效、全覆盖的急危重症医疗救治体系；坚持中西医并重，推进名医、名科建设，促进中医药传承创新。

2. 医疗服务提升

要大力推广多学科联合（Multi-Disciplinary Treatment，MDT）诊疗、高级专家门诊等特色服务；重视老年友善医疗机构建设，想方设法为老年人就医提供更多便利；充分发挥互联网医疗优势，扩大服务覆盖面，拓展便民惠民举措，在"互联网+护理""互联网+医联体"服务上再出亮点。

3. 医院管理提升

要贯彻落实《关于加强公立医院党的建设工作的意见》《国务院办公厅关于加强三级公立医院绩效考核工作的意见》《国务院办公厅关于建立现代医院管理制度的指导意见》等一系列政策性文件要求，积极运用各类质量管理工具提高医院管理能力。要积极推进绩效考核和薪酬分配方案改革，鼓励三、四级手术和微创手术、日间手术开展，提高危急重症、疑难病症的诊疗能力。

三、公立医院深化改革、高质量发展的具体路径

1. 全面加强医院党的领导

加强思想政治建设，以党内主题教育为重要抓手，深入学习贯彻全国党代会、人民代表大会和中央全会精神，制订详细学习计划，认真研读，深刻领会，把握精髓，入脑入心。要把党史学习教育同汲取经验、把握规律、推动工作结合起来，同解决实际问题结合起来，牢固树立以人民健康为中心的发展思想，聚焦群众所思所需所急所盼，聚焦改革发展中的痛点难点堵点，出实招、用实功、千方百计破瓶颈、激活力，全力以赴办实事、解难题，把学习成效转化为工作动力和发展成效，守护百姓健康，助力健康中国、健康江苏、健康镇江建设。贯彻执行好《党委会会议议事规则》《院长办公会议议事规则》《"三重一大"决策制度实施办法》《加强医院党的建设工作实施细则》《业务科室重大事项集体决策制度》等重要制度，不断推动医院党的建设与业务工作相互支撑、协同发展、深度融合，提高管理水平和服务能力，推动公立医院"三转变、三提高"，增加优质服务供给。

2. 创新体制机制

建立健全现代医院管理制度，实现医院各部门间"自驱"和"他驱"

相结合且相互制约的齿轮式运转。按照"社会共有、专业管理、政府监管"的原则，明确不同层级医疗机构的职能定位。依据国家法律、法规、指令、规划、行业管理部门相关规定和目标任务，以及社会需求，在充分调研的基础上科学设置教学、科研、运营、医疗质量管理等模块的制度框架体系。结合部门目标任务制定内部管理制度，明确部门职责和个体职责，建立院、科、人相统一的现代医院管理制度体系，构建医院高质量发展轨道。

3. 提升专业学科竞争力

对各专科技术水平、医疗质量、人才队伍、科研力量等条件因素进行系统分析和评估，按领先专科、优势专科、特色专科及弱势专科进行分层管理，建立相对应的扶持政策和考核体系，形成领跑、并跑、跟跑、追跑的专业学科建设格局。在发展模式上，以国家、省临床重点专科为"龙头"，以高新技术为"依托"，以强带弱，优势互补，资源共享，共同发展。对照国内外一流医疗机构的学科建设标准，以疾病诊治链为"纽带"，加强与省内外高端医疗资源对接协作，有机动态组合形成互相协作、联合攻关的"疾病诊治链"，全面提升疑难重症综合诊疗水平，培养造就现代化、专业化、综合类紧急医学救援队伍，提高协同作战能力及突发公共卫生事件快速反应和应急处置能力。

4. 全面激发科技创新活力

一方面，重视人才队伍建设，丰富科研人才储备。要加大人才引进力度，增加人才总量。用好用足省、市、校各类人才政策，力争在学科带头人引进上有所突破，关键岗位人才实行"一人一策"或年薪制。要加大人才培养力度，提升人才质量。坚持采用"访名院、拜名师""走出去、请进来"的方式，不断拓宽人才培养渠道，通过与外国专家局、省卫生健康委员会等机构合作，邀请国外知名专家来院短期工作，在工作交流中开阔视野、提升能力。另一方面，完善人才机制，持续激发人才创新活力。要牢固树立"人才是第一资源""人才投入是最大投入"的理念，进一步完善人才评价和激励机制，大力弘扬科学家精神和工匠精神，全面提升人才建设水平。积极探索以技术项目为主体的人才团队引进模式和以解决问题为重点的柔性引进模式。

5. 创新科研管理理念

一方面,通过全预算、全周期、多层次、立体化的项目管理,提高项目管理效率和项目完成质量,重点做好省级以上科研项目的申报、孵育、跟踪和管理。另一方面,加强科研平台建设。积极依托学校学科专业优势,着眼协同融合发展,切实做好科研中心、临床研究院、实验平台等的规划、设计和建设,建立健全管理和运行机制,为全面提升医院优势学科群竞争力提供有力支撑。要进一步完善科研激励政策,充分调动科研人员的积极性,大力提升原始创新、集成创新及消化吸收再创新能力,不断提升关键领域核心技术攻关能力。

6. 加强医教研国际交流

利用各医院国外进修人员资源,加强与欧美国家相关研究机构和医院的技术合作,拓展对外交流合作的广度和深度。着眼"一带一路",利用驻镇高校留学生资源和援非医疗的契机,采用援助建设、协助医学人才培养、开展远程医疗和建设教学、临床技能培训基地等灵活方式,加强与"一带一路"国家中有一定基础的研究机构和医院的合作,扩大镇江地区医院的国际影响力。

7. 全面深化医院精细化管理

一方面,以绩效考核为牵引,提高医院运营效益。重点加强诊疗手段的创新、病种结构的优化,提升三、四级手术和微创手术、日间手术开展率。此外,从医疗、教学、科研、学科建设及满意度等角度修订完善医院内部绩效考核指标体系,将内部的绩效考核与"国考"有效衔接,保证公益性,调动积极性,保障公立医院可持续发展。另一方面,以规章制度为统领,完善医院管理制度。紧扣"制度完善年"主题,系统深入地完善各项内部管理制度及规范性文件,为推进医院治理体系与治理能力现代化提供坚强制度保障。要进一步加强医疗设备软件的管理和应用,完善医疗设备全寿命周期管理制度,重点关注成本效益分析。

8. 全面提升医疗服务品质

一方面，以方便老年人就医为目标，推进老年友善医院建设。继续巩固实施"改善医疗服务行动计划"，在完善预约诊疗、远程医疗、临床路径管理、检验检查结果互认、医务社工和志愿者服务等 8 项工作制度的基础上，推进 12 项创新举措和 15 项"为民服务解难题"服务举措有效落实。要以患者为中心，创新服务理念，奉献暖心关怀，给予"安心"保障；要加强设施建设，营造"舒心"环境。持续关注和解决群众就医"难点、痛点、盲点、堵点"问题，构建更加和谐的医患关系。另一方面，优化医疗服务流程。严格按照常态化疫情防控要求，调整优化门诊就医流程。建立快速就诊通道，尽量减少患者来回奔波，实现重大疾病快速诊治。利用"网上医院"App 开通各专科"全时空"门诊，继续开展预约挂号、线上缴费、慢病复诊、报告查询、送药到家等互联网医疗服务，丰富便捷就医及健康管理服务形式。

9. 全面履行社会公益责任

一方面，毫不放松抓好疫情防控，将工作重心从防控感染转到医疗救治上，确保防控措施调整转换阶段平稳有序。特别关注老年人、有基础性疾病人群等重症高风险人群的疫苗接种、个人防护和感染后的及时救治，最大限度减少重症和病亡。进一步完善分级诊疗机制，优化配置医疗资源，实行分类分级的救治，有效系统地调配床位、人力等医疗资源。另一方面，持续加强对口帮扶。认真完成城乡对口支援任务，推进构建"双下沉、两提升"的长效机制。积极承担援藏、援疆、援陕等政府指令性援助任务，充分发挥"互联网+医疗健康"服务优势，立足实际，完善机制，大力发展远程医疗，积极帮扶人才培养，提升优质医疗资源服务当地百姓的便捷性、可及性及普惠性。

10. 稳步推进医联体建设

加强城市医疗集团、专科联盟及远程医疗协作网等建设，注重资源整合，完善激励机制，着力构建管理规范、合作密切、利益共享的医疗联合体（简称"医联体"）合作模式。进一步做优"全—专"联合门诊、做强康复联合病房，以同质化为目标加强业务指导，促进"双下沉、两提升"。规范医联体内双向转诊流程，及时将恢复期、稳定期的患者转至社区医院继续治疗，为患者提供连续性医疗服务。进一步扩大区域内医联体覆盖面，积极构建上下贯通、纵横相联的医联体网络，提升医疗服务体系整体效能。

（作者单位：江苏大学附属医院）

二、高效能治理

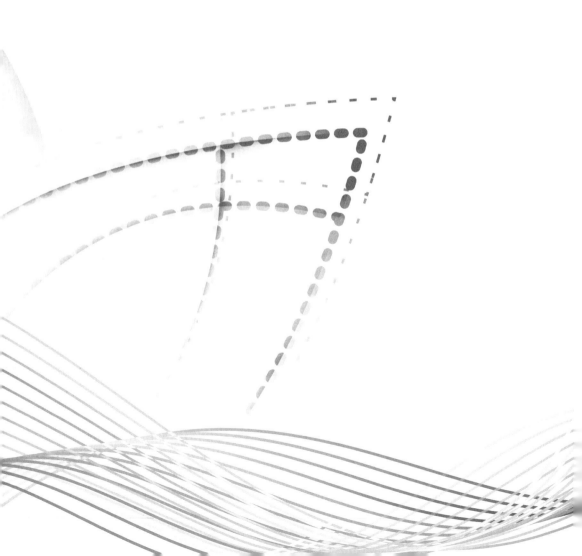

镇江城市更新与城市功能品质
提升对策研究

| 镇江市人大常委会环境资源城乡建设委员会课题组 |

目前，城市更新和城市功能品质提升已在全国范围内普遍开展，很多城市都出台了符合本地实际的城市更新方案，强调不搞"大干快上"，坚持小规模、渐进式、可持续的更新步伐；不搞"大拆大建"，最大限度盘活存量资源；突出"品质生活"，坚持人民主体地位，鼓励群众积极参政议政；保护"城市肌理"，彰显城市特色，保护历史文化资源。深圳市于2009年10月颁布了我国历史上第一部《城市更新办法》，广州、上海、北京、重庆、天津等地也不断调整城市更新理念，形成了系统政策文件，涌现出许多可借鉴、可复制的实践经验。上海杨浦区系统性、整体性开展街区改造，充分运用城市"微空间"，进一步完善城市功能，提升百姓生活品质，建成了长白社区228街坊、"创智农园"、"百草园"等成功项目。广州市成立了全国首个市级城市更新局，打造出文冲旧村、猎德村、恩宁路等改造范本。

作为一座融合了古人类文化、吴文化、六朝文化、千年古渡文化和百年商埠文化的历史文化名城，镇江名人辈出、古迹众多，如何在保护地方特色、守护好城市文脉的同时，让城市更宜居更美丽，始终都是镇江城市建设者不断思考的问题。中共镇江市委、市政府从优化发展布局、改善环境质量、推进内涵式发展、塑造城市气质、实现城市功能和提升城市品质等方面全面部署了美丽镇江建设工作，提出到2025年，美丽镇江建设的空间布局、发展路径、动力机制基本形成，生态环境质量、城乡人居品质、文明和谐程度、绿色经济发展活力力争位居全省前列，"创新创业福地、山水花园名城"的城市定位展露生动现实模样，全市人民的荣誉感自豪感普遍增强，成为美丽江苏的示范城市；到2035年，全面建成生态良好、生活宜居、社会文明、绿色发展、文化繁荣、充满活力的"创新创业福地、山水花园名城"，山水、人文、产业充分绽放光彩，成为美丽中国典范城市。工作开展以来，镇江城市面貌发生了较大变化。但实事求是地看，镇江城市更新步伐仍然相对较慢，一定程度上还存在着整体性缺乏、系统性不足、宜居性不高、包容性不够等问题。

一是老旧小区改造和管理不力。改造工作尚未成功引进社会化资金进行市场化运营；改造方案居民意见难以统一，部分居民对拆除影响改造工程的违章建筑不理解不支持，协调工作难度较大；改造后物业管理跟不上，成果难以长效保持。

二是市区范围内空闲地块较多。土地闲置挤压开发空间，增加了运行成本，给市民、投资者、游客留下了规划混乱、建设无序的印象，严重影响了山水花园名城形象。

三是改制企业职工生活区居住环境差。一些改制企业职工生活区房屋陈旧、管理混乱、主体责任缺失、安全系数低、环境脏乱差，没有纳入城市老旧小区改造计划。

四是城市微空间利用不足。市区存在大量点状地块，如道路岔口三角地、老居住区内空地及一些闲散未利用地块。据有关部门测量统计，全市0.5亩以上的这种点状地块就有118.03亩。微空间资源的闲置，既不能满足市民对美好生活的需求，也会增加城市管理成本。

五是城市绿地满足不了群众需求。目前，镇江市城市绿色体系主要以金山、焦山、北固山、南山、西津渡，以及长江、运河等为载体，对社区的有效渗透和服务明显不足，部分人员密集的社区缺少休闲绿地，导致各市政广场、南山绿道等人员拥挤，周边交通拥堵。

针对以上存在问题，我们有以下建议。

一、提升老旧小区改造管理水平

一是完善体制机制。由镇江市政府明确各方职责，在镇江市住房和城乡建设局主抓的基础上，充分发动区级政府、街道、社区群众和社会力量，建立健全"改造—移交—管理"的体制机制。二是开展菜单式改造。充分尊重居民的改造意愿，对居住为主的老旧小区以财政投资为主，开展"保基本"项目改造，着力解决"脏乱差"问题；对临近古运河、西津渡景区及临街的小区，可引入社会资本进行改造。三是超前谋划。预留智能设施和5G基础设施接口，对暂时没有意向但有条件加装电梯的旧楼要预留空间。四是多方参与。充分发挥社区党组织的作用和群众的积极性，推动居民按照谁受益、谁出资的原则出资参与改造，鼓励居民通过捐资捐物、投工投劳支持改造。对后续物业管理暂时缺位的小区，引导小区党员、志愿者参与长效管理，维护改造成果。

二、盘活空闲土地资源

一是加快供地节奏。梳理可开发利用的土地，制订经营性用地上市出让计划；对已储备的地块和未及时完成前期拆迁的地块，加快拆迁上市和开发进度。二是完善土地储备制度。对已完全"沉淀"、不能依法通过延期开发、土地使用权转让、项目转让等市场方式盘活的土地，可纳入政府土地收购储备的范围，依法收回或收购土地使用权，再纳入政府土地供应体系，通过市场重新配置。三是合理开发利用。对空闲、废弃、闲置和低效的土地，努力提高建设用地利用效率。土地管理部门要主动参与市、区招商引资工作，提供合理化用地服务。

三、合理利用城市微空间

一是全面梳理，制订整体利用方案。对 10 亩以下的地块，可根据情况做好城市绿地建设或者融合周边地块共同开发利用。二是因地制宜，灵活规划闲置微空间。充分利用道路岔口、沿街空地，用"绣花功夫"开展精细化设计，打造贴合城市历史、文化的街景特色，打造停车场、健身场、儿童游乐场等功能性公共空间，把闲置微空间打造成城市的公共客厅。三是"一山一景"，推进主城区山体改造。在山体综合整治的基础上，结合山体自身特色进行景观再塑造，突出植被色彩、历史文化、建筑风貌，满足公园城市建设和市民的使用需求，讲好镇江山水故事。

四、整治部分改制企业生活区居住环境

建立协调推进机制，系统谋划职工生活区的改造计划。制定改制企业职工生活区移交办法，明确维修金、物业移交的标准，以及补贴资金的来源和移交程序等。推进改制企业职工生活区全部移交属地社区管理，实施社会化管理。改制企业、资产管理单位不再承担职工生活区服务职能。统筹原国有住房售房款存量资金的使用，通过房改、安置、土地、规划、财政等政策给予支持。探索简化快捷的维修资金使用流程，方便产权所有人将存量公共维修资金用于房屋公共部位的维修。

五、探索开展城市空间综合利用

开发利用楼上空间，优化商业综合体露台、楼房屋顶等上层空间，建设绿色散步平台、休闲场地，满足居民健康娱乐需要。建设社区 15 分钟生活圈，完善基础设施，确保居民生活小事不出圈。开展街区建设，破解小区"围墙"，连点成片。搭建文化街区，通过"微改造"焕发街巷魅力，增

强居民地缘感情。搭建共享街区，建设街区"客厅"，鼓励居民参与街区空间治理，促进居民交流共享。搭建"公园+"城市服务，依托公园开展集市、交往、家政、废旧回收、理发等民生服务和夜市经济，提高公园利用率，增强城市烟火气。

（课题组成员：姚继承　戴永卿　张　翔　梁亚玮）

镇江城市形象宣传研究

| 凡浩 陈杰 孔昊 张帆 徐成 |

城市形象是社会公众对一座城市内在底蕴和外在特征的整体印象和评价，是城市的无形资产和文化软实力，对城市建设与发展具有重要意义。对内而言，良好的城市形象能够提高市民的归属感、自豪感，促进城市与市民良性互动，增强城市发展的凝聚力、向心力；对外而言，能够提高城市的知名度、美誉度，促进人才、资金、技术等优势资源加速集聚，增强城市发的吸引力、竞争力。由于城市形象并非城市本身，而是存在于人们"头脑中的印象"，因此城市形象不仅仅受制于经济发展水平、基础设施建设、市民精神风貌等软硬件基础，更有赖于充分而恰当的形象宣传。站在新的历史起点，镇江迫切需要打造与城市发展相适应的城市形象，为现代化新镇江建设提供强大助力。为此，课题组通过理论研究和案例分析，对镇江城市形象宣传相关实践进行了梳理，并为下一步工作提出了意见建议，以期为有关方面提供决策参考。

一、镇江城市形象宣传实践情况

镇江是全国历史文化名城，作为吴文化的重要发祥地，其既不同于北京、西安以古迹文物荟萃著称，也不同于桂林、杭州以自然风光见长，而是以浓郁的历史文化立世。从古至今，镇江的城市形象随着古典诗词、民间传说、戏曲文艺等名扬四海。随着市场经济的兴起，将城市整体形象作为重要发展资源打造、维护的意识也逐渐觉醒。梳理近 30 年来的历史资料可见，镇江市在以下几个方面的实践与城市形象宣传密切相关。

1. 深入挖掘城市精神内涵

1992 年 4 月，镇江市委宣传部组织了一场"九十年代镇江精神"的大讨论活动，形成了"团结奋进、顽强崛起、科学文明、强市富民"的精神共识。这场大讨论在社会各界引起了强烈反响，参与对象非常广泛，在全市上下营造了"创大业、干大事"的社会氛围，对镇江"苏南"城市形象的塑造和经济社会发展产生了巨大的推动作用。2004 年，为加快实现"立志两率先、奋力两步走，争当苏南后起之秀"的奋斗目标，全市上下开展了 9 个多月的城市精神大讨论，确立了"创业创新、开放文明、务实诚信"的新时期镇江精神，不仅为镇江迈向"十一五"提振了发展信心，也在客观上再次提炼了城市精神内核，为城市发展凝聚了广泛共识、营造了良好氛围。

2. 征集一批宣传口号和符号

2008 年 4 月 22 日，镇江市全面开展了镇江旅游形象宣传主题语和标识征集活动，并在省内外部分报纸、电视台和网站发出征集启事，面向社会广泛征集作品。此次活动共收到应征作品 9 467 件，其中主题语 9 281 件，作者来自全国 20 多个城市和美国、澳大利亚等地。在此次征集活动中，"一座美得让人吃醋的城市""江河交汇、滨江城市""中国镇江，满眼风光"等宣传主题语入围（2013 年，"镇江，一座美得让您吃醋的城市"成为镇江的官方宣传语，在参加中国国内旅游交易会时，展台即以此为主题）。2013 年，江苏省政府新闻办牵头开展了"江苏符号"全球征集活动，镇江市随之开展了由市委宣传部、镇江报业集团、镇江文广集团主办的"'镇江符号'网络征集令"活动，经过网络投票和专家审定，金山寺、西津渡、镇江香醋、《梦溪笔谈》、北固山、白蛇传、《瘗鹤铭》、南山、茅山道教、赛珍珠位列"镇江符号"前十名。但遗憾的是，这些"镇江符号"虽然入围百个"江苏符号"候选名单，却未能入围最终的 20 个"江苏符号"（同是历史文化名城，一江之隔的扬州有 2 项入选"江苏符号"，分别是"扬州漆艺"和"扬州评话"。众所周知，历史上镇江的民间工艺一度并不逊色于扬州，但扬州有 10 人以上获得"中国工艺美术大师"称号，成为入选的有力支撑）。尽管如此，通过网络征集活动，镇江的城市形象在市民和网友眼中更加具象，也让人们更加体会到加强城市形象宣传的紧迫感。

3. 开展旅游宣传促销

媒体宣传方面，2004 年起，央视 4 套国际频道开辟了镇江天气预报标版窗口。2005 年，央视 10 套"今日气象"栏目播出 5 秒钟的镇江旅游宣传广告；央视 6 套、7 套和教育综合频道多次播出镇江旅游专题片。在《人民日报》华东版上刊登宣传镇江旅游的专版文章和新闻稿，成为镇江旅游系统开先河的一项工作。同时，镇江市还在中央人民广播电台、《中国旅游报》、《长三角》杂志、香港凤凰卫视、《文汇报》、《大公报》、《商报》、《新报》、《台湾旅报》、《民生报》、《民众日报》、东森电视台、三立电视台等 20 多家媒体，以及日本、美国等多家境外媒体宣传镇江旅游。

在宣传造势方面，镇江历年来开展了多次为旅游发展建言献策，以及事关文化旅游重点项目的意见征集等活动。市文化广电和旅游局联合市委宣传部、团市委、市旅游协会、市报业传媒集团、市文广集团等单位组织开展了"我为镇江旅游献良策""我为镇江旅游打个卡""我为镇江旅游作代言""我为镇江写一句导游词"系列宣传推介活动，邀请网络大 V、市民、专家、学者等建言献策，积极参与。活动广受关注、反响热烈，累计参与量近 800 万人次，为进一步提升镇江市文化旅游的关注度及品牌影响力起到了积极的推动作用。

4. 举办节庆活动

1992 年，镇江举办首届"金山之光"艺术节，后来又陆续开展金山文化旅游节、金山寺新年祈福撞钟活动、"春风又绿江南岸"镇江旅游节、"美丽镇江乡村游"嘉年华等。2016 年，镇江成功举办第六届"江苏·台湾灯会"，是历届灯会中规模最大、档次最高、创新要素最多的一届，这也是第一次举全省之力举办"苏台灯会"。在灯展 28 天内，镇江共接待游客约350 万人次。2019 年，镇江启动 8 年未开展的金山文化旅游节，接待游客

171.1万人次，同比增长约25%。句容草莓节、丹徒"宜风韵 生态美"旅游文化节、新区黄明文化旅游节等节庆活动也精彩纷呈，不仅有力促进了当地旅游市场的发展，也提高了当地居民的生活品质。

通过梳理可以发现，镇江市从内在精神到外在展示、从面对市民到面对游客、从文化繁荣到市场发展，多角度多层次推动城市形象宣传取得了一定成效。但从各方反馈来看，镇江城市形象的影响力距离市民期待，以及与其地处苏南的历史文化名城的地位相比还有一定差距。可以说，镇江市在城市形象宣传方面，最大的底气来自"有山有水有故事"的资源禀赋，最大的遗憾在于未能把资源禀赋的"满天繁星"转化为城市整体形象的"一轮明月"。究其原因，除了经济社会发展等客观素外，还可以从三个方面思考把握。

一是认识还没有到位。城市形象是城市的缩影，是一个城市的有形资产和无形资产的总和，这意味着城市形象宣传是一个综合性、系统性工程。从狭义上看，城市形象宣传不仅是宣传、旅游、外事、经贸等部门的职责，也是所有党委、政府部门面临的共同任务；从广义上看，更要树立"人人都是城市形象、处处都是城市形象"的理念，让所有关心镇江的人少问一些"镇江城市形象怎么了"，多问一问"我能为镇江形象做什么"。

二是受众还没有找准。形象宣传需要"投其所好"才能做到"有的放矢"。这个"其"和"的"就是受众，能不能做到以受众为中心，进而研究好受众并在思想和行动上影响受众，是宣传工作的出发点和落脚点。长期以来，由于缺少受众意识，镇江市形象宣传在一定程度上存在"自说自话""自娱自乐"倾向。近年来，越来越多的人认识到受众的重要性，"我为镇江旅游献良策"，多听听大家怎么说，正是这种认识的体现。

三是故事还没有讲好。会不会讲故事、能不能讲好故事是影响宣传效果的关键因素。目前，镇江市还有诸多文化资源"养在深闺无人识"。比如，中国四大民间故事（董永与七仙女、梁山伯与祝英台、白娘子与许仙、孟姜女哭长城）均与镇江密切相关，很多人都知道这些故事，却少有人知道其与镇江的关联，甚至不知道镇江。讲好故事还要善于运用有效的传播方式，在运用新媒体方面，镇江城市"燃爆点"仍然较少，宣传片投放也以官方推介为主，离真正的"全民热议"还有一定距离。

二、加强镇江城市形象宣传的现实路径

城市形象的塑造与提升是一个长期的过程。当下的镇江，应立足优势资源禀赋，围绕"创新创业福地、山水花园名城"的城市定位，找准目标市场，加强组织推进，运用整合营销传播方式讲好新时代镇江故事、展示新时代镇江形象，为进一步提高城市知名度、推动城市社会经济高质量发展汇聚更大合力。

1. 整合组织架构

全媒体时代，政府、媒体、公众都是城市形象的宣传者、塑造者。一方面，加强内部整合，由上而下建立城市形象管理统筹协调机构，根据执行、支持、参与等不同职能明确牵头部门和参与部门，构建职责清晰、相互配合、运转高效的城市形象宣传组织体系。另一方面，汇聚各方合力，广泛动员、协同推进各政府部门宣传平台、智库机构、科研院所、行业协会及新媒体平台等共同做好城市形象的研究、塑造、推广工作。比如，在统一的组织推进下，相关部门也可围绕宣传重点、立足自身职能，积极组织各类宣传活动，鼓励公众积极参与城市形象传播，从人文、交通、旅游、生活等多个角度宣传城市形象；市内外媒体可组建镇江城市形象宣传矩阵，搭建信息共享平台，充分发挥各媒体优势，共同助力城市形象宣传。

2. 整合宣传受众

根据城市形象的整合营销传播模式，可以将城市形象宣传的受众划分为决定型受众、预期型受众和潜在型受众三类，其中决定型受众和预期型受众是最重要的两大受众群体。具体来说，对决定型受众整合的核心是对政府、市民、企业和媒体的整合。公务人员是否勤政廉洁、政务管理是否公开透明、政策法规是否科学权威、城市运转是否高效有序，都将影响市民和外地民众对该城市的形象认识；市民是城市最重要的推介主体，其言

谈举止、精神面貌、道德素养、知识结构、法律意识等各方面表现出来的水平，对城市形象有直接影响；企业是城市形象宣传的"富矿"，特别是区域品牌、知名企业、驰名商标、著名产品、上市公司等对城市形象宣传的促进作用更为明显；媒体是城市形象宣传的"永动机"，在"不出门便知天下事"的时代，对于大多数人而言，媒体所记录的文字、声音和画面，构成了认知世界的主要来源。对预期型受众的整合核心是对于观光、休闲、会议和商务人士的整合。可以通过地域、年龄、性别等细分方法，针对重点客源市场进行重点推介。

3. 整合传播内容

一要深入挖掘自然风光和历史文化资源特色，在城市形象宣传重点内容上形成更多共识，明确城市形象定位。有学者指出，镇江城市特色主要体现在三个方面。一是城市山林——地理个性之美。浏览中国城市地理风貌，城外有山者较多见，山在城中者则稀少，而镇江则具有"城郊南山环抱、城中山岗棋布、城北江河交汇、城东江海相通"的别具一格的"城市山林"景观。二是满眼风光——精神气韵之美。镇江素有"东南锁钥""江防重镇"之称，是英雄辈出的一方热土。同时，镇江自承江南水土之风貌，市井之美、街巷风情，市民和谐安逸，不乏生活情状。让镇江既有令人崇尚的英雄气概，也有令人憧憬向往的现世安稳和城市烟火，着实"满眼风光"、气韵悠长。三是千古江山——时空交错之美。西津渡的"五十三坡""一眼千年"，不仅诉说着当年车水马龙的繁华景象，也让人生出旷远遥深的历史感慨。走在镇江城中，寻常巷陌、名人故居、历史遗迹、故事传说，处处给人惊喜、时时令人触动。除此之外，镇江还有许多从全国范围看也不遑多让的文化特色，比如蚕桑文化、篆刻文化、台胞文化等。尤其是蚕桑文化，镇江拥有中国唯一的国家级蚕桑研究所——中国农业科学院蚕业研究所（简称"中蚕所"），朱德同志曾到此视察；还拥有保存完好的蚕桑文化建筑、众多蚕桑名人轶事，以及丰厚的蚕桑文化精神内涵，如中国合众蚕桑改良会镇江蚕种制造场、中蚕所内的四方形瞭望楼，以及我国现代家蚕育种奠基人孙本忠等。京口区新民洲"五百亩"果桑园每年5月份举办镇江桑椹采摘节；句容东方紫酒集团建设有蚕桑文化长廊，并连续 8 年举办桑果紫酒节。至今，镇江还有很多以蚕桑命名的道路，如润州区的蚕桑路、金蚕路、蚕桑支路和蚕宝路等。

二要以城市形象定位为基础，开展城市公共标识的系统设计。设计统一的城市标准字、城市标志物、城市吉祥物、城市符号等城市公共标识，并将其广泛运用到重大活动、公共建筑和设施、城市窗口、行业企业、公务系统、荣誉证书等领域，清楚、简洁、一致地传递表达城市形象识别。

4. 整合宣传渠道

在整合营销传播理论看来，宣传内容固然重要，如何表达、何时表达也同样重要，尤其要关注城市形象与受众产生的"接触点"，对"接触点"进行全方位、立体化管理。比如，善于运用城市宣传片，借助重大宣传契机，将电视媒体广告、平面媒体广告、网络营销、大型公关活动、主流旅行商合作等各渠道协同整合。比如，借助大型会展活动，利用国际低碳大会等相对成熟的会展平台推介镇江形象，积极参加国际国内各类高端论坛和知名展会，通过会展活动前期推广、参会人士邀请、展会全程新闻报道等多种方式，不断稳固城市形象宣传成果。比如，与中介组织和市场主体合作，加强与国内主流网络媒体和国内外知名商超的战略合作，在推介商品的同时，同时输出城市形象。比如，利用各界名人带动城市形象宣传。镇江在政治、经济、文化各领域均有杰出人物，他们是镇江城市宣传最大的潜在力量。比如，利用舆论热点跟进引导，抓住镇江市民、知名企业获得国家级、省级荣誉表彰的契机，正面宣传镇江精神风貌和发展成果。比如，将城市宣传融入城市建设和管理，在沿街立面整治、美丽绿化工程中展现城市形象标识。比如，推进市民文明素质提升，把推动镇江形象宣传作为全市战略任务，加强对市民及各部门、各系统、各单位的宣传教育，强化对城市人物正面典型的宣传报道，充分展现"新镇江人"的时代风采。

（作者单位：中共镇江市委办公室、镇江市史志办公室、中共镇江市委宣传部、中共镇江市委研究室）

社会治理视域下镇江城区街道的优化设置

| 镇江市民政局课题组 |

党的二十大对完善社会治理体系、提升社会治理效能提出了明确要求。科学的区划设置是提升社会治理效能的重要保证，镇江必须高度重视城区街道的优化设置。

一、镇江城区街道设置存在的问题

1. 空间布局多呈东西狭长型

沿江发展的历史传承和地理区位，决定了镇江城区东西走向的狭长型城市格局。受此影响，作为城市最基层行政单元的街道，也多表现为狭长型。京口区所辖的正东路、健康路、大市口、四牌楼和象山5个街道均为东西向延伸。其中，大市口街道东西长约3.8千米，南北最窄处仅0.5千米，最宽处也不过1.1千米。

2. 街道之间规模差异较大

街道之间规模差异较大主要体现在区划面积和人口数量两个方面。街道规模过大或者太小都会影响到城市管理和基层治理。京口区谏壁、象山和共青团农场的辖区面积都超过20平方千米，而正东路、大市口、四牌楼和健康路4个街道的面积均小于5平方千米。京口区面积最大的谏壁街道户籍人口为3万多，面积最小的大市口街道户籍人口为7万多，后者的人口密度是前者的30多倍。润州区七里甸街道的人口密度为0.83万人/平方千米，西侧相邻的蒋乔街道人口密度为0.1万人/平方千米，两者差异也十分明显。

3. 区划边界不够明晰

区划边界不明晰，导致基础数据不准确，不仅影响街道整体规划和公共服务设施配置，还为街道日常社会治安防控和管理服务工作埋下隐患。目前存在的主要问题，一是部分街道之间的边界较为模糊；二是局部社区嵌入其他街道范围。如京口区象山街道长岗社区的一个狭长地块嵌入谏壁街道索普社区，而索普集团、索普酸醋厂均位于长岗社区范围；润州区七里甸街道的天和星城社区内嵌于宝塔路街道和南山街道之间。

4. 存在自然阻隔或人为分割

镇江市城区多山，运河灌渠纵横，一些街道区域天然地分成多块。京口区象山街道办事处和润州区南山街道办事处分别位于汝山、南山南侧，京口区谏壁街道被京杭运河及其支流分隔成4块，山地、河流阻隔给居民办事造成很大不便。除了自然因素外，道路交通等人为因素的阻隔同时存在。连淮扬镇铁路、镇大铁路横穿谏壁街道，京沪铁路、沪宁城际铁路和扬溧高速穿过蒋乔街道。

5. "飞地"现象较为普遍

京口区有被长江隔断、位于扬州境内的共青团农场，润州区有位于丹徒区和句容市之间的韦岗街道，丹徒区有位于长江以北已与扬州连接的高桥镇（含江心园区）。京口、润州两区街道内外的社区"飞地"约有12块。七里甸街道金星社区被宝塔山街道、南山街道阻隔，与七里甸街道主要区域不相连。"飞地"的存在不仅增加了街道和社区统筹管理的难度，也增加了社区居民的办事成本，并加重了社区居民之间的心理疏离感。

二、街道区划格局对社会治理的影响

城区街道区划格局存在的问题对城市社会治理产生的不利影响，体现在以下三个层面。

1. 城区层面增加了管理难度，削弱了发展活力

镇江主城区街道数量多、规模小，绝大多数无法达到苏南地区街道常住人口一般不少于 10 万人的标准。以上问题不仅影响城区的整体统一规划与内部协调配合，还会造成资源要素配置与产业布局分散；从政府管理角度看，则会降低辖区街道行政领导的工作效率，以及对基层经济社会建设管理的调控能力。

2. 街道层面加剧了行政资源浪费，降低了管理效率

一方面，行政区划分割加剧了街道各自为政和资源争夺，导致低水平重复建设和资源浪费严重。另一方面，无论空间和人口规模大小，街道在机构设置上均追求对口一致、门类齐全，使得行政机构臃肿、人员庞杂、职责不清，不仅降低了行政效率，而且加重了行政运行成本和财政负担。边界不清晰容易造成一些区域的"三不管"现象。自然阻隔和街道办事处选址不合理，容易造成街道与下辖社区之间沟通不畅，致使居民容易产生不满情绪。

3. 社区层面限制了公共资源配置，不利于居民参与

狭长型街道和自然阻隔致使街道层面的社会治理、公共服务等都直接沉降到社区。与街道类似，社区内部的阻隔和"飞地"问题，加之服务站选址不尽合理，都将影响社区居民获取公共服务资源的公平性，以及对公共设施使用的可达性，影响居民参与社区建设和管理的积极性。

三、城区街道优化设置的政策建议

1. 适度扩大街道规模和空间范围

接近中心城区的街道，其经济社会发展水平较高，对拓展增长空间的需求通常更加迫切。应遵照江苏省"两标准一办法"对城区街道划分标准的相关规定，扩大靠近中心城区街道的区划范围，尽量将狭长型空间格局调整为团块状。可采取中心城区街道之间的"强强联合"，也可将外围发展稍落后区域划入中心城区实现"以强带弱"。当前，京口区中心城区面积较

小的 4 个街道，加上润州区的金山、宝塔路、七里甸 3 个街道，需要予以重点关注。

2. 清晰划定街道之间的行政边界

对各街道、社区统计上报的边界不清或有争议的地方，根据其涉及面和给社会治理带来的难度大小，经城区内部街道之间和相邻的城区之间统筹协商，确定解决的优先顺序与推进方案。对于部分自然边界，园林绿化、河道管理，以及自然资源和规划等相关责任单位应统筹协商确定管理权责。对存在交叉或嵌入的街道，尽量重新划定边界，主要包括：京口区正东路街道东侧、健康路街道东南侧、谏壁街道东南和西北侧；润州区宝塔路街道东侧、七里甸街道东侧和北侧、南山街道西侧。综合考虑城市主干道路、河流、山地等自然要素与经济、人口、文化、大众心理等社会要素，制定多标准融合的区划标准。针对区划边界曲折地段开展进一步调研，给出"拉平"的可行性方案。

3. 优化街道管理服务机构的驻地选址

由各街道自行确定迁移的必要性，然后做出迁移的具体方案并逐级上报审批。选址前应确定机构的服务半径和覆盖范围，保证居民能在最短时间内方便到达。服务半径过小，无法覆盖主要人群，可以采取分片区管理模式。应根据居民需求的特征，分散街道部分职能。养老服务机构和老年人活动室可移至老龄化较严重的社区；教育服务机构可多放置在较为年轻化的社区。也可向社区下放部分管理服务职能，减轻街道负担。社区居委会或服务站选址不合理的，可参考街道机构驻地优化方案酌情处理。

4. 消除"飞地"等管理责任不清地带

根据"飞地"实际情况，应选择不改变区划情况下的属地化管理，或就近合并至实际所在行政区域。但两种情况都要明确属地政府的主体责任，实现行政区划与管辖权的统一，消除责任不清现象。建议较多采取就近合并方式，如果合并难度大，可在上级政府指导下依据公平性原则达成土地置换协议。

（课题组成员：殷金彤　时　凯　李翔明　汪永生　汪　然）

大力推进新就业形态劳动者集中建会入会

│ 镇江市总工会、中共镇江市委党校联合课题组 │

推进新就业形态劳动者建会入会，是落实习近平总书记重要指示批示精神和党中央重大决策部署，以及履行工会维权服务基本职责的必然要求。通过建会入会和维权服务，把新就业形态劳动者团结凝聚在党的周围，是工会义不容辞的政治责任；是更好地推进产业工人队伍建设改革，建设高素质劳动大军的时代需要；是工会践行以人民为中心的发展思想，实现好、维护好、发展好新就业形态劳动者现实利益和长远利益的必然要求。近年来，为贯彻落实全国总工会、江苏省总工会有关要求，在省、市、区三级工会的推动下，全国首家依托民营物流平台企业、为货车司机组建的工会组织——镇江惠龙易通货运物流工会，在镇江高新区正式成立。惠龙易通货运物流工会的建立，为解决新就业形态群体建会入会难题创造了有价值、可复制、可推广的"镇江经验"。

一、新时代新就业形态劳动者集中建会入会的"镇江实践"

惠龙易通国际物流股份有限公司是一家大型民营物流平台企业，在全国有 3 200 多家地网单位，约 260 万名货车司机。该企业货车司机建会入会的试点具有典型性和示范性。

1. 省、市、区三级工会合力攻坚

镇江高新区党委贯彻落实全国总工会、江苏省总工会、镇江市总工会关于做好新就业形态劳动者入会及维权服务工作的有关要求，在江苏省总工会第四蹲点工作组的具体指导下，以解决货车司机群体建会入会难题为切入点，以辖区内惠龙易通公司民营物流平台企业为服务对象，进行了货车司机建会入会的试点。

2021 年 8 月底，江苏省总工会蹲点组进驻镇江高新区，镇江市总工会和高新区工会全力协同，并与市交通运输局党委、市委"两新"工委等5 个部门联合成立镇江市探索开展道路货运领域党的建设试点工作领导小组，尝试以党建带工建，仅用一个月时间就推动建立了惠龙易通货运物流工会，面向货车司机群体直接发展工会会员。同时，多方联动、合力攻坚，为进一步做好货车司机维权服务工作提供保障。

2. 积极探索平台企业建会入会的镇江经验

2021 年 9 月 30 日，惠龙易通公司工会联合会暨镇江惠龙易通货运物流工会正式成立，首批 30 多名货车司机代表宣誓加入工会。依托民营物流平台企业为货车司机组建工会，镇江迈出了先行先试的一步，走出了一条具有镇江特色的龙头企业"牵头建"、"线上线下"相结合、"实体型与功能型"相互补的建会入会新路子。

惠龙易通货车司机工会联合会注重发挥行业工会联合会在推进货车司机等群体建会入会工作中的重要作用，下设各省（市）、各县（区）地网单位的货车司机工会，接受联合会和所在地县（区）总工会的双重领导。符合条件的地网单位成立货车司机工会以后，所在地工会给予授牌并加强领导。所在地工会在属地退役军人事务局就业安置窗口增设专席，组建应急运输车队，让农村的退役军人司机参与进来并加入工会。惠龙易通工会联合会还在平台、官网和 App 增设加入工会的线上宣传及入会端口，引导发展成立工会组织的属地车辆会员成为工会会员。

3. 建会入会与维权服务一体化推进

工会坚持以服务促入会的理念，从货车司机最迫切的需求出发，将工会自身业务与解决会员"急难愁盼"相结合，细化并明确了包括政治引领、安全行驶、职业健康培训、技能竞赛、圆梦求学、权益维护和困难帮扶等

12 项公益性服务事项。惠龙易通企业高层全力支持配合，专门在惠龙港开辟了一片空间，打造"实体型"货车司机之家，为会员提供短暂休息、洗澡洗衣、就餐娱乐的场所，展现了新时代民营企业的责任与担当。

二、物流平台企业组建工会面临的困难

1. 依托物流平台企业建立工会的跨地区问题

物流平台企业业务范围覆盖全国，这就面临着是否可以发展外省的货车司机加入工会、他们的工会组织关系如何规范和理顺、如果他们在外省发生了权益被侵害等事件公司工会联合会如何跨省帮助其维护合法权益等问题。

2. 工会内部跨区域维权的协同问题

面对大量的非本地会员的维权服务工作，囿于其自身能力，惠龙易通工会联合会将面临鞭长莫及和力不从心的问题。

3. 工会经费保障不足问题

工会经费保障缺少有力的政策支撑。仅从现有的工会经费中列支，或争取各地财政支持，不是长久之计。

三、对策和建议

1. 政策引领，强化新就业形态劳动者建会入会工作举措

一是加快研究推进镇江市新就业形态劳动者建会入会的相关政策举措。确保建会入会规范有序，构建全市一盘棋推进格局。二是坚持党建引领，强化党建带工建。把加强"两新"组织和货运司机、快递员等群体的思想引领及坚定他们的理想信念放在首位。

2. 久久为功，让新就业形态劳动者为主体建立的工会真正地转起来、活起来、强起来

一是强化试点工作的深度与广度。从镇江试点出发，进一步放大试点

工作成果，继续采取"线上线下"相结合、"实体型与功能型"相互补的方式，将更多货车司机和其他新就业形态劳动者组织到工会中来，通过工会贯彻落实党的路线方针政策。二是提升工会工作的"温度"和"亲密度"。各级工会组织在建会入会上，要在摸清底数的基础上因地制宜推行"重点突破、区域覆盖、行业归类"三位一体的立体化组建方式。

3. 多方协同，构建建会入会与维权服务一体化推进格局

一是在工会内部形成合力。省总工会充分发挥各职能部门的优势和资源，加大对货车司机和其他新就业形态劳动者的服务力度。二是加强与行业主管部门合作。工会应主动与交通、人社、公安等相关行业主管部门沟通联系，建立健全合作机制，推动优化政策环境，合力解决货车司机和其他新就业形态劳动者共性核心利益问题。三是加强平台企业与业务关联企业、战略伙伴企业的合作关系。

4. 深化维权服务，切实维护、保障新就业形态劳动者利益

一是注重高位协调，强化工会组织源头参与，引导货运行业协会加强对运输价格的指导，增加货车司机和其他新就业形态劳动者收入。二是健全、完善包括货车司机在内的新就业形态劳动者的社会保险征缴体系，将更多的货车司机和其他新就业形态劳动者纳入社会保障体系中来。三是从实际出发，研究出台体现货车司机和其他新就业形态劳动者群体特点的利益集体协商操作办法，引导货运物流等行业开展利益集体协商工作。四是将货车司机和其他新就业形态劳动者中符合建档立卡条件的困难职工纳入政府或工会的扶贫帮困体系中，对他们当中生活困难的对象及时进行帮扶救助。五是健全、完善货车司机和其他新就业形态劳动者之家建设，提升货车司机和其他新就业形态劳动者的安全意识；引入普法宣传通道，形成"为我维权"和"我要维权"齐头并进的良好局面。

（课题组成员：曹 军 周秋琴 吕毓蕾 滕开昆 陈玉松 倪玉仙）

优化金融生态环境维护金融安全

| 梁坚　李伟 |

习近平总书记指出：金融制度是经济社会发展中重要的基础性制度；金融安全是国家安全的重要组成部分。当前，我国处于社会转型、经济转轨、利益格局调整的深刻变革之中，表现形式多样、参与人员众多、涉及金额巨大、社会危害严重的金融领域违法犯罪相应增多。镇江地处全国经济发展最为迅猛、最具潜力的长三角地区，保障金融安全对全市经济社会发展至关重要。

一、当前镇江金融领域生态环境的形势

1. 金融生态环境建设不平衡

加强金融生态环境建设。2018 年开展防范金融风险工作以来，镇江市立案查处非法集资案件 113 起，抓获犯罪嫌疑人 254 人，移送起诉 203 人；取缔非法集资单位 270 余家，约谈整改单位 300 余家。2021 年，全市新立非法集资案件数、集资参与人数、涉案金额分别比 2020 年分别下降 10.5%、68%、74%，连续 4 年下降。镇江市通过创新防范和打击涉众类经济违法犯罪的宣传引导工作，充分借助网络、电视、广播、报刊等多种媒体，采取案例剖析、跟踪报道、预警提示等形式，反复宣传金融犯罪防范，不断提升群众"投资自愿、风险自担、责任自负"的意识。近年来，群众自我防范意识明显提升，特别是集访、闹访、赴省进京人数明显下降。镇江市立

足常态长远，相继建立了金融风险源头管控、常态化风险排查、金融风险监测预警、联动维稳处置等多套长效工作机制，设立了 9 个金融风险监测点，强化市场准入联审制，健全部门联动协作、应急共处等措施，推动地方党委、政府行使联动监管职能，对持续深化整治和防范金融风险产生了积极推动作用。

部分地区对金融生态建设的重要性认识不够，推进力度不大，一些企业信贷风险持续暴露。随着大型银行重心下沉服务小微企业，法人农商行优质存量客户流失，贷款利率被迫下降，难以覆盖经营成本。为确保完成小微信贷投放目标，法人农商银行被动增加保证贷款和信用贷款投放比例，风险管控成本增加。涉众型经济犯罪活动环节多、过程长、范围广，且涉及工商、税务、金融等诸多部门，但行业监管缺失，部门间协作机制不完善，给犯罪分子带来了可乘之机。

2. 非法金融活动风险犹存

非法集资向非金融行业转移趋势明显。部分非法金融企业以理财咨询、信息中介等名义，与省外金融资产类交易平台合作，推介或代销金融产品，底层资产识别难，出现逾期兑付问题，造成群众经济损失。个别省外分支机构采取虚构理财项目许以高息实施诱骗、以实体项目吸引投资者投入资金、以投资理财为名向社会公开进行非法集资的方式，破坏金融生态土壤。

3. 金融领域犯罪多点爆发、形式变异

金融领域犯罪主要集中在投融资、投资理财、互联网金融等方面，如众筹、P2P（peer-to-peer）网贷等。目前，镇江市涉及的案件多为非法集资和传销两大类。在动态化、信息化条件下，犯罪嫌疑人利用"互联网+"形式，线上线下同步进行，犯罪名目种类繁多，手段不断翻新，多点多线集中，90%以上的非法集资、传销案件涉及多个区域。作案方式也趋向职业化，手段多变。随着公安机关对金融领域违法犯罪打击和防范力度的加强，犯罪嫌疑人的犯罪方式更加隐蔽、复杂，并向职业化发展。有的犯罪嫌疑人通过成立公司取得工商登记、营业执照等，披上"合法"的外衣；个别公司甚至想方设法与地方政府扯上关系，打着政府支持的旗号或者聘请名人做广告、办理公证、投保等方法，骗取群众信任。

4. 民众投资挽损风险依旧

在前期疫情防控高度戒备期间，实体经济运行困难，部分群众寻求其他途径增值资产，投资需求越来越大。在企业融资难的大背景下，部分企业铤而走险，采取投入少、门槛低、诱惑性强的多种非法形式吸收公众存款。部分群众被洗脑，受贪利和盲目从众的心理支配，对犯罪分子虚构的"高额"回报项目趋之若鹜。有的集资广告极易吸引人加入，对工作时间、文化程度没有要求，进行产品代理只需要有一部手机，每天更新产品信息，发展熟人、朋友圈好友购买或加入代理即可。各类投资受损群体急欲通过各种形式表达利益诉求，涉稳集访事件逐步出现，对社会稳定造成一定影响。

二、防范化解金融风险面临的困难和挑战

1. 受外省市辐射影响，金融领域案件仍不时发生

2021年，镇江市非法集资案件共立案17起，同比下降10.53%，非法集资综合上升率为49.63%。原发性平台涉案情况总体呈现下降趋势，但外省市的非法吸收公众存款（以下简称"非吸"）案件持续立案，镇江市参与其中的群体、人员底数和涉案资金等不断增加，潜在隐患不容低估。

2. 侦查办案难度大，震慑效果不佳

金融领域犯罪具有典型的跨区域性和涉众性，信息不对称给识别和打击犯罪带来较大困难。非法集资风险短期难以消解，案件侦办周期多以年计，导致积案消化缓慢，常常旧案未结又添新案。对涉案资产的处置，全市仍未形成分工明确、权责清晰的工作机制，追缴涉案资产甚至成了"烫手山芋"。

3. 案件追赃挽损难，维稳形势严峻

侦办的大部分"非吸"案件涉案总部大多在一线城市，所吸资金大部分汇往总部，分支机构能够被公安机关查封、扣押、冻结的资产较少。利

益受损群体难以直接追讨投资，多会通过信访渠道要求政府出面帮助挽回损失，从而出现规模性、聚集性维权事件，极易引发涉稳风险。

4. 相应政策法规缺失，行业监管不力

非法集（融）资案件涉及政府诸多职能部门，由于法律、政策对各部门的管辖职权划分界限模糊，因此相关职能部门在金融监管、企业监管等方面职权不明、权责不清、各自为战、信息流转不畅。目前，对非法集（融）资等新型犯罪，我国还没有配套完善的法律法规，在有效打击震慑违法犯罪、保护群众权益方面还有待加强。

5. 社会综合治理缺位，隐患排查不彻底

公安机关基层基础工作薄弱，对社会面的掌控和对社情的了解不深，信息渠道不畅，未能做到早发现、早处置。街道、社区等基层组织敏感性差，不能有效掌握社区内群众情况，对非法集资、传销等违法犯罪活动警觉性不高。一些媒体不仅缺乏对合法投资活动的正面宣传，反而受利益驱动，不时被不法分子所利用。

三、优化金融领域生态环境维护金融安全的对策建议

1. 进一步加强协作配合，形成工作合力

充分依靠党委、政府，加强部门间联动协作，形成各部门防范金融风险的事前审查、事中管控、相互借力的工作格局，完善对风险隐患的早排查、早发现、早管控、早处置的工作机制。一方面，强化与市地方金融监管局、市场监督局等职能部门的协作，从源头上开始对网络金融主体进行实质性审查，联合金融监管部门对其进行全面筛选，确保从源头上杜绝增量风险。另一方面，加强公、检、法部门的信息交流，定期召开协调会议，统一法律适用标准，稳步推进诉讼进程。

2. 进一步加大宣传力度，提高防范意识

定期组织开展防范宣传讲座，在各主要街道、楼宇等显眼位置制作预防金融诈骗的宣传展板、横幅、标语，并充分利用报刊、电视、广播等主

流媒体，以及广告屏等全方位、多角度地进行风险提示，宣传非法集资同正常投资经营、融资活动的区别，及时揭露非法集资犯罪的新手法新特点，增强公众的风险意识和辨别能力，避免更多群众上当受骗。

3. 进一步深化打击整治，保持严打态势

持续推进打击整治专项行动，对涉嫌非法集资企业、楼宇及传销重点地区逐一清理，打击一批、取缔一批；对拒不整改的企业，联合开展执法打击，依法通过查封、扣押等方式逼迫企业整改；对明确为非法集资犯罪的要坚持露头就打、快侦快破，及时抓获犯罪嫌疑人，快速扣押、冻结涉案财物，最大限度挽回损失。强化情报信息收集，及时掌控涉嫌非法集资公司或个人的动态。同时，将"控赃"放在首位，第一时间依法冻结涉案公司银行账户，收集相关犯罪证据，有效控制关键书证、物证。建立受害人沟通机制，定期通报案件侦办进展，确保案件侦办在受害群体高度理解和全力参与下开展。

4. 定期常态化回头看，防止滋生回潮

在清理整治过程中，要对检查过的涉嫌非法集资的企业、重点地区逐一定期回头看，对暂时关门、逃避检查的企业要反复上门检查，直至其接受检查并整改为止；对配合搬离企业，应由市地方金融监管局协调市场监管局，及时对其注册地址进行变更，把企业损失降到最小，促使企业尽快搬迁。完善群众举报非法集资犯罪线索奖励制度和社会诚信体系建设。充分发动群众，建立奖励举报制度，对于发现并举报相关部门尚未掌握的涉嫌非法集资活动的，一经查实，即给予适当奖励；同时通过社会诚信体系建设，建立黑名单制度，将组织非法集资的单位和个人记入诚信档案，并向社会公布，让其为今后的生存发展付出代价，从而多方位防止非法集资企业的滋生和反复回潮。

（作者单位：镇江市公安局）

优化税收营商环境助力镇江发展

| 曹筱三　吴伟夫 |

一、税务部门必须全方位全时空优化税收营商环境

据《2020 年世界纳税报告》，我国的营商环境便利度在全球 190 个经济体中排名第 31 位，较 2019 年提升 15 位，连续两年跻身改善幅度最大的十大经济体；同时，纳税指标排名也较 2019 年提升 9 位。但税收营商环境仍存在以下主要问题：总体实际税负偏高；纳税人申报缴税耗时偏长、投入精力偏多，距离快捷方便办税的目标仍有较大差距；税前税后的监管要求偏多，纳税人遵从成本（时间、精力、资金等）依然较高。

2022 年，镇江税务机关把优化税收营商环境作为全年工作的三个专题之一，主动贯彻落实国家和省、市优化营商环境决策部署，坚持协同推进和加紧谋划，深入推进税费一体化改革、12366 税费服务热线提升试点、税费服务事项全市通办等营商环境建设重点工作，为优化税收营商环境夯实基础。同时，结合 2022 年"我为纳税人缴费人办实事暨便民办税春风行动"和助力小微市场主体发展的"春雨润苗"专项行动的开展，全方位、全时空促进税收营商环境持续优化，助力镇江经济社会发展，主要开展了以下工作。

1. 积极推行智慧税务

引入智能导税机器人、远程在线咨询、一键呼叫帮办等大数据、区块

链新技术，为办税缴费植入"智慧"基因；建立"智能、智联、智控"的智慧办税系统，为办税缴费提供了智能化、无感式非接触新方案。为准确把握办税缴费难点、堵点，镇江市税务机关还聘请营商环境税务体验师体验智能化办税。

2. 全面丰富个性化税费服务

建立"链条式"需求管理机制，实现全程权益保护。完善大企业联络员制度，进一步优化大企业服务、优惠政策绿色通道等服务模式。在提高线下服务水平的同时，全面提升线上办税质效。利用税收大数据及人工智能技术，采取"系统识别+人工筛选"的方式，比对税费政策与纳税人行业、规模等特征，梳理确定符合条件名册，点对点推送至每个符合条件的纳税人。借助电子税务局、微信视频、直播课堂等线上方式，确保纳税人实现每项优惠政策应享尽享、直达快享。

3. 协同办税"一体化"

应用"全链通"综合平台，明确专人负责，第一时间做好申请人网上领购发票核准申请，实现新办企业"一次登录、一表填报"。建设房地产交易信息共享平台，提升房地产交易税收征管质效，根据不动产登记类事项组建"二联合"和"三联合"窗口，实现"一窗受理、集成服务"。关注重点指标，确保压缩涉税办理时间和即办类税务注销即时办结。开展"纳税人之家"活动，加强与商会、行业协会等组织的沟通。

二、镇江市优化税收营商环境的约束因素

1. 办税系统存在不稳定性

税务机关在推行"非接触式"网上办税过程中发现，电子税务局和自然人扣缴客户端等主要支撑软件的系统不稳定情况时有发生，申报数据自动带入、校验计算等功能不完善，操作界面设计不够合理，部分功能模块寻找费力，系统频频升级、报错，申报期时尤显卡顿。线上业务办理体验感差，加重了纳税人的抵触心理。

2. 自助办税设备不够完善

镇江市线下推行的办税原则都是让纳税人、缴费人就近能办、多点可办、少跑快办，但自助办税的设备界面设计不够友好、故障维修不及时、24 小时自助办税终端数量偏少等问题都影响了纳税人的体验感。

3. 税收法治化不足

我国的税法体系并不完善，现行 18 个税种中还有不少以暂行条例、政策法规、地方规范等形式出现，并未上升到立法层面，尤其重要的是还未完成增值税立法。发票电子化改革将使税收征管体制发生巨大变革，但相关配套的法律法规尚未出台，对纳税人和缴费人的税收遵从成本有所影响，税收确定性也会受到影响。

4. 办税指引宣传不到位

近年来，税收政策变化较多、更迭迅速、操作系统升级频繁，部分税务工作者不熟悉税收政策与系统操作，尤其是阶段性优惠政策的落实和纳税人端系统操作方面，并不能很好地解决纳税人、缴费人的实际问题和提高工作效率。此外，12366 纳税服务平台等政策和操作咨询服务不能完全满足纳税人的个性化需求。税收宣传的针对性较弱，一项政策落地，税务机关往往从自身管理需求的视角进行宣传，无法精准了解享受对象的需要，对纳税人需求的收集和反馈机制不够健全。

5. 税收执法规范度有待提升

镇江市税收执法过程中可能存在执法程序的不规范和不合理、执法受到外界干扰及税收裁量权使用不当的情况。税务人员个人素养和业务水平参差不齐，可能会带来滥用职权和处罚结果不当的问题。裁量权的不规范行使也会破坏税收的公平性，不利于税收营商环境的优化。

三、全面优化镇江市税收营商环境的建议

1. 大平台运维投入

应充分发挥电子税务局、自助办税终端等平台的本地运维团队的支撑

作用，稳定主要系统服务商运维团队，制定运维快速响应机制，确保全天候快速反应，切实解决纳税人操作应用问题，尽量减小电子税务局卡顿、功能性缺陷等问题对本地纳税人造成的影响。对重点对象采取跟踪服务，及时提供技术操作指导和上门服务，全方面指导纳税人用好税务平台。

2. 建设完善的税收法律体系

减税降费法治化是优化营商环境的内在动能，优化营商环境是减税降费法治化的外在动因。税制改革不仅应与财政改革相配套，还要与内嵌于财税制度的政治、经济、社会多个领域的改革相衔接，合理运用大数据化的现代的立法技术，以高质量立法推动税法完善，从而提升税法的确定性、科学性、前瞻性和可预测性。

3. 开展精准宣传及政策辅导

综合运用好税收大数据，实时监测减税降费等税收政策的落实情况，及时扫描分析数据，筛选出应享未享和违规享受的疑点信息，有针对性地进行宣传辅导，指导纳税人依法享受政策红利，让其应享尽享；提醒违规享受的纳税人及时纠正，指导其匹配最优的税收政策，要求其合法纳税。充分运用微信公众号、"纳税人之家"等平台，制作微课、微动漫、公益广告等纳税人喜闻乐见的宣传产品，利用大数据等信息技术将纳税人按规模、行业、科技程度等进行分类、标签、画像，根据纳税人关注热点和行业特性制定专题式辅导产品，实现税费政策"点对点"精准推送。为法人代表、财务负责人和办税员量身定制不同的宣传辅导产品，向法人推送企业纳税、优惠政策享受等情况的"一户式"报告，向财务负责人和办税员推送税收新政、办税指南、操作指引等。

4. 规范提升税务执法

一是实施税务执法全过程跟踪记录，并畅达纳税人投诉反馈机制，在必要时应当告知纳税人可以寻求合法的法律援助服务。二是牢牢把握"依法治税"理念，强化税收程序法的权威，避免"以言代法""以权压法"现象，税务部门应自觉接受纳税人及相关法律部门的监督，杜绝税收执法的外界干扰。三是推行"执法上网"，落实执法网上录入、流转、监督及查询一体化，实行执法人员案件责任终身负责制。四是健全税务裁量权基准制度，重新研究裁量权基准，制定符合实际、规范合理、易于操作的裁量权行使范围，明晰税务裁量权边界，避免可能产生寻租空间的裁量权基准。

5. 拓展税收共治格局

积极推动纳税服务社会化，在税务机关提供免费公共服务的同时，发挥更多的社会中介的力量，加大涉税专业服务机构的监管力度，持续敦促中介机构做好涉税专业服务信息人员和业务要素的采集，依法诚信执业，加大对不法中介的打击力度，规范涉税专业服务的市场秩序，在推进减税降费等重大任务时，发挥涉税专业服务机构的专业优势，对第三方服务机构进行必要的引导与监管。

（作者单位：镇江市税务局）

推进数字政府建设 加快市域治理现代化

| 镇江市文化广电产业集团课题组 |

党的十九届四中全会提出"推进数字政府建设，加强数据有序共享"。数字政府是数字中国体系的有机组成部分，加快数字政府建设是落实网络强国和数字中国战略的必然要求，是推进政府治理体系和治理能力现代化的重要途径，是推动经济社会高质量发展、持续优化营商环境的重要抓手和重要引擎。

目前，镇江市已构建"1+1+N"智慧镇江体系（1个大数据中心、1个市域治理现代化指挥中心、N个智慧应用），并出台了《市级信息化项目管理办法》《镇江市政务信息资源共享管理暂行办法》《政务信息资源共享建设技术规范》等规章制度。新一代信息技术产业被列为全市重点发展产业，吸引了微软镇江数字经济创新中心、阿里·和润数字产业园、华为（镇江）数字联合创新中心等数字产业项目来镇落户。2021年，经市政府研究，由市文化广电产业集团（简称"文广集团"）投资成立全市唯一国有独资市级大数据公司——江苏开物科技发展有限公司（简称"开物科技"），承担全市数据汇聚处理与运营、政务服务 App 建设与运营、数字镇江项目建设等职责，致力打造省内领先、全国有影响的一流大数据产业科技企业。

一、数字化转型建设中存在的问题和短板

随着人民群众对美好生活需求的不断提高，人们更加期待科学、便捷、

精准、智能的公共服务和决策治理，政府数字化转型面临更多要求和挑战，各级政府在基础设施、服务体验感、治理能力、运行效能方面还存在明显不足。一是数字基础设施有待强化。全市数据共享交换机制还不健全，数据回流工作有待推进，部门系统壁垒尚未完全打破，数据共享难问题依然存在。二是政务服务体验感有待提升。全市政务服务一体化管理有待推进，基层中心全科窗口亟待建设。"一件事一次办"改革有待深化，事项清单还不完善，各部门业务协同性较弱，尚未真正实现事项融合。三是社会治理能力有待加强。全市基层治理领域专业信息化人才缺乏，跨部门业务协同、数据共享难，信息技术与业务融合程度不深，城市管理、交通运输、应急管理、生态治理、网络治理、综合监管等重点领域部门联动协作能力有待提升，市域治理一体化建设亟待推进。四是政府运行效能有待提高。跨部门、跨层级的线上协同办公体系尚未建立，部门间业务协同效率有待大幅度提高。

二、镇江数字化转型的前景展望

镇江数字化转型将依托全市政务数据资源，以应用场景为牵引，激活数字要素，让城市红利惠及人民群众生活的方方面面。

1. 管理数字化

政府通过整合现有业务系统和智慧化管理系统，加强对公共机构节能、资产和服务的管理，以数字管理赋能节能创建，提升机关事务数字化管理水平。整合汇聚重点工作、重点领域、重点区域、重点行业等相关数据，建立专业预测、分析、研判模型和算法，专题开展大数据分析与可视化展示应用。

2. 决策精准化

政府依托各类政务网络和平台，及时公开信息，畅通互动渠道，加强信息发布、审核把关，确保政务信息发布的及时性、有效性、权威性。提升政府决策公众参与度，提高政府公共政策制定和执行的精准化程度。

3. 智慧教育

加快智慧校园建设，构建智慧学习环境，创新数字化、智能化教学模式。提升线上教育中心智能化水平，构建覆盖课程教育、社会教育于一体的线上"镇江智教育"。

4. 智慧旅游

优化旅游资源配置，拓宽旅游公共服务信息采集渠道，整合旅游数据，实现景区游客量、道路出行、气象预警等信息实时动态更新。推进数字文旅产业发展，积极培育消费新模式，丰富壮大云旅游、云直播、云展览等消费新形态，优化数字文旅服务供给，推进全市文化和旅游高质量发展，打造"宜游镇江"城市品牌。

5. 智慧医疗

以全市健康信息平台为基础，统筹推进预约挂号平台、基层卫生信息系统、家庭医生签约系统全面升级。深化互联网医院建设，拓展"互联网+"健康医疗服务，融合市民卡工程，推进全市诊间结算，实现医保移动支付市域全覆盖。推进区域医疗服务协同和专家资源整合，优化远程医疗服务体系。

6. 智慧出行

推进智慧公交建设，提升公交出行便利化水平。推进存量基础设施智慧化改造，深化智慧停车应用管理，提升交通出行公众体验感。

7. 智慧人社

建立社保卡和电子社保卡服务系统，推进本地业务系统与江苏省人社一体化信息平台对接，实现人社业务"一网通办、一卡通行"。建设完善全市人社业务全景分析监测平台，为领导决策提供辅助依据。建设完善人社培训云平台，为全市职工继续教育和职业能力提升提供平台支撑。

8. 智慧社区

构建社区居民健康服务体系，精准对接居家和社会养老服务需求与供给，为老年人提供便捷养老服务。加强信息资源共享、交流、互动。积极推进社区内部管理电子化和网格化，拓展居民获取社区公共信息及接受公共服务的渠道。

9. 智慧乡村

加快推动乡村基础设施网络化、数字化、智能化改造，建设完善农业农村信息化综合服务平台，打造智慧农业、美丽乡村、政务管理等多个主题应用场景，实现以大数据资源和算法为依托的智能分析与辅助决策。

三、推进镇江市域数字化转型建设的对策建议

1. 夯实数字政府建设工作的制度保障

一是组织领导。成立全市数字政府建设领导小组，统筹规划、统一部署、协调推进，确立联席会议制度，建立主要领导负责制，做好本地区、本部门数字政府建设推进工作。二是制度规范。制定全市公共数据资源管理办法，健全数据共享和开放机制，促进数据流通和开发利用，加强数据安全保护。构建数字政府建设标准体系，出台数据标准、政务服务标准、安全标准、管理标准等，强化标准实施。三是运营运维。探索建立政企合作运营机制，成立运营运维中心，优化建设、运营、统筹协作机制，探索多元投入、数据运营等新型机制模式。完善政府信息化项目立项、采购、实施、运营运维相关规定，制定数字政府建设运营运维全过程质量管理要求和绩效评估机制。四是安全保障。构建多方参与、协同配合、权责清晰的安全保障体系，加强安全系统建设，建立权责清晰的安全管理体系，落实主体监督责任。五是考核评估。将数字政府建设工作纳入全市各级政府绩效考核体系，建设管理督查评估机制，加强考核结果运用，强化激励和问责，提升数字政府建设质量和应用效益。六是人才支撑。加强数字政府人才队伍建设，积极培养精通业务和信息技术的复合型人才，成立数字政府建设专业化领导队伍。七是资金保障。引进社会资金，加大数字政府建设资金投入力度。按照省、市对政府投资信息化项目资金管理相关规定的要求，完善资金申请、调度、审批、审计等工作流程。八是技术支撑。从硬件到软件、从终端到功能模块，运用前沿、自主可控的安全技术，构建

全场景、立体化、多维度安全技术防御体系，覆盖数字政府基础设施、数据全生命周期管理、数据服务和业务应用整个流程，确保数据使用安全可控，筑牢数据安全防线。

2. 推进市级政府投资信息化项目的统筹集约建设

由镇江市人民政府授权开物科技作为全市政府投资信息化项目集约建设的实施主体，统一组织市级政府投资信息化项目建设及运维，实施和统筹全市政府投资信息化项目资产资源的运营，营造数字政府建设持续运营生态体系。项目最终验收后，移交给项目建设（法人）单位或牵头部门使用，党政机关、社会团体、其他产业集团及社会化项目管理企业不再重复建设及运维。统筹集约建设可以更好地完善数字基础设施，依托全市统一的数字底座、数据中台、业务中台等开展应用系统建设，推动信息化项目建设模块化复用，数据资源充分整合共享，统筹项目建设和数据资产运营，确定数据资产运营方向，促进数据资源汇聚向数据资产运营转变。通过数据运营充分发挥政府的主导作用，更好盘活全市数据资源，提升治理效能，进一步整合各方资源，合力构建数字政府和数据要素利用生态圈，服务全市信息化项目建设。

3. 一体推进公共数据开放平台建设

数据作为生产要素之一，对数字经济具有推动作用。公共数据开放平台作为公共数据共享开放的唯一通道，为公共数据开发利用提供数据支撑，是实现开放数据向社会公众集中和规范利用的基本前提。数据开放有利于不断催生新产业、新业态、新模式，打造数据开放生态体系，推动数字经济、数据产业发展。通过公共数据开放平台的运营，一是可以实现数据市场化运营。政府结合社会公众的需求，以数据安全合规为前提，向社会提供多渠道数据查询、下载功能，并提供数据供需沟通机制，鼓励企业对外开放数据或应用程序编程接口（Application Programming Interface，API）接口；提供大数据实验室环境，企业及研究机构按需申请对公共数据进行挖掘分析、模型开发及数据产品输出；搭建数据要素交易平台，设立市场化运营、监管机构，有序开放医疗、教育、交通、信用、金融等领域非涉密公共数据。二是可以提供乡村振兴普惠金融。通过平台接入全市土地确权数据及农业补贴数据，通过快速便捷的涉农贷款服务更好地推进普惠金融，服务乡村振兴。三是通过数据融合赋能行业发展。医疗健康、数字交通、中小企业融资、金融征信等场景，都可利用公共数据资源的授权开放、定向开放或融合，从而构建公共数据流通机制，加快数字生态体系建设。

4. 紧扣用户需求优化"镇合意"App 建设

进一步优化提升"镇合意"App，通过市场化建设运营，把"镇合意"App 打造成为城市服务的"总入口"和面向所有用户的"数字管家"。推动全市所有涉民涉企服务事项向"镇合意"App 归集，推进"镇合意"App 与江苏政务服务 App 深入对接，丰富服务内容及内涵，挖掘潜力、深化功能、拓宽覆盖面，将"镇合意"App 打造成为全市人民最易用、最好用、最常用的综合性服务移动端。为此，要借助市场化运营，鼓励第三方应用接入"镇合意"App，统一对接标准，加强监督运维。创新主题服务，强化数据资源开发利用，融合公积金、社保、教育等重点领域公共数据，联合企业、科研院所、金融机构等开发定制数字产品，满足群众多元需求。

5. 推进市域协同高效治理现代化建设

构建市"大数据+指挥中心+综合执法队伍"的市域治理模式、融合通信指挥体系和集平时协调联动、战时应急指挥于一体的市、县（区）、乡三级联动指挥体系，建立信息实时共享、资源协同保障、统一指挥处置、社会广泛参与的协同治理机制，全面提升市域治理现代化水平。为此，一要加强智慧交通管理。依托市大数据共享交换平台，推进道路车辆信息、营运车辆信息、客运货运业户信息等交通运输行业数据资源整合，促进交通领域数据与其他行业数据共享交换，提升交通运输行业管理水平与决策能力。二要形成一体化应急管理。建设城市消防大数据平台，加快消防救援数字化应用。推进应急广播提档升级，增加终端覆盖和视频监控前端布点密度。完善全市应急管理指挥信息系统，建立协同应急机制，接入消防、公安及其他政府部门视频会商和指挥系统，高效开展远程调度指挥，加快与江苏省应急指挥信息系统互联互通，实现应急救援一体化。三要实现智能化生态治理。汇聚全市环境质量、污染源、危险废物、化工园区等监测、监控、监管执法数据，实现风险预警预判，为全市各级、各部门环境管理人员提供及时、准确的生态环境现状信息和预警预测信息；优化污染防治综合监管平台，建立生态治理协同体系，实现全市生态环境问题快速发现、交办、处理、督办与反馈。完善镇江碳普惠项目建设，通过科学规范的制度标准体系、全方位覆盖的碳普惠应用场景数据采集体系、互联互通的碳普惠平台，以及完善的碳普惠交易和政策激励体系引领全民参与低碳城市建设。四要加强高效化综合监管。整合各部门已有的监管平台，将其统一纳入"互联网+监管"系统。建设执法监管系统、风险预警系统、决策分析系统等子系统，与省"互联网+监管"系统实现业务和数据互联互通。五要促进数字城市管理。深化信息技术在城市综合管理中的应用，升级智慧城管系统，加快与住建、生态环境、公安等部门资源整合和信息共享，实现各业务单位协同联动、快速反应和精确管理，提升市域管理数字化水平。

（课题组成员：何广林　王　剑　姚福军　张　雷）

数字赋能驱动下"智慧镇江"建设的思考

| 景国良 张海洋 程 科 郑 婷 王长宝 段先华 高 尚 |

数字革命与治理转型同期叠加，既加深了政府数字化转型的紧迫性，也为政府治理现代化提供了诸多可能。党的十九届四中全会要求的"推进数字政府建设"，已成为新时代推进国家治理体系和治理能力现代化、提升政府行政效率和履职水平的必然要求。推进数字赋能驱动下的"智慧镇江"建设，不可避免地被提到了镇江人民面前。

一、数字赋能驱动下"智慧镇江"建设的必要性

数字时代已经到来，镇江也在积极探索并采取可行措施提升政府履职能力和行政效率，在诸多方面取得了一些成绩和突破，但仍然存在一些问题和不足：政府内部正确的数据意识还没有建立；有关数据信息平台的建设还很滞后；政府决策主体结构不平衡；政府各部门合作意识不强。

1. 政府内部小数据意识盛行

于政府部门而言，每个职能部门都有其内部的数据集——来自各部门在社会治理过程中采集并存储的数据。数据的采集范围很广，既有个人的、企业的、非营利组织的，也有来自政府各个不同部门的。职能部门不同，也意味着数据的类型和数据所产生的价值大小和利用之处不同。因此，政府内部数据、政府与社会的数据在流通和分享方面便会产生阻碍因素。各

个部门开始独占自己的数据资源，不愿公开和分享。这就是所谓小数据意识，于政府各部门内部均有存在。

2. 政府信息平台建设滞后

大数据是有关数据采集、数据存储、数据处理的一种先进技术，特别是能对规模庞大、种类繁多的数据实现高速处理。大数据技术的发展给公众生活带来了巨变，同时也对地方政府的决策产生了巨大的推动作用。但是，如果没有互联网、移动互联网及物联网等信息搜集平台的建设与发展，就难以采集到规模庞大的数据集；如果没有云存储、云计算技术将杂乱无章、种类不一的数据进行有规律的整合和计算，也就无法让这些数据产生真正有利于公众生活和政府决策的价值，也就没有数字赋能这一概念。目前，镇江这方面的建设比较滞后。

3. 政府决策主体结构单一

长久以来，我国地方无论是解决公共危机、突发事件，还是提供公共服务和公共产品，几乎都由政府一手包办。政府传统管理思维的局限性和行政主导的行为惯性，导致社会组织和个人无法在公共危机和公共服务中发挥积极有效的作用；另外，由于对社会组织、企业和个人实力的不信任，地方政府给予其适度发展的空间和保障较少，更谈不上提供必要的帮助和支持了。而当今社会在治理过程中面临一系列尖锐、突发的公共问题，这严重挑战着各级政府及其部门的治理能力。镇江也面临这样的环境与压力，仅靠政府及其部门单一主体决策处理社会问题肯定势单力薄；加之各部门之间合作意识不强，更容易造成行政效率低下。

二、转变地方政府执政理念，树立大数据资产思维

1. 树立开放包容意识，促使政府数据共享

在遵守数据开放原则、数据使用规则的前提下，政府及其部门应重视大数据的潜在价值，树立开放包容意识，真正做到数据共享和数据有效利用。首先，应消除大数据心理困境，避免产生数据公开和数据透明的恐惧

感和不安感，以开放、包容的心态对待大数据。第一，应该明确政府及其公务人员的职责。政府和公务人员的职责是为人民服务，以人民利益为核心。只要是人民群众需要的、有利于社会和谐安定的信息，都应该及时、有效给予回应。政府公务人员只有在明确这一点后，才能真正迈出数据开放的第一步。第二，应该引导政府公务人员理性认识和正确分析大数据。运用大数据可以提升政府决策能力，需要把大数据思维融入政府治理理念，改变政府决策的理念向度、工作方式和决策思路。

2. 加强多维思考，引导政府科学决策

数字时代，人们面临的是全体的、海量的、无限的数据，这些数据以复杂多样的相关关系存在。因此，以小数据思维对局部做出判断，往往带有失真性。必须转变这种思维方式，通过对覆盖面更广、涉及领域更多的海量数据进行全盘分类、分析与处理，找出它们之间的多维关联关系，从而预判人们的行为和需求，建立相关的数据仓库和数据集市，作为形成科学决策的数据基础。也可以通过搜索引擎，搜集相关敏感词汇，预判社会需求和社会危机。通过数据的多维相关性，探索政府决策的多元、多层、多角度特征，从而为政府决策提供科学可靠的数据依据。

三、加快技术研究、人才培养和资金投入，推进"智慧镇江"数据设施建设

1. 加快技术发展与应用，实现政府数字设施的技术支持

第一，加快单项技术突破。数字技术是一个系统技术，包含各个分支，其中最关键的即数据采集、数据存储和数据处理技术。任何一个分支技术没有达到一定水平，都将阻碍大数据对政府决策的有效推进，也将威胁数据安全和数据隐私。在难以达到整体技术同步发展的情况下，政府应制定相应的鼓励政策和奖励措施，对实现各分支技术突破的地区高校、企业和政府相关部门给予奖励，采取由点到面的发展路径。第二，开展政府决策大数据技术应用示范工程。可以选择医疗、金融、食品安全等具有一定大

数据基础的领域，实施大数据技术应用示范工程，以此作为政府决策科学性提升的重点，带动和促进其他领域政府决策大数据技术的运用。第三，充分发挥企业的技术优势。通过有效的政策引导，创新政企合作方式，发挥企业的技术创新优势，达到利用大数据技术为政府决策服务的目的。

2. 加快数字基础设施建设，做强政府数据设施的平台支持

第一，政府加大资金投入。政府必须采用多种组合形式，加大资金投入，与高校、企业共同加快基础设施的规划、建设，为大数据技术的研究和应用提供平台保障。第二，充分利用市场的杠杆作用。鼓励社会多方资源投入，充分利用市场的杠杆作用加快数字基础设施建设，与社会共享政府丰富的数据资源。第三，整合已有的数字基础设施。对原本存在的互联网、物联网、云平台等相关基础平台进行整合，对不够完善或者孤立的数据基础设施在可行的范围内进行升级和调整，构建"智慧镇江"大数据资产共享系统。

3. 培养数据科学专业人才，强化政府数据设施的智力支持

第一，推进镇江地区高等院校着手培养大数据相关专业人才。互联网大数据时代，对人工智能、信息安全、大数据技术、云计算等相关专业人才的需求量越来越大，要把推进镇江地区高校和科研机构开设相关专业、培育大数据技术人才作为政府的工作重点之一。第二，加快人才联合培养力度。数字技术不仅需要丰富的理论知识，还需要非常强的实践能力，联合培养将有效解决这一问题。在推进人才联合培养的过程中，应注意到国内高校之间、中外高校之间、高校与科研院所、高校与企业等多种培养方式的选择和组合。第三，引进技术人才。通过优厚的奖励性政策吸引人才，一方面，可以帮助政府打开数字设施使用的僵局；另一方面，有利于带动和培养一批新的技术人员。

四、推动社会公众参与决策，丰富政府数据资产结构

1. 加大数据发展力度，发挥政府行政主导力

第一，自上而下树立数字赋能决策意识。将数字设施纳入地方政务管

理，一方面，将推动政府决策能力快速提升，造福社会公众；另一方面，将使整个城市感受到数据决策、数据应用给人们生活带来的全新改变，从而让社会公众更快接受和融入大数据时代。第二，重视基于大数据的政府改革。政府要从多方面着手改革，从地方政府信息公开到数据库信息公开，从数字设施技术和基础建设到人才培养，以及政府部门内部机构改革重组等，通过系统的、科学的、发展的政策引导，保证改革的顺利进行。第三，完善相关法律法规。无论公民还是政府，个人隐私与数据安全都面临前所未有的威胁。只有以完善的法律法规和良好的法治环境做保障，才能促进大数据的规范发展。

2. 拓展公众参与渠道，激发公众数据信息创新力

第一，完善社交媒体为主的分布式信息发布技术。"抖音""微信""微博"等社交媒体为公众提供了实时互动的全新信息空间，加强了公众与政府的实时沟通能力，可以激励人们产生更多的数据。产生数据的过程，实际就是用户与政府交流，表达自己意见和喜好的过程。政府则通过搜集和分析数据了解用户的需求，从而改善服务。第二，促使移动终端尽可能发挥最大效益。随着手机、便携式电脑、可穿戴设备等移动设备的逐步普及，人们将能够随时随地与政府进行沟通，甚至得到政府部门的在线回复和反馈，如此可促进政府服务效能的提高。第三，尽可能加大数据采集力度。政府可以通过"数据众包模式"将数据采集工具分发给个人，这样数据采集覆盖面更广，连续性和真实性更强，并能大大提高公众参与政府决策的热情，同时为相关部门提供连续、真实的数据。

五、推进组织重组，革新完善政府科学决策的数据设施支撑体系

1. 设立数据资产信息规范和标准

第一，整合不同部门、行业、地区的分散数据。通过纵向和横向的整合，优化数据资源，为数据的分析和大数据的优化利用打下基础。第二，建立统一的元数据标准体系和应用规则。原本散落在各部门的信息数据是

依照各部门自己的标准存储的，不同的标准体系阻碍了数据的开放和应用。因此，需要建立一个各部门都认可的最佳元数据标准体系，以实现全体数据的无缝对接和统筹。第三，建立数据资产登记制。根据数据资产分类，对政府各部门数据实行登记，规范数据获取和使用流程，有效管理和保护数据资产。第四，重视大数据安全体系建设。数字设施是一种国家资源，要建立一套完备的安全体系和防护模式，一方面要保护数据资源，另一方面要保障数据平台的安全性。

2. 打破原有利益割据，实现跨部门融合协作

第一，建立大数据开放平台。数字资源最终要为地方政府决策服务，必须先有一个开放、透明的平台，以供各部门和社会公众查阅、下载、使用。地方政府智慧门户网站是数据开放平台的发展方向，并可以进一步发展为地方政府部门之间，以及公众与社会组织对政府的监督平台。第二，制定数字设施使用规则。数据如何开放、包括什么内容、下载需要什么条件、数据使用期限、如何保证数据在法律允许的范围内使用……这些都必须制定相关规则。第三，完善相关的制度建设。要按照开放、保障安全、价值导向、质量保障和权责利统一的原则，建立数据开放和共享的相关法规和制度，明确政府数据共享机制的责任主体，深化政府间、政府内部各个部门的合作交流，打破科层制模式下的数据壁垒和部门保护主义，为提升行政效率和促进决策科学化清除障碍。

（作者单位：江苏科技大学计算机科学与技术系）

努力构建农村公共基础设施长效建管机制

| 黄启发　黄钰之 |

在乡村振兴战略实施过程中，如何突破农村公共基础设施建设和管护（简称"建管"）中的各种瓶颈，构建起一套长效建管机制，成为地方政府和学者需要关注的重要问题。

一、构建农村公共基础设施长效建管机制的必要性和紧迫性

1. 乡村振兴必然要求加强农村公共基础设施建设和管护

农村公共基础设施是支撑农业生产、农民生活和农村发展的重要物质基础。2017 年国家提出乡村振兴战略之后，完善农村公共基础设施的建设和管护成为实施这一战略的重要抓手。每年的中央一号文件都强调加强农村公共基础设施建管。如果不能建好管好农村公共基础设施，乡村振兴就无法实现。

2. 长期投入形成的巨量资产需要得到妥善建管

新中国成立以来，国家在不同时期大力投资农村公共基础设施建设，形成了巨量固定资产。据《中国农村统计年鉴》披露，截至 2018 年，全国农村公路总里程达到 404 万千米，拥有各类水库 98 822 座。2019 年全国村集体清产核资，核定固定资产高达 3.1 万亿元。如不好好管护，巨量资产将会遭受巨大损失，这必然影响农村的生产、生活和发展。

3. 农业生产特征的转变对公共基础设施建管提出了新的更高要求

近年来，我国农业生产特征发生了重要转变：一是农业机械化不断发展，2018 年我国主要农作物综合机械化率超过 67%，对农村道路通达性、电力持续性、通信畅通性等提出了更高要求。二是新型农业经营主体逐步成长壮大，其收入主要来自农业规模经营，公共基础设施不完善将不利于他们的生产经营。因此，农业机械化和新型农业对农村公共基础设施长效建管的要求更高，依赖性更大。

二、镇江市农村公共基础设施建设管护的改革创新

1. 领导重视、展开试点

为了统筹农村公共基础设施建管工作，镇江市成立了管护领导小组，由市委常委、常务副市长担任组长，市政府副秘书长、市发改委主任、财政局局长、农业农村局局长担任副组长，并召开了三次领导小组现场推进会，以推动农村公共基础设施管护工作的开展。镇江市发改委、财政局联合制定，在全省率先出台了《关于深化农村公共基础设施管护体制改革的实施方案》，各条口相继出台相关政策文件及配套制度 16 篇次。2021 年，市级财政安排预算资金 6 248.2 万元，涉农板块累计安排 1.3 亿元配套资金，专门用于农村公共基础设施建设管护，市、县两级所有建管资金均落实到位。

为了抓住农村公共基础设施建管重点和破解难点，镇江市率先研发了农村公共基础设施管护一体化平台，并在全省率先开展试点工作，建设成果获省领导批示。镇江市选择不同县（区）市探索农村公共基础设施加强建管的有效方法，分步骤、分阶段、分类别实施管护。扬中市结合农村公共服务的运行进行试点，形成可复制、可推广的"扬中经验"和"扬中模式"，打造了在全省乃至全国有影响力的示范样板；丹阳市试点"互联网+"农村公共基础设施建管模式，并应用于养老服务设施等领域；丹徒区探索了"网格化+信息平台"的建管模式；等等。

2. 加强监督、科学考核

镇江市将农村公共基础设施建管机制的落实纳入乡村振兴实绩考核指标，定期调度、通报指标完成情况；市管护领导小组先后两轮对4家涉农板块"地毯式"督导试点方案实施和建管工作推进情况；镇江市通过报纸、电台、部门网站和微信公众号等渠道加强对建管工作的宣传报道和政策解读，充分调动社会各界参与建管工作的主动性与积极性；全市建立一体化平台支撑辅助农村公共基础设施建管的评估、反馈、监督和考核工作，提升监督考核的客观性、科学性和有效性。打破行业主管部门及运营企业"各自为战"的局面，让"数据多跑路、群众少跑腿"，实现全方位政策解读、全时段远程查看、全流程闭环处理、全要素数据分析、全天候动态监控、全场景应急处置，在提高建管效率的同时取得了良好的建管效果。

3. 方法创新、复制推广

扬中市获批全国县域农村公共基础设施管护唯一试点地区，承担了国家农村一体化建设管护机制创新试点任务。作为镇江市先行示范区，扬中市锁定农村公共基础设施建管中常见的"无人干事""无钱办事""管不好事"等难题，一手抓农村基础设施完善，一手抓村级公共服务提升，探索建立了农村垃圾收运、河道保洁、绿化管护、道路管养、生活污水处理设施运行、村容村貌"三乱"整治、村级综合服务中心维护、文体活动设施管护"八位一体"的运行维护机制，实现了农村公共基础设施的常态化、长效化管控，使村民满意度大幅提升，也为镇江全市农村设施建管提供了有益探索，并作为全省唯一案例入选全国首批农村公共服务典型案例。

扬中市八桥镇将党建引领、基层治理网格与农村设施建管深度融合，建立镇、村"两级书记"抓建管协调推进机制，构建党建引领设施建管新格局；实行"党员+群众"网格化管理，通过编制"党小组网络+村民自治网格"，发挥党小组、村民网格"双细胞"作用，把网格打造成建管工作的前端"哨岗"和坚实"阵地"。八桥镇形成了1个镇党委核心、9个村党委组织联动、95个党小组战斗堡垒、309个微网格矩阵的"1+9+95+309"四级联动体系。

一系列创新成果在全市复制推广的同时，镇江也获得了上级领导和媒体的肯定。镇江市获评第四批国家公共文化服务体系示范区；"学习强国"平台先后 12 次刊载镇江市农村公共基础设施管护经验做法；国家发改委、江苏省发改委网站先后 5 次刊载镇江市农村公共基础设施管护信息；丹阳市、扬中市获评"四好农村路"全国示范县；扬中市获批城乡交通运输一体化示范县；丹阳市获评全国第二批深化小型水库管理体制改革样板县；丹阳市农村改厕与生活污水治理一体化"丹阳模式"获时任江苏省副省长批示肯定；丹阳市"互联网+养老"的典型做法及成效获国务院办公厅批示肯定。

三、镇江市农村公共基础设施长效建管仍存在的难点和痛点

1. "重建设、轻管护"思维惯性的影响

农村公共基础设施大都以政府财政投资为主，有专业队伍建设，周期较短，容易出成绩，但管护工作周期较长，效果不明显，不容易出成绩。因此，长期以来地方政府"重建设、轻管护"，这极大影响了面上公共基础设施建管长效机制的建立。

2. 资金不足是最大制约因素

农村公共基础设施建设长期以来欠账较多，实施乡村振兴战略以后，国家的资金倾斜明显增多，但仍旧不够。根据 2018 年全国农村公路里程数，按照《国务院办公厅关于深化农村公路管理养护体制改革的意见》，每年仅全国农村公路的养护费用就高达 183 亿元，再加上农田水利设施、通信设施、生活垃圾处理、文体活动设施、养老设施等，管护费用每年要几千亿元，对地方政府造成了不小压力。调研发现，镇江面上很多地区的农村公路基本没有管护，即便有标准也远低于文件规定，其中资金不足是主要原因。

3. 人口流失造成长效建管的多重困境

近年来，城市化发展造成农村人口不断流失，从 1995 年的 8.6 亿下降

到 2020 年的 5.1 亿，这给农村公共基础设施建管带来多重困境：一是人口大量流失使得很多公共基础设施陷入建了使用效率低显得不合算、不建又影响乡村振兴目标实现的两难境地；二是农村留守老人、儿童和妇女的比例越来越高，一些已建公共基础设施要么难以满足人们的需求，要么很少被使用；三是青壮年劳动力流失导致公共基础设施管护人员缺乏。

4. 建管工作诸多困难带来挑战

一是农村公共基础设施建管资金需求大、持续时间长、涉及方面多，给长效建管带来诸多挑战；二是建管的设施多种多样，建管的内容千差万别，需要各种器材设备、技术工艺、专业人员、材料工具等，实施难度大；三是设施分布在村庄各处，涉及的信息链条长、环节多，各种风险的产生具有不可预测性，建管监护难度大。

四、进一步完善农村公共基础设施建管长效机制的对策建议

1. 要有坚强的党的领导和完善的决策机制

当前，我国农村公共基础设施建管主要采用从中央到省、市、县、乡（镇）各级政府，甚至村也要参与其中的自上而下的领导决策机制，资金主要来自政府财政。农村公共基础设施建设管护的长期性和复杂性，加之农村公共基础设施建管工作涉及发改、财政、交通、水利、民政、农业农村、环境、国土等诸多部门，需要各级政府的决策和众多部门的协同，如果缺乏坚强的党的领导，没有一套完善的决策机制，农村公共基础设施建管工作就很难顺利开展，更谈不上长效机制的形成和建立。所以，要特别注意加强党的领导，形成科学、完善的决策机制。

2. 要有充足的资金支持

资金不足是长期困扰农村公共基础设施建管的主要瓶颈，尤其是长效机制的形成，更需要大量的资金投入。当前，我国农村基础设施建管筹资主体责任不明确，预算外筹资加重，农村自身筹资能力欠缺，外来资金筹集缺少保障，难以适应农村经济社会发展和公共基础设施建管需要。必须

明确区分各筹资主体及其责任边界，构建以政府为主导、社会参与、市场化运作相结合的多渠道筹资模式，要通过多元筹资途径为农村公共基础设施建管提供充足的资金支持。

3. 建立有效的评估反馈体系

农村公共基础设施建管没有科学有效的评估和反馈体系，缺乏闭环是对建管长效机制的破坏。截至 2020 年年底，互联网在我国农村的覆盖率已达 55.9%，已成为农村生产生活必不可少的重要元素。运用信息技术支撑评估反馈工作，提高其科学有效性，成为农村公共基础设施建管评估反馈体系未来发展的必然趋势。对设施建管的评估反馈，既要通过线下渠道及时发现问题、了解建管实施的最终效果等，也要通过线上渠道传递建管信息，开展实时动态监督，积累建管数据，等等，将线上线下渠道融合，结合二者优势，规避彼此劣势，形成相对完善的建管评估反馈体系。

4. 建立多主体协同的设施建管模式

应该加强政府、市场、社区、非营利组织等供给主体之间的协调与配合，形成多元化供给主体，以改善农村公共基础设施供给不足的现实状态，提高供给的有效性。要发挥政府的核心作用，统筹推动建管工作落到实处。同时，积极动员其他部门，吸纳各类市场主体、村庄及村民参与到设施建管中来，构建以政府为主导、各主体辅助的协同工作机制，推进农村公共基础设施长效建管。

5. 建立全覆盖的设施建管范围

农村公共基础设施包括：现代化农业基地、农田水利等生产性设施；饮水、燃气、道路、电力等生活性设施；农村发展基础设施，教育、卫生、文化、养老等社会性设施。每一项基础设施都需要进行建管，要实行全方位覆盖。任何一项设施建管不到位，都会影响村民的生产生活和发展。

（作者单位：江苏大学管理学院、镇江市发展和改革委员会）

校地共建共享实训基地　加快培养应用型技术人才

| 张　龙　史建军　孟　稳　张飞霞　钱绍祥　张　楠　朱建锋　王前锋 |

2019 年 2 月国务院发布的《国家职业教育改革实施方案》提出：加大政策引导力度……带动各级政府、企业和职业院校建设一批资源共享，集实践教学、社会培训、企业真实生产和社会技术服务于一体的高水平职业教育实训基地。江苏省教育厅随后也发布行动计划，提出对接高新技术产业和战略性新兴产业发展的需求，跨学校跨专业跨区域整合教学资源，建设一批高水平产教融合实训基地。镇江的经济发展离不开高水平人才的支撑，高水平人才的培养离不开现代化的实训基地，但目前镇江共享型实训基地较为匮乏，迫切需要强化校地共建共享，加快培养应用型技术人才。

一、镇江市校地共建共享实训基地的现状、存在的问题及原因分析

1. 现状

目前，镇江高校园区有 5 家院校培养应用型技术人才，但人才的数量和质量均不能满足镇江经济发展及企业的需求。江苏科技大学、江苏大学京江学院人才培养以卓越工程师为目标，校内实训基地较少，往往以理论教学为主、实践教学为辅，实践课程教学多需借助园区其他院校的实训基地。镇江市高等专科学校人才培养以卓越工匠为目标，所开课程并非都有完备的实训基地，部分实训环节教学也需借助校外实训基地。江苏省交通技师学院和镇江技师学院人才培养以高水平技术蓝领为目标，侧重学生的实践

动手能力，校内拥有一定数量的实训基地，但仍有部分缺口，部分基地有一定重合。

2. 存在的问题

一是实训基地跨部门合作程度较浅，共建共享的机制不完善。各院校的应用型技术人才实训基地主要建在自己校内，由各类财政，以及发改委、教育和人社等主管部门负责投建，地方上相关企业参与较少，基本停留在独立建设、各自为政的建设或运营阶段。

二是已建成的实训基地未深度开放。实训基地的首要功能是服务社会，应将公共性和服务性放在首位，加强学校与当地行业及企业的合作，以共享为目标，提升已有基地的利用率，进一步增强对当地人才培养的引领和辐射作用。镇江的实训基地开放深度未达到预期目标。高校园区各院校的基地仍以本校的学生培训为主，对外培训，尤其是对企业员工的培训甚少。

三是实训基地教师数量不足。基地教师主要由相关院校安排，教师在完成自己日常教学的同时，还要完成实训基地的相应课程。工作量较大，易引发教师的厌倦情绪，也会阻碍他们的自我提升。

3. 原因分析

一是缺乏实训基地的共建共享机制。实训基地主要分布在各院校内，牵涉到的责任主体较多，导致彼此之间的沟通和交流较少，难以充分开展基地的共建共享。同时，各院校都实行封闭管理模式，这使得培训需求者不能较好较快地寻求到合适的基地，不易实现基地的共享性和开放性。

二是缺乏有效的培养成本管理机制和合理的收费标准。基地由各院校管理，校内有培养成本管理的详细规定，但对外的人才培养还缺乏科学严谨的成本管理办法，缺少市场化运作的成本核算，导致不能按照合理的成本进行相关费用的收取，未达到培养成本最低化、培养质量最佳化。

三是缺乏合理动态的师资流动机制。基地内授课教师的数量要与专业的人才培养数量成正比，虽然镇江市政府、各主管机构、各院校都在积极加强授课教师专业队伍的建设，但是相对于需求，各基地师资的数量仍然捉襟见肘。

二、国内外校地共建共享实训基地的经验

1. 德国的跨企业职业培训中心

跨企业职业培训中心是德国"双元制"职业教育模式的重要组成部分，政府制定宏观政策，行业企业承办，为企业员工提供技能培训和继续教育。建设经费由各级政府、行业协会和企业共同投入。各级政府针对职业培训制定了法律法规和政策，对企业参与职业培训的行为进行约束和监督。

2. 无锡的公共实训基地

无锡的公共实训基地主要由市政府投入资金，政府与学校、企业共同建设，是面向市内各高等及职业院校、行业、企业及社会机构的合作、共享、开放型实训基地。基地以人才培养类别划分区域及模块，开展形式多样的合作，具有较强的实用性和可持续性。

3. 常州的科教城现代工业中心

常州科教城现代工业中心由国家、省、市三级政府共同投入资金建设，以常州机电职业技术学院、常州工业职业技术学院、常州信息职业技术学院、常州纺织服装职业技术学院和常州工程职业技术学院5所高职院校为基础，联合市内其他院校共同承办，内设16个类别的实训项目，由地方政府及机构、院校、企业、行业等联合共同参与运行和管理，是服务于经济发展的综合性、区域性、共建共享型实训基地。

三、镇江市强化校地共建共享实训基地的对策建议

1. 政府顶层设计，制定并建立健全校地共建共享实训基地的政策及保障机制

一要充分发挥市政府主导、协调和统筹的关键作用。政府要为基地建设在宏观布局上提供政策支持和制度保障，在资源配置上提供合理调配和精准对接，在全面了解基地运营情况的基础上对基地的未来发展趋势做出

科学而可行的远景规划。二要建立共建共享实训基地的激励机制。政府应责成发改、人社、财政、教育等部门共同设立实训基地共建共享专项资金，为基地建设提供资金支持。同时，应鼓励社会各界积极参与基地的共建共享，可以考虑通过职业资格等级与社保系数相关联的方式引导企业重视员工培训，积极引导行业企业在基地的共建共享中发挥作用，加大社会力量对人才培养基地的投入力度。三要建立共建共享实训基地的监督机制。政府各部门要针对校地共建共享实训基地联合出台专项资金管理、人事管理、绩效评估、安全管理等一系列规章制度，以监督基地的运行管理。要明确各主体单位参与实训基地建设的权利和义务，制定相关法律法规，协调各方利益。

2. 科学规划校地共建共享实训基地的组织架构和管理体制

一要建立校地共建共享实训基地办公室。办公室主任可由各牵头单位负责人担任，成员由政府部门、行业企业、参与院校等相关单位人员组成，主要负责基地日常事务处理，统筹管理基地各项运营事务。二要建立校地共建共享实训基地职能科室。可以设立财务科、培训科等职能科室，科室受基地办公室管辖并对其负责。三要建立校地共建共享实训基地资源信息平台。平台内容要具体、详细、清晰，以便更好地服务各共享主体，对接各类人才培养项目。基地管理办法、师资信息等可通过网络等形式向社会公开，以引起社会的关注和投入，做大做强实训基地。

3. 实施严格的成本管理，制定科学的收费标准

基地与合作对象共同进行人才培养时，要严格控制成本，采用科学的成本预算方法，制定各类人才培养成本预算标准。同时，加强人才培养成本的管理，设立人才培养成本核算台账，规范成本管理的流程，对人才培养项目中用到的材料、设施设备等要进行严格的成本核算和使用统计，以便更好地控制成本。基地可以根据不同的合作对象，制定不同的收费标准。对内可以参照企业管理运行模式，参与共建共享的单位可以享受政策免费或优惠；对外可实行市场运行模式，收取教师课时费，以及场地、设备、耗材和人工管理等合理的培养费用。基地在对外开展职业培训、技能鉴定、

技术服务、专利转让时，可实行有偿服务。

4. 促进教师双向交流，切实解决师资数量不足问题

一要鼓励院校专职教师"走出去"。市级层面应支持各院校专职教师交流互通，并提供政策保障，破除现有人事障碍，鼓励教师根据自身实际情况到适合自己的基地积极兼职授课。二要支持兼职教师"走进来"。基地可以通过社会公开招聘的方式，对一线企业的专家、技术骨干等进行统一的培训和考核，合格者将被聘用为基地的兼职教师。

（作者单位：镇江市高等专科学校）

大力培养现代农业人才　助推农村三产融合发展

| 葛　成　殷从飞　张　庆　史书颖　隋泽华　吴俊峰　何后军 |

2022 年中央一号文件提出，实施乡村振兴战略，要持续推进农村一、二、三产业融合发展。乡村振兴三产融合的关键在于人才，农业高校作为"三农"人才培养主阵地，如何为农村培养一批发展急需的政治素质好、专业能力强、留得住、扎下根的现代农业人才，是当前迫切需要解决的现实问题。

一、镇江农村三产融合发展现状

镇江农村的三产融合主要有三个方向：一是横向融合催生新业态；二是纵向融合孵化新渠道；三是全面融合掀起"互联网+农业"的新革命。其中，最重要最主要的表现形式是休闲农业，它是一、二、三产业交相辉映形成的新业态，不仅涉及农、林、牧、渔大农业的各个层面，还融合了农产品加工、流通和服务业；不仅改进了传统的农产品营销手段，还拓展了旅游业的内涵，顺应了百姓多元化旅游消费需求，实现了农业旅游业的互融互通。以句容市茅山镇丁庄村为例，三产融合结出了丰硕成果：在总面积仅 11.18 平方公里的土地上，种植了 2 万多吨葡萄。"丁庄葡萄"已是著名双地标，入选了 2022 年度江苏省商标品牌培育和保护项目之列。2022 年8 月，"中国·句容第十三届丁庄葡萄节"举办，以"一粒葡萄的二十四节气"为主题，将"春生""夏长""秋收""冬藏"4 个篇章贯穿于文艺表演、微纪录片播放、视频连线、葡萄评比奖项颁发等活动之中，诠释了"丁庄葡萄"打响品牌、赓续梦想的历程和三产融合的发展理念。

镇江农村三产融合的成就有目共睹，截至 2022 年年底全市休闲农业经营主体达 689 家，其中国家级休闲农业与乡村旅游示范县 1 个、全国十佳休闲农庄 1 个、省级特色田园乡村 26 个、省级主题创意农园 26 个、省级乡村休闲旅游农业农耕实践基地和康养基地 12 个。全国休闲农业精品线路 3 条，省级休闲农业和乡村旅游精品线路 9 条。2022 年，镇江休闲农业综合收入 20.63 亿元，从业人员 16 595 人，年接待游客数 1 250.98 万人次。截至 2023 年 5 月，丹阳市国家农村产业融合发展示范园继句容市国家现代农业产业园之后也入选国家农村产业融合发展示范园。

但调研中我们发现，镇江市休闲农业的类型还比较单一，局限于农家乐、民俗村和休闲农庄等形式，且农家乐所占比例较大。农业产业化层次不高，照搬照抄别人模式较多，部分项目山寨感较强；产品单一，具有全国知名度的精品不多，不能满足消费者个性化和多样化需求；项目基本为"一次性"产品，回头客重游率不高；客户深度参与的项目较少，体验感和文化韵味不强；呆板模式化的复制多，趣味性不强，吸引力不够。之所以会有这些问题，主要是立项前调研严重不足，完全忽视了市场调查，基本不了解自己的目标市场消费者，不分析他们的来源、分布、规模、喜恶和消费能力；无专业人才的规划引导，急功近利，只看到复制成功的案例，不去分析失败者的经验教训，盲目跟投随大流，最后赔本赚吆喝。这些都暴露出专业人才的缺乏是三产融合不能向高层次发展的主要制约因素。目前三产融合的基本状态是：传统农户转型经营休闲农业；几乎没有优质龙头公司吸引专业人才投身三产融合，即使有学有所成的三产融合人才，他们也往往选择去北、上、广、深或南京等大城市发展，留下来服务家乡的较少。

二、满足农村三产融合发展人才需求的路径

推进农村三产融合发展，关键在于具有现代农业科学技术的专业人才。人才哪里来？"培养""吸引"和"留住"，三个方面缺一不可。

1. 要以现代科学技术培养人才

要明确是为促进农村三产融合发展培养掌握现代科学技术的专业人才。要在国内外先进理念指导下，以服务目标市场需求为导向，着力培养适应农村三产融合协同发展的新型职业农民。利用互联网平台如农技耘、抖音等开展大众化实用技术普及性培训，组织高校、学会和科研机构相关专家进行针对性指导；对于有一定文化水平与创业意愿，尤其是在外地学成、愿意回来建设家乡的农村学子要重点关注，充分用好用足政策给予的技术扶持与帮助，并通过系统平台实时跟踪发展情况，增加主动服务，减少被动咨询；有条件的村镇可以利用龙头企业、省级学会和在镇高校等资源，尤其是职业教育资源，对农民进行中、高等职业教育培训，培养三产融合发展所需的技能技术管理型人才。加强各类培训和交流，利用现代农业产业技术体系、农业科技创新工程、镇江各级各类科技平台，以及长三角乃至全国科技教育资源，培养能为本地所用的乡土人才。

2. 要创新制度政策吸引人才

要通过创新人才政策和机制，通过制度和政策创新，吸引各领域的人才投入镇江农村三产融合发展之中。各级政府要根据新时代的现实要求及长三角一体化发展、南京都市圈规划等大政策大趋势，及时调整人力资源政策和人才引进办法，并考虑重点支持农村三产融合发展人才的引进。特别是要吸引富有热情且懂农业、爱农村、爱农民的创业型青年才俊，打造镇江农村新产业、新业态、新模式。鼓励在镇高校、科研院所等柔性化引进人才，弹性化投入使用。要用好用足"金山英才"、青年人才"归雁"计划等制度政策，大力吸引长三角地区人才和国际化人才投身到镇江农村发展事业中来，为三产融合和乡村振兴贡献力量。

3. 要营造良好环境留住人才

要创造较好的创新和营商环境，为青年才俊提供发展的肥沃土壤，让人人都能找到自己的成才之路，让他们真真切切感受到镇江农村大有可为。要加强和改善对人才工作的管理，打开格局，改变部分管理人员因循守旧、思维固化、不愿接纳新事物的观念，把留住人才摆到最重要的位置上来抓，增加他们的归属感、获得感和幸福感。

三、发挥江苏农林职业技术学院独特作用，助推镇江农村三产融合发展

2022 年 8 月，习近平总书记在给世界职业技术教育发展大会的贺信中指出：职业教育与经济社会发展紧密相连，对促进就业创业、助力经济社会发展、增进人民福祉具有重要意义。职业教育在乡村振兴带头人选育、促进农村三产融合发展方面具有天然优势。

位于镇江句容城区的江苏农林职业技术学院，是一所从事农业职业技术教育的国家优质专科高等职业院校，其理所当然地要为农村培养高学历农业人才，探索推动农村三产融合发展的策略以助力乡村振兴。近年来，学院积极探索校、政、企"三位一体"，定制培养农科专业人才，赋能乡村三产融合发展。2013 年起，学院与省内多地政府、企业合作开展农村基层人才定制培养。如与苏州太仓市政府合作开办的"太仓班"，以现代农业技术专业为试点，培育新型职业农民；与江苏方源集团合作开办的"方源班"，以培育农业技能型人才为重点。学生在校期间，学院对其进行农业生产、经营、管理等方面的教育培养；毕业后，学生回到农村或企业工作。截至 2022 年，学院已累计培养了 1 798 名定制村干人才，他们全部投身江苏各地乡村建设。在镇江农村三产融合领域，也已有华梦丽、隋泽华等 20 余名优秀学生做出了骄人成绩。

定制班的具体做法：一是创立"政企买单、共同招生、定向就业"的招生就业联动机制。根据政府、企业、村镇用人需求，双方拟订招生计划，共同招生，签订就业和委托培养协议，补贴全额学费，学生毕业后将被统

筹安排到村开展乡村振兴三产融合工作。二是开辟"目标共订、方案共商、教学共担"的校、政、企协同育人路径。围绕人才需求，校、政、企共同商定培养目标，制订人才培养方案，构建课程体系和实训方案，培养爱农业、懂技术、善经营的具有三产融合理念和能力的新型农业人才。三是打造"师资互聘、技术共享、基地共建"校、政、企资源共享平台。建立以"专业教师进基地，能工巧匠进校园"校地"双向兼职"为标志的师资交流工作机制，共建全情境教学实训基地，实现人才、信息、实训资源的共享。有了这样的机制、路径和平台，人才培养的质量显著提高：学生专业思想稳定，爱农、从农愿望强烈；学习成绩好、组织能力强，从事农村三产融合事业实绩明显。而且，机制和平台产生了显著的辐射示范带动效果：促进了农业类专业人才培养方式的创新，带动了全国农业职业院校人才培养方式的改革，被省内外媒体广泛报道，获得了社会各界的广泛肯定，促进了农科专业校地合作模式在全国的推广应用。2022 年 12 月，教育部办公厅、农业农村部办公厅、国家林业和草原局办公室、国家乡村振兴局综合司四部门联合出台了《关于加快新农科建设推进高等农林教育创新发展的意见》，肯定了涉农专业订单定向的人才培养模式，要求实施"入学有编、毕业有岗"的改革试点。

目前，学院定制班中镇江生源地的学生数量比例上涨较快，已从过去的不到 5% 提高到了 10% 以上。要加大宣传力度和招生规模，让源源不断的新鲜血液加入这种定制班，把江苏农林职业技术学院培养农村专业人才、促进农村三产融合发展、助推镇江乡村振兴的独特作用充分发挥出来，让镇江农村的明天更美好！

（作者单位：江苏农林职业技术学院）

畅通农产品出村进城渠道 助力农民增收和乡村振兴

┃ *黄　璐　高迎峰　程媛媛* ┃

近年来，镇江市致力于搭建交易平台促进小农户与大市场有效对接，借助 6 种模式畅通农产品出村进城渠道，帮助农民增加收入，助力乡村振兴。但目前，面上仍存在销售渠道不畅的难题，需要有关方面加以重视，采取有效措施给予帮助或解决。

一、镇江畅通农产品出村进城渠道的 6 种模式

1. "基层政府+物流企业" 模式

为了畅通渠道，降低跨区域物流带来的不便，丹徒区宝堰镇政府与顺丰集团达成战略合作，开设专车专人定点运输，推动特色农产品生产规范化、标准化、流程化，走上了产业化发展之路。具有宝堰特色的干拌面、牛肉、甲鱼、大米、食用油等农产品已相继完成第一批公用品牌的授权，通过网络平台与公众陆续见面，从而方便了农产品的出村进城。

2. "部门统筹+网络平台" 模式

镇江市农业农村局牵头组建了镇江市 "菜篮子" 销售网络：通过微信群，吸引 "365" 电商、长申超市、万方超市、旅游公司、饭店等 40 余个市场主体，以及合作联社、家庭农场、生产基地、规模企业、种养大户等 400 余个生产主体，在网络平台上有针对性地发布需求信息、供货信息，促成相互之间成功对接，形成长期稳定的供销合作关系。2022 年年初疫情影响严重时，平

台共搜集、整理、发布各类农产品供求信息 3 850 余条，助销本地农产品达 580 余吨 420 余万元，为保障市民"菜篮子"和农户增收发挥了积极作用。

3. "农户+合作社"模式

在当地政府鼓励和相关政策推动下，农民加入农产品种植合作社，接受合作社的全程指导与跟踪，并由合作社整合供货资源统一安排销售，帮助农户寻找稳定订单，规避销售风险，实现收益。得到全国脱贫攻坚楷模赵亚夫指导的句容丁庄葡萄合作联社，加强与南京农业大学、镇江农业科学研究所等高校院所的技术合作，从生产、农膜订购、技术培训到葡萄销售，都有专人提供服务与指导。通过标准化的科学种植，葡萄品质明显提升。在"白兔草莓""丁庄葡萄"的示范带动下，镇江越来越多的农户加入合作社成为社员。从烹饪河豚的扬中个体小饭店到规模化的江岛乡村旅游产业集群，从单个农户种植草莓、葡萄到句容茅山之麓完整的品牌水果产业链，零散农户加入合作社如同找到了"靠背山"，吃下了"定心丸"。

4. "文旅结合+媒体推广"模式

随着"互联网+"的推进，文旅结合的销售场景不断涌现。镇江各地借助农民丰收节等活动吸引游客，全方位推销农产品。扬中市举办河豚文化节，以活动为载体，提升特色农产品品牌认知度。丹徒区宝堰镇举办美食节，让游客"欲知鱼米鲜，寻味至宝堰"，并与京东平台线上中国特产·镇江馆、徒优优宝堰旗舰店等签署合作协议，通过授牌匾等系列活动宣传推介宝堰干拌面等特色产品。自 2017 年以来，该镇已成功举办了 4 届美食节，吸引了 10 多万游客到地体验"舌尖之旅"。

5. "政府引导+社会参与"模式

2022 年 8 月，正值葡萄等水果大量上市，为解决农户销售难题，镇江市供销社开展"葡萄熟了"农产品进机关活动，主动对接葡萄和其他应季水果种植大户，帮助、展示、推介地产名优农产品，销售葡萄超 1 000 箱近 40 万元。早在 2020 年 10 月，镇江市政府扶贫办联合相关部门就举办过"金秋农产品集市暨经济相对薄弱村优质农产品进市区"活动，组织了近 30 个经济薄弱村、农民专业合作社、农业龙头企业的 5 个大类、近 60 个品种的优质地产特色农产品到现场展销，实现销售 51.2 万元，并意向签约 24.5 万元，有效推动了经济薄弱村的农产品销售。

6. "新媒体+直播带货"模式

通过媒体平台实时更新信息的直播带货零售，也成为镇江农产品出村进城的新模式。2022 年 3 月，镇江市农业农村局联合江苏卫视"荔直播"、镇江报业传媒集团"今日镇江"等 10 余家电商平台，开展直播带货销售活动，将农产品从田间地头直接销售给市民。2021 年 8 月，丹徒区新媒体平台"乡村振兴沙龙"走进上党镇敖毅村，仅一场黄桃直播推介会，就线上线下共销售黄桃 8 150 箱 6.5 万斤，销售额近 41 万元。句容市也邀请赵亚夫走进直播间介绍特色葡萄品种，有效带动了当地葡萄的销售。

二、镇江农产品出村进城存在的主要问题

1. 经营主体人才资源不足

镇江农产品经营主体以小规模种植农户为主，销售模式以传统自销零售为主。调查发现，85.3% 的经营主体员工人数在 20 人以下，员工 100 人以上的仅占 1.7%。相比，农产品经营主体在资金、规模和知名度方面与其他市场主体的差距较大，吸引人才力度不足。

2. 销售渠道单一

调查数据显示，镇江市农产品的主要销售渠道为自销零售，且占比达 85.3%，网络销售占比很小。网络销售中，经营主体自己上微信销售的占比为 48.3%；通过经验丰富、营销能力强的京东和拼多多等平台进行销售的，仅占 2.6% 和 1.7%。

3. 品牌意识薄弱，产品附加值低

农业品牌的创建不仅仅能提升行业整体形象，更能增强农产品的市场竞争力，实现农民增收、农业增效。调查显示，镇江有 54.3% 的农产品经营主体有 1~2 个品牌，有 17.2% 的经营主体有 3 个及以上品牌，而没有品牌的占比达 28.5%。

4. 采摘冷藏和物流配送体系不健全

由于缺乏冷库等仓储设施和冷链物流设施，因此农产品在集中上市时，容易出现因积压或运输不当造成的质量受损。

三、畅通农产品出村进城渠道帮助农民增加收入的对策建议

1. 以优化布局为抓手，构建乡村现代产业体系

整合乡村资源，推进农村一、二、三产业融合发展。强化农业各链条优化提升和多功能拓展，培强新型农业经营主体。培育壮大农民专业合作社和家庭农场，引导农业龙头企业组建大型产业集团，实现上下游产业链的有效衔接和整合。

2. 以扩大销量为目的，构建多层次营销平台

基于相同营销目的，实行多渠道联合营销。通过实施多平台、多渠道的精准营销策略，促进营销目标最终实现。开发、整合新媒体营销模式。实现多点触控营销，运用大数据进行精准化营销，针对性投放相应广告，让消费者对品牌和产品留下深刻印象，提高产品转化率。

3. 以打造品牌为导向，积极推进特色农业建设

依据各地区资源禀赋，充分挖掘区域潜在资源，围绕镇江五大优势主导产业，积极鼓励县域打造独有的品牌名片。实施区域品牌发展战略，坚持把做强品牌与发展特色产业相结合、把擦亮老品牌与培育新品牌相结合，以打造统一区域品牌为导向，培育竞争力强的区域公用品牌。

4. 以畅通渠道为目标，积极推进现代物流体系建设

加强农村基础设施提档升级，优化市县间三级公路，因地制宜推进"快递进村"工程建设，补齐农村寄递物流基础设施短板，保障乡镇物流渠道通畅。推动冷链物流设施建设，加强对基础设施建设的资金补助和土地、税收等政策扶持；依托龙头冷链企业定向招引，深化与相关产业融合发展；完善冷链物流标准体系，提升冷链物流企业专业化水平。

（作者单位：国家统计局镇江调查队）

以 "四性" 引领镇江疫情防控体系常态化建设

| 镇江市卫生应急课题组 |

近三年来，席卷全球的新型冠状病毒影响了 70 多亿人口，夺走了 660 多万人的宝贵生命，给世界人民带来了一场浩劫。面对输入性、聚集性与散发性病例交织的多波疫情影响，镇江市疫情防控经历了三个阶段：(1) 2020 年 1 月 26 日至 4 月 30 日的 "防疫阻击战" 阶段。据急救调度派车统计数据，全市定点医院收治疑似/确诊病例 137 人次，完成疑似/确诊患者 71 例个案全程跟踪，实现了 "零感染"。(2) 2021 年 7 月 20 日至 2021 年 8 月 28 日的 "外防输入、内防反弹" 阶段。受 "7·20" 南京禄口机场疫情和扬州疫情影响，镇江市启动重大突发公共卫生事件一级响应，以社区为重点开展属地防控、群防群控、联防联控，阻断境内输入性风险，筛查高风险人群并进行隔离管理，有效阻断了疫情传播。(3) 2022 年 3 月 15 日之后的常态化疫情防控阶段。受上海疫情影响，丹阳、句容、扬中、镇江主城区均有疫情发生，在 "动态清零" 总方针下，优化二十条措施，既不放开也不 "躺平"，防控策略得当，总体态势平稳，逐步恢复了经济社会发展和生产生活的正常运行。

本课题组认为，目前疫情并未完全结束，也不敢说以后不会再有类似严重疫情的发生。因此，适当地回顾总结镇江疫情防控的成功经验，在全社会构建起具有导向性、科学性、群众性和关怀性 "四性" 同频共振的常态化防控体系，以团结带领广大群众战胜目前继续存在、将来仍有可能发生的疫情，具有十分重要的理论意义和实践意义。

一、思想教育舆论宣传的导向性

1. 以政治思想引领，增强战胜疫情的信心

常态化疫情防控是一场持久战，各级政府应当引导人们正确认识人类同病毒作战的艰巨性和复杂性，以马克思主义的认识论和方法论研判和解决疫情防控问题，通过对具体问题具体分析，统筹兼顾主次矛盾和矛盾的主次方面，全面协调、多措并举，多层次、多角度、多维度推动疫情防控工作，根据疫情发展动态精准施策。以疫情防控的实际成效，以中外防疫效果对比，帮助人们认识社会主义制度的优越性，认识党和政府高超的疫情治理智慧，加深人民群众对社会主义核心价值观的理解与认同，从而坚定战胜疫情的信心。

2. 以舆论网情引领，增强战胜疫情的动力

新冠疫情适逢世界百年未有之大变局，舆论战遍布全球。全媒体时代，舆情瞬息万变，必须顺应时势，主动、及时发布信息，用事实说话。在疫情最严重的时候，通过对"最美逆行者"医护人员和抗击疫情服务人员的大力宣传，在全社会树立典范，可以带动社会各界同心抗疫、同声发力。政府要通过新闻发布会解读政策、客观表态、引导舆情；媒体、社会要在不同类型、不同层面、不同时间节点线上线下深度释疑，弘扬正气，发挥精神引领作用；要引导公众、网民理性发声并不断提升自身素养，增强中华文明传播力影响力。通过舆论营造社会正能量，凝聚价值共识，形成良好氛围，增强抗疫动力。

3. 以正面宣传引领，增强战胜疫情的合力

疫情防控中，要正面宣传贴近公众实际的先进典型和感人事迹，讲好疫情防控小故事、暖故事，让宣传内容更丰富，让报道形象更立体，更好地激发人们正向情绪。要拓展宣传文章的广度和深度，用"爱国者相遇"引发共鸣。要以现场真相为基础，用草根百姓接地气的语言原汁原味地表达真情实感，激发受众参与挖掘、补充宣传内容，扩大传播范围，增强全

民抗疫合力。

以上这些做法和经验，都值得在今后的抗疫斗争中汲取和运用。

二、疫情防控和疾病诊疗的科学性

1. 增强疫情防控和疾病诊疗的科学性

疫情防控、疾病诊疗的科学性，首先体现在对疫情风险的精准认识和规范防控上，既要从日常层面加强国民健康卫生的素养和素质教育，又要从战时层面发挥公共管理治理体系的能力。疫情防范更需要强调各方守土有责、守土尽责，加快风险排查，提高协查效率，着力化解疫情风险和存在的问题。要严格科学预防，未雨绸缪，规范生活、防控物资的合理使用。防控诊疗既要有自上而下的条块状分级制以保障政令畅通、方便群众，又要有扁平化的社会组织和网格化的基层部门发挥作用，实现防控的高效率、全方位和立体化，形成聚少成多、连点成面的防控诊疗格局；应对疫情风险既要绷紧弦、铆足劲、不懈怠、补短板，实施早期"围堵防控"、峰期"隔离封控"、稳期"常规监控"的"动态清零"策略，又要建机制、管长远，挖掘社会面抗疫攻坚的有为、有效、有力路径，以最快时间、最低层级、最小成本取得最大防控诊疗效果，降低疫情对经济、社会发展造成的负面影响。

2. 增强疫情防控和疾病诊疗的专业性

抗疫成功的实践启示我们，有效的疫情防控和疾病诊疗要发挥专业部门的哨点监测作用。要广泛吸收和借鉴古今中外疫情防控的理论成果，做到"早发现、早报告、早隔离、早治疗"；要强化重点人员筛查和防控，严格患者的陪护探视和闭环管理；要强化预检分诊和首诊负责制，总结经验教训，及时更新防控诊疗方案和转运模式，完善缓冲病房使用管理制度和联防联控机制，防止医院感染和交叉感染，为人民群众健康提供坚强保障。

3. 增强疫情防控和疾病诊疗的智能性

要充分利用疫情防控、疾病诊疗智能化应用管理平台。一是及时更新疫情防控和疾病诊疗方面的智能化新知识、新技术、新模式和新应用，以全新的思维、开阔的视野和长远的眼光正确认识互联网信息、数字化、区块链、云计算和网络传播迭代技术，以及数字化应用管理平台功能。二是大力发展"互联网+"技术运用，以人工智能、数据分析等现代智能手段辅助疫情防控和疾病诊疗。以物联网、大数据、互联网、云计算等信息技术，做强疫情防控和疾病诊疗的"大脑"和"手足"，推进模式创新、理念创新、制度创新；打破"信息壁垒"和"数据孤岛"，真正实现纵向专业贯穿、横向分工协作、时空网络协同。三是以制度建设推动疫情防控和疾病诊疗的智能应用，依据政策的导向性、专业的科学性，出台相关具体措施，促进智能融合、技术提升和管理一体化、现代化、网络化。充分依托智能化技术，按照"由大及小、智能初筛、人工细筛"思路，提高病毒查验和疾病诊疗的针对性与准确性。

三、社会动员基层治理的群众性

1. 疫情防控必须发动群众广泛参与

对疫情风险进行研判、预防，采取有效手段迅速控制疫情，将疫情对经济社会运行的影响最小化，必须充分依靠人民群众。疫情发生后，镇江市广大乡村、社区作为抗疫的重要阵地，筑起了基层抗疫的坚强堡垒，广大群众众志成城、识大体、顾大局，自觉配合疫情防控工作，展现了坚忍不拔的顽强斗志。今后各级政府仍要充分相信群众共同战疫的主观能动性和战胜困难的坚强决心，要依托权威媒体及时向广大群众公布疫情信息、宣传防疫知识、粉碎虚假谣言，让群众第一时间了解疫情、认识疫情，为防疫增强原动力。

2. 基层群众自治管理是抗疫取胜的重要保证

群众在党的领导下自我管理、自我服务、自我教育、自我监督，实现城乡社区基层公共事务和公益事业的基层自治，是这次抗疫取胜的一个重要因素。今后的疫情防控更需要发挥基层群众自治的力量与智慧，并且不断丰富其内容和形式，既要激发群众参与基层治理的积极性和主动性，又要拓宽群众参与治理的范围和途径，让所有群众认识到自己是健康的第一责任人，控制传染源是切断传播的关键。精准划定风险等级与范围之后，要在第一时间向群众通报，发动群众自觉戴口罩、测体温，遵循科学常规管控策略，并密切关注官方信息、国内疫情动态和各地风险变化，不信谣、不传谣，始终保持警惕、严密防范。要把入口关、落脚点、流动站、就业岗、学校门、监测哨等关键点纳入疫情敏捷感知网络，引导群众主动筛查识别、及时报备并及时管控。在确悉疫情阳性报告后，要坚持"以快制快、事不过夜"原则，运用大数据定位和行动轨迹查询研判涉及区域，从时间、空间和防护"三维"分析，确认密接、次密接范围，专班闭环转运，以影响最小的方式"动态清零"。依靠群众筑牢防控体系，切实做到"动态清零"，快速切断疫情传播路径。

四、守望相助社会伦理的关怀性

关怀与被关怀是人的基本需求，社会人需要理解、尊重、接纳、激励与认同。在这次抗击疫情的斗争中，为了防止病毒蔓延而因疫封城，实行了史上最严厉的联防联控措施。在疫情严峻时刻，我国 14 亿多人民大众，发扬了中华民族团结友爱、守望相助的优秀文化传统，灾疫来临时一方有难、八方支援——外电赞誉"中国行动速度之快、规模之大，世所罕见"，向世界体现了大国之力和大国之善。今后我们更需要这种团结友善、风雨同舟、守望相助的人文关怀，需要人们之间的信任、沟通与交流，人们在抗击疫情过程中增进情感、形成合力、化解危机、迎接挑战。

（课题组成员：黄晓云　吴兰珍　陈达庆　赵向东　倪鸿昌　赵国阳　张　健
刘碧俊　潘　鑫　侯　艳　吴　敏　邓　慧）

关于优化镇江营商环境对策及路径研究

| 吴小红　顾　谦 |

世界银行在 2001 年提出了营商环境问题，我国将其界定为"企业等市场主体在市场经济活动中所涉及的体制机制性因素和条件的总和"，主要包括市场主体在准入、生产经营和退出等过程中涉及的政务环境、市场环境、法治环境、人文环境等。依法助推营商环境改善，促进民营经济稳定健康发展，是当前全国上下关注的一项重点工作，镇江市各级党政部门也都非常重视，但是与高质量发展的要求相比、与企业和群众的期待相比、与先进地区的改革力度和发展成效相比，镇江还存在不少痛点、难点、堵点问题。对此，市人大应当依法行使自己的监督权，并对如何进一步优化镇江营商环境提出自己的建议。

一、市人大常委会行使监督权助推镇江营商环境改善的一次成功尝试

2021 年，市人大为助推镇江营商环境不断优化，立足于全过程人民民主监督，组织了全市历史上第一次优化营商环境专题询问会。针对专门主题、召开专门会议进行询问，既是创新人大监督方式、提升监督实效的一次有益探索，也是人大践行"民呼我应"、回应社会关切的一次重要创新。会议邀请了近 60 名人大代表就营商环境中存在的问题，对 18 家政府部门进行询问。针对各部门的答复情况，市人大常委会委员和代表进行满意度测评，并将测评结果纳入各部门年度综合考核。这次专题询问会得到了市委

领导的高度评价——找准了完善营商环境问题的症结所在，发挥了人大监督作用，能够督促政府做好优化营商环境工作。

优化营商环境是一项面广量大、环节繁多的系统工程，尤其是一些焦点、难点问题，更需要有关部门和单位各司其职、各尽其责。地方人民代表大会作为地方最高权力机构，通过依法行使监督权，一方面，可以进一步压实责任，推动政府部门认真挖掘、梳理、审视并解决实践中存在的问题。实践证明，人大的推动起到了事半功倍的效果。另一方面，人大能够充分汇聚委员和代表的智慧，针对突出问题和难点问题，集思广益、群策群力，提出有效对策，全力破解镇江经济发展中存在的实际困难，有力助推镇江营商环境优化。

这次优化营商环境专题询问会之所以能够取得成功，是因为其具有三方面特点：一是特别注重问题导向，代表们所提问题涉及营商环境的方方面面，并紧扣其中的重点、难点问题和突出矛盾，通过"一问一答""多次问答"的形式进行质询，问出了"辣味"，让有关部门感受到了压力和责任。二是特别注重实话实说、实事求是，提问开门见山、直指要害，回答简明扼要、直奔主题，问出了民意，答出了担当。三是特别注重即知即改，要求对于前期调研、督办、专题询问时发现、提出的问题和回答时做出的承诺，能解决的马上解决，能做到的迅速做到；一时难以解决的，也应提出相关推进方案和落实措施，以实际行动及时回应社会关切。

二、调研发现镇江营商环境存在的相关问题

调研显示，目前镇江营商环境指标在全省相对靠后，其中一些"老大难"问题或多或少依然存在，主要包括以下几点。

1. 行政效能方面

很多企业反映，目前除了办理工商登记较为方便外，土地、环保、规划、建设、消防、投资、安全生产等方面，办理手续的便捷度相对较低；房地产项目不动产登记仍存在同一审批事项省市多平台运行、信息需要重复录入等现象。

2. 法治保障方面

政府诚信建设需引起重视。有些地方政府在招商引资、人才引进、项目建设等工作中，存在夸大优惠条件、"新官不理旧账"、不履行事先承诺等现象，在相当程度上影响了外来客商的投资积极性。

3. 金融支持方面

民营企业特别是中小企业在融资过程中仍处于弱势地位，融资渠道过于单一，直接融资非常有限，尤其是企业经营面临困难时的抽贷、断贷行为，更是让企业雪上加霜，资金链断裂，进而造成企业倒闭或破产。

4. 政策宣传方面

有些政策比较宏观，属于原则性层面，缺少操作层面的具体的实施细则；有些政策含金量不高，"干货"不多，地方反映"不解渴"。一些政策的制定没有充分征求企业的意见，出现了政府的主观愿望和企业意愿背离的现象。

三、进一步优化镇江营商环境的对策建议

新冠疫情对近年来国际国内大环境的冲击很大，随着国内新一轮税收改革、房地产改革等政策的实施，中央和江苏省招商引资的政策环境逐渐透明、规范，地方招商引资的优惠政策也随之不断减少。但城市间的产业竞争始终客观存在，并在实质上转化为投资环境和营商环境的竞争。镇江市委以优化营商环境为突破口，明确了镇江的发展目标和发展方向。全市上下要认真贯彻中央和江苏省提出的重大方针，执行市委战略部署，以推进产业强市"一号战略"为着力点，以"镇合意"品牌建设为抓手，不断推动营商环境建设落地落实，为镇江经济社会高质量发展注入强劲动力。这需要着重创建以下4个环境。

1. 高效优质的政务环境

一要力争进入全省营商环境先进行列。江苏省对各设区市全面开展营

商环境评价，并编制发布《江苏省营商环境报告》，要求畅通企业反映问题的渠道，注重从体制机制、政策措施、组织领导等方面查找原因并解决问题，建立健全衡量政府服务效能的量化指标和涉企绩效考核评价指标体系。镇江要对照评价指标要求，积极查找与省内先进城市的差距，借鉴有益经验，移植成功做法，注重自身创新，积极推动全市在打造更优营商环境方面实现新的更大提升。二要持续深化"放管服"改革。进一步厘清政府与企业、政府与市场的边界，把市场能够办好的事还给市场、社会能够做好的事交给社会。完善公共信用信息共享平台、政务服务"一张网"等信息系统。整合服务事项，对确需保留的审批事项进一步缩短办事流程，减少前置条件，简化审批手续。降低制度性交易成本，扩大"不见面"审批覆盖面，按照"前店后厂"的模式再造办事流程，特别要警惕放权又放责的现象，放权要有度，要确保基层接得住接得好。三要着力打造诚信政府。要保持政策的连续性、稳定性和可预期性，全面积极履行自身做出的相关承诺和签订的合同、协议，不得以政府换届、部门或人员更换、政策调整等为借口拒不履行承诺和合同。要加强清理拖欠民营企业应收账款的力度，对推动清欠工作不力的要加大问责，同时积极落实守信激励机制，塑造诚信政府形象。

2. 公正公平的市场环境

切实减轻企业的税费负担。准确把握并统筹推进实质性减税、降低社会保险费率、落实财政奖补等各项政策举措，避免理解偏差和执行走样，在水电气价格、用工、物流等方面，要更大幅度地为企业减负。进一步清理、规范涉企行政事业性收费和经营服务性收费，健全、完善收费目录清单动态调整机制并及时向社会公布，切实做到"涉企收费进清单、清单之外无收费"。高度重视并坚决清理"红顶中介"收费问题，审批部门不得向企业指定并强制其接受中介服务；对中介机构在企业融资过程中的评估、担保、登记、审计及附加隐性条件等行为进行整顿规范；对于部门审批事项取消后其下属单位和中介机构搞变相审批所形成的收费项目要予以坚决取缔。

3. 平稳健康的金融环境

一要逐步建立多元化的融资体系。打造多层次、高效率的资本市场，着重提升金融市场风险定价能力，发展可持续的民营企业融资模式。完善信贷等间接融资，发展股权融资、债券融资等直接融资，支持企业并购重组，满足企业多元化融资需求。支持符合条件的企业通过股改挂牌上市、发行票据筹集资金，重点推进一批高科技和高成长型民营企业在创业板上市，稳步拓展融资渠道。推进"银税互动"良性循环发展，将企业的纳税信用、纳税贡献转化为有价值的融资成本，缓解诚信纳税企业缺抵押、少担保、难以获得银行资金支持的难题。加强对影子银行和理财业务的管理，全面清理不必要的资金"通道"和"过桥"环节，促进各类资金与实体企业直接对接。二要努力破解金融供给结构性矛盾。民营企业面临融资难题，货币政策传导不畅、融资结构不够合理、金融机构风险定价能力不足和参与意愿不强都是其形成的重要原因。必须以金融供给侧结构性改革为主线，提高金融供给的适应性，对民营企业实行分类施策，不搞"大水漫灌"，优化融资结构与信贷结构，为民营经济稳健经营奠定长期发展的基础。

4. 更加宽容的创新环境

一要加大创新优惠政策落实的力度。对企业反映强烈的研发费用加计扣除、政府采购、首台套重大装备保险补贴等落实不到位、政策打折扣问题，引进的科技人才在出入境便利、配偶就业、购房落户、子女入学方面存在的困难，以及个税负担偏高等问题要认真研究并妥善解决，确保现有政策用足用好、新出台的政策务实管用。克服科技成果供需两端信息不对称、转化不通畅的弊端，提高科技成果孵化器等平台、载体的建设水平，促进创新链和产业链精准对接，强化法规制度保障和税收减免支撑，推动创新成果尽快就地转化。二要持续提升产业科技创新能力。引导企业提高研发资金的使用效率，提升研发机构的层次，健全科技资源开放共享机制，促进科技创新资源向民营企业集聚，引导关联企业加强互动、抱团发展，逐步形成有效的创新生态圈。改革政府科技投入方式，主要通过购买服务等办法支持产学研合作和重大共性关键技术研发，进一步强化基础研究和原始创新，推动企业通过引进消化吸收和集成创新，以及开展国内外技术并购等方式逐步掌握核心技术。加快落实高校、科研院所等专业技术人员离岗创业政策和双向流动机制，促进民营企业创新能力的提升。

（作者单位：镇江市人大常委会预算工委）

优化提升镇江法治化营商环境的路径思考

| 镇江市政法委课题组 |

一、法治化营商环境建设的镇江实践

1. 不断提升政法公共服务

法院系统创新优化诉讼服务，加强诉调对接，加大调解工作室建设，制定了《关于民营经济领域纠纷诉调对接工作的意见》，2021年建立了47个调解工作室（站）和31个人民调解工作室，配备专职调解员70人、兼职调解员23人，建立专业性、行业性诉调对接平台59个，诉前分流商事纠纷26 400件，诉前调解成功14 600件，调解成功率54.37%。

公安系统开展"警企一警通"上门服务，2021年全市共设立帮办服务示范点5家、服务企业22家，上门服务25次。简化审批手续，压缩审批时限，扎实推进"一件事"整合服务，梳理"一件事"清单，审批承诺时限提速60%，审批材料压减30%以上，审批时限从5个工作日压减到3个工作日。

司法行政系统全面推行证明事项告知承诺制，2021年印发《镇江市全面推行证明事项告知承诺制工作方案》，明确第一批涉及9个市级部门实行告知承诺制的证明事项清单共58项，办理告知承诺制行政审批3 300件；成立镇江航天航空产业园"产业链+法律服务"联盟，组建涉外法律服务中心和涉外法律服务团，帮助企业防范和化解法律风险；组建12348法律服务队，为企业开展"法治体检"百余场，帮助群众和企业解决难题849件，避免和挽回经济损失6 100余万元。

2. 积极规范执法司法行为

法院系统在全国率先建立与招商对接的破产财产处置机制，推动破产案件"府院联动"，2021年建成规模达35亿元的"优质破产资产池"，运用清算方式推动304家企业退出市场，运用重整、和解方式帮助14家企业获得重生，清理债务213亿余元，盘活土地、厂房426万平方米；依法慎用保全措施，100余次采用"活封活扣""置换查封"等方式帮助企业维持正常经营，最大限度释放司法善意。进一步规范涉企信用惩戒行为，出台《关于对履行完毕生效法律文书当事人给予信用激励和信用修复的意见》，对当事人积极主动、履行生效法律文书所确定的义务的，依法采取相应措施给予信用激励，对2 600余家企业完成信用修复工作，全市法院发布的失信企业名单数量同比降低了62.1%。着力提升执行案件办理质效，制定下发《关于进一步提高执行案件财产处置效率的规定》，有财产可供执行案件法定期限内执结率为99.11%，高于全省平均数；无财产可供执行案件终结本次执行程序合格率为100%。

检察系统强化涉企案件法律监督，积极稳妥推进少捕慎诉，减少企业诉累，建立涉案民企警示教育制度，完善办案影响评估机制。2021年，全市涉民企案件不捕率已由往年的17.98%提升至70%以上，不诉率已由17.73%提升至50%以上。检察系统开展涉民营企业刑事诉讼"挂案"专项清理活动，京口区检察院依法监督公安机关撤销积压8年的涉民营企业犯罪案件26件，对新增"挂案"及时清零，受到江苏省检察院的充分肯定。

公安系统制定下发《关于进一步健全完善涉企刑事案件办理的指导意见》，开展"涉企涉案财物专项清理"和"涉民营企业挂案清理"专项活动，2021年共梳理出26起涉民营企业的挂案案件，并于当年年底已全部做撤案处理，清理积案的比例达到100%。

司法行政系统建立涉企轻微违法减罚免罚清单制度，建立包容审慎柔性执法机制，制定下发《关于推行涉企免罚轻罚清单加强柔性执法进一步优化营商环境的实施意见》，要求各地编制涉企领域不予处罚、从轻处罚、减轻处罚"三类事项清单"。加强对企业行政执法的指导力度，推行"一次检查、全面体检"，将亲商理念、柔性举措融入涉企行政执法过程，为新经济新业态新模式发展提供更加宽容的制度保障。

3. 扎实推进创新试点工作

检察系统稳步推进涉案企业刑事合规改革试点工作，主动联络对接市工商联、国资委等职能单位，联合成立市涉案企业合规第三方监督评估机制管委会，从法律、金融、税务、环境等不同行业领域公开选任55名专家组建专业人员名录库，并制定镇江市涉案企业合规《第三方监督评估机制管委会工作规则》《镇江市涉案企业合规第三方监督评估机制专业人员选任管理规则（试行）》等工作制度，全面构建起规范化的第三方监督评估机制，2021年已对20件案件开展企业合规建设，对通过合规考察的涉案企业及个人均依法作出不起诉处理，取得良好成效，受到省检察院领导的批示肯定，经验做法也被最高检、江苏省检察院转发推介。市检察院专题向市人大常委会报告企业合规改革试点工作的情况，推动出台《关于深化推进企业合规改革试点工作的决定》，为企业合规改革提供立法支持。

公安系统创新工作机制，加快推进全市外国人来华工作和居留管理服务，探索实施外国人来华工作许可、居留许可"单一窗口"工作模式，试点设立"外国人来华工作许可和居留许可受理专窗"，采用"一窗受理、内部流转、并联审批、同时办结"的工作模式，为符合申办工作许可的外国人及其家属提供一站式专窗服务。联合江苏大学海外教育学院探索工作新模式，采用"以外管外，以外帮外"的模式，实现外事业务就近办理、矛盾纠纷就地化解。

司法行政系统优化完善宽严相济的涉企人员刑事执行机制，社区矫正对象中的民营企业法定代表人、实际控制人、高级管理人员等，因投资谈判、走访重点客户、签订重要合同等生产经营需要确需本人赴外地处理的均可提出申请。2021年，全市累计因经营外出请假的涉企社区矫正对象近200人，批准请假400余人次。

二、法治化营商环境中的镇江问题

1. 地方立法及配套制度机制有待进一步完善

目前，镇江市尚无一部营商环境方面的专门性地方立法规范，针对行政审批、融资环境、税收征缴、信用监管等方面的实体规则还需要不断建立完善。同时，市场经济主体对于有关文件制定工作的参与度也不够，还应实质性赋予其知情权、表达权。《中华人民共和国立法法》及《优化营商环境条例》规定的公开立法、民主立法程序还有提升和完善的空间。法治化营商环境的制度机制还不够健全，已有的相关规定在协同性、整体性上还有欠缺，在规范行为模式及法律后果上，与法律法规相比，强制力不够，在一定程度上削弱了法治的权威和效果。

2. 行政执法的规范性、协调性有待进一步加强

在为市场主体提供服务的过程中，个别地方政府部门主动服务的意识不强，办事效率不高，办理时间、办理材料、办理费用等方面还有进一步精减的空间。牵头部门责任意识不强、其他部门配合度不高的问题仍然存在，联动协调工作还有欠缺。有的部门行政执法仍不太规范，选择性执法、重处罚轻教育等现象在一定程度上仍然存在，损害了各类市场主体公平参与市场竞争的营商环境。更有甚者，个别执法人员以权力换取利益，导致市场主体对政府的信任度下降，破坏了社会诚信体系。因此，政府部门依法行政能力有待提升，自我约束能力需要进一步加强。

3. 诉讼效率不高、执行难等问题有待进一步解决

营商活动涉及的资源合理分配、商业公平竞争、诚信合法经营、自由公平交易等核心要素都要以公正的司法来维护。目前，在营商环境方面，司法运行和监督机制还存在一些问题。如在商业合同纠纷等案件审理上，司法效率较低，往往存在案件堆积、处理不及时等情况，说明司法机关在队伍建设、人员配置及工作流程等方面还存在一定不足。近年来，法院系统着力提升司法质效，司法公信力得到了大幅提升，执行难等问题有所缓解，但消极执行、选择性执行、不按期执行现象，以及涉企案件的合法权益不能及时兑现等问题依然不同程度存在，市场主体和群众反映也比较强烈。

4. 全民守法的法治意识有待进一步提升

近年来，镇江市社会治理水平和能力持续提升，法治建设深入人心，全社会共同呵护营商环境的思想认识得到极大提高，但同时也存在一些问题。如个别政府部门在诚信履约方面做得还不够，缺乏诚信意识和契约精神，影响到社会诚信体系建设，降低了政府公信力。一些企业及公众仍旧停留在传统的人治观念上，对政府机关及法律制度没有足够的信任，导致政府的权威性受到影响。同时，政府工作人员运用法治思维和法治方式深化改革、推动发展、化解矛盾、维护稳定的能力还有待提升。市场主体守法经营、依法维权、理性维权的主动性不够，部分企业还存在违法经营，以及盗版仿制、侵犯他人知识产权的情况，一定程度上制约了法治化营商环境的进一步实现和改善。

三、优化提升法治化营商环境的镇江路径

1. 完善立法体制机制，为法治化营商环境夯实制度基础

要充分利用地方立法这一重要抓手，按照科学立法、民主立法的原则和要求，聚焦市场主体关切，既立足当前又着眼长远，积极制定营商环境立法规划，不断完善和加强与市场主体有关的投资经营、土地管理、财政税收、金融支持等重点领域的立法，促进商品和要素自由流动、公平交易、平等使用。同时，加强政企沟通，健全、完善立法体制和程序，不断提高优化提升营商环境的立法质量和效率，及时修改、制定与市场主体生产经营相关的立法性文件，扩大市场主体的立法参与度，充分听取市场主体和行业协会商会的意见，建立健全意见建议采纳和反馈机制。坚持问题导向和效果导向，及时清理、完善妨碍市场发展和公平竞争的一些规定和做法，强化营商环境立法保障，确保体制机制的及时性、系统性、针对性和有效

性，以良法促进发展、保障善治，为法治化营商环境提供扎实可靠的制度支撑。

2. 严格规范文明执法，为法治化营商环境提供政务条件

持续深化执法体制改革，最大限度减少对市场主体不必要的行政执法事项；进一步整合行政执法队伍，继续探索实行跨领域跨部门综合执法，切实解决多头多层重复执法问题；依法平等保护各种所有制企业产权和自主经营权，切实防止滥用行政权力排除、限制竞争行为；强化部门之间的协调联动，不断建立、完善地方政务数据融合共享机制。积极贯彻实施新修订的《中华人民共和国行政处罚法》，坚持严格、规范、公正、文明执法，规范行政处罚自由裁量权的行使，加大对随意执法等行为的查处力度；细化程序规定，改进和创新执法方式，注重加强说服教育、劝导示范、行政指导、行政奖励、行政和解等非强制行政手段的运用。不断创新监管模式，健全事前事中事后监管有效衔接、信息互联互通共享、协同配合工作机制，构建公平统一、权责明确、透明高效的市场监管制度，最大限度减少执法对市场主体正常生产经营的影响；积极推行远程监管、移动监管等方式方法，对能够通过非现场监管方式实现监管效果的事项，不再纳入现场检查。

3. 维护司法公平正义，为法治化营商环境构筑司法屏障

始终贯彻平等保护的司法理念，坚持各种所有制经济的诉讼地位、法律适用和法律责任平等，保障各类市场主体的产权和合法权益受到法律保护；加强对司法活动的监督，严格规范涉企案件办理和涉案财产处置，切实解决执行难问题，做到涉企案件程序与实体均无所偏私，纠纷得到公正裁判，市场主体合法权益得到有效保护，违法主体受到应有制裁，真正让人民群众在每一个司法案件中感受到公平正义。不断完善和推进企业合规、信用修复等工作，深化民商事案件审判执行制度改革，推进繁简分流改革，持续提升审判质效。进一步强化破产案件的规范办理和有效处置，健全破产案件财产处置协调机制，简化破产程序，降低破产企业处置成本；做好破产企业登记、金融、涉税等事项办理，提升企业破产处置效果；积极引

导困难企业破产重整，完善破产信用管理制度；建立健全企业破产重整"府院联动"机制，健全、完善管理人履职管理和培训机制，为企业破产处置提供专业化服务与保障。

4. 弘扬遵法守信理念，为法治化营商环境营造崇法氛围

积极引导市场主体和人民群众做社会主义法治的忠实崇尚者、自觉遵守者和坚定捍卫者，营造全社会共同参与优化营商环境的良好氛围，让市场主体安心创业、放心经营。严格落实"谁执法谁普法"的普法责任制要求，推动建立法官、检察官、行政执法人员、律师等以案释法制度，探索创建适合市场主体的法治宣传新模式，提升法治宣传效能，促使市场主体形成自觉守法、遇事找法、解决问题靠法的行为习惯，提高市场主体自主依法维权、理性维权的意识和能力。政府部门及其工作人员应切实强化诚信意识，在招商引资、引进人才、政府采购、政府与社会资本合作中，加强前置合法性审查，严格兑现依法依规作出的政策承诺，注重运用法治思维和法治方式解决问题、推动工作，提高依法决策、依法行政、依法办事的能力和水平。

（课题组成员：朱海 邱勇 周健 赵杰 刘英）

建立市场主体活跃度评价体系的思考

| 赵剑萍　胡　剑　葛广研　佘殿福　周健生　郑　欣　李　燕　杨　飞　邓成生
黄　崧　林　青　俞　镇　田　欣　|

党的二十大要求，通过深化改革，着力构建市场机制有效、微观主体有活力、宏观调控有度的经济体制。微观主体的活力是通过其活跃度表现出来的。培养具有创新能力、有竞争能力和有活力的微观主体，关键在于为每一家市场主体进行全身"体检"，用大数据等技术手段来进行高效甄别，然后根据其活跃度加以精心培育和指导。这就需要对包括企业、公司、个体户和农民专业合作社等在内的国民经济基本单位，即市场经济活动的主要参加者的活跃度进行研究和探索，不仅仅要关注其数量、注册资本及从业人数增长率，更要以一种对市场主体运营态势感知的方式，以及对生产运营数据的流量分析，寻找其发展规律，用规律构建模型并推演未来，把握其经济脉搏，为管理部门提供重要参考数据，并为提升其活跃度、推动整体经济发展做好参谋。在这方面，镇江市市场监督管理局集中存储了全市所有市场主体的相关登记数据，并通过市场监管（证照联动）平台，归集了其他监管部门的行政许可、行政处罚和抽查检查等数据，与市税务、社会信用体系建设工作领导小组办公室（简称"信用办"）等部门完成了数据对接，确保了市场主体海量数据的获取和处理成为可能，从而便于监管部门依据数据分析得见真实的市场主体全貌，为评判市场主体活跃度提供了较好的基础条件。

1. 市场主体活跃度评判的数据采集

市场主体活跃度是被广泛地运用于不同情境的动态的、可量化对比的指标。从大数据角度而言，其主要根据现有数据做初步的梳理和权衡，在采集量足够大的情况下，可以总结出相似的规律，形成一种非静态的、更新的市场主体活跃度评价体系。市场主体活跃度评价体系的建设路径大致如下：

数据主要来自工商登记数据、网站数据、银行开户数据、年报数据、税务申报数据，以及信用办等其他各类涉企机关的处罚、检查和行政许可数据。时间维度上以 2011 年至 2020 年年底为界限，考虑到企业持有的专利、商标对运营的长久影响，以及业务沿革数据滞后性等情况，纵深向前推 5 年、向后推 1 年。采集范围分江苏省和镇江市两部分，重点剖析镇江市的企业情况；采集维度细化到每年的市场主体行业大类、产业大类，以及采集当年法人年龄段、企业存续期等。

2. 市场主体活跃度评判的数据挖掘

历史数据蕴藏着巨大价值，如何高效梳理数据碎片，进行更有效的数据挖掘，需要在数据蓝海中找到其关键信息。针对不同的市场主体规模，取值范围也需要分别衡量：小微企业及个体户生存周期较短，相关分析指标取前 3 年的数据；大中企业存续时间较长，相关分析指标取前 5 年的。另外，由于数据采集有滞后性，因此需考虑补报等情况。依据旧例原则及可验证原则，每年进行统计报表申报的截止时间为当年的 12 月 25 日，应以该日期为界限。

3. 市场主体活跃度的衡量评判

对市场主体活跃度的衡量评判，初步定为三级 N 个指标，每个指标以最高 10 分、最低负 10 分的权重进行非活跃度计算。以企业为例，企业的活跃度可以从企业开办、生产、营销等各个层面进行整理并统计出事项清单，该清单是一种可维护的动态清单，需要及时调整。设定每个企业初始活跃分为 100 分，在初始分上进行加减，最终得出每一个企业的总分。在赋值过程中需要讨论赋值的非连续性，即出现警告阈值情况时，如企业因过量行为在一年内被处罚 3 次，则加大减分值。对不同的行业检查筛选需要进行不同的赋值，即该值随着检查项目和时间的变化而变化，因此这是一个动态赋值的过程。根据事项清单进行加减分后，最终得出每个企业的总分，以活跃分数为横坐标、企业数量为纵坐标形成正态分布，取中位数为界，低于中位数的则认定其为非活跃企业，由此得出全市非活跃企业的占比，即非活跃企业的总数占企业总数的百分比，进而得出各个行业、各个区域、各种类型的非活跃市场主体的占比。

企业的活跃度指标主要基于企业年报涉经营和行政许可存续数据，其中，较特殊的备案数据有动产抵押、股权出质等，登记机关之外的涉企监管则涉及金融、税务、社保、进出口、电力、邮政、商务、专利等主管部门的数据。在具体操作中，要对考核项目进行细化，对经营类数据以是否比上一年增长和是否为零进行划分；对企业专利、商标、许可证等可以按有、无进行统计，并以时间梯度进行分类统计。对数据质量同样要进行考量，如考量企业联系电话是否有效时，不仅要对电话号码的位数进行校验，还要和通信部门进行对接确认其是否为有效号码；企业法人、股东、高管年龄是否正常也要考量，低于 18 岁和高于 90 岁都要相应减分。时效方面则主要考量企业在税务和银行的开户时间，对不同时间段仍未开户的进行分类统计，具体的专业知识则需要银行方面的人员给予专业指导。另外，还可以进行有、无类统计，如是否有负债、是否有净利润、是否有对外投资等。经过初步统计，数据项超过百项，考核项目越多最终得出的分值就越能代表企业真实的活跃度和经营实貌。同理，在取值和后续分析应用的过程中，需要分析校验赋值是否合理，力求形成有效的反馈修正机制。

4. 根据市场主体的不同活跃度采取不同的提升对策

一是对于活跃度在中位数偏上的市场主体——有企业也有个人工商户（简称"个体户"）。对于个体户，主要是充分发挥个体劳动者协会、私营企业协会（简称"个私协"）等机构的功能和作用，对个体户进行个转企的辅导，不仅要在技术上为其提供便利，还要在经营方向上加以辅导。如在部分行业有空缺的区域，帮助个体户做好落后产能的转型，让其及时享受到政策红利。对于中小型企业，要充分发挥党建作用，促使其党支部负起责任，同时发挥好党员先锋带头作用，搞好公有制企业的发展。对于活跃度中等以上的较大企业，则要考虑提升其标准化发展水平，积极培育研发与标准化同步示范企业、标准化创新示范基地。要推动中小微企业商标品牌发展，提供便利化、高质量的指导和服务。加强标准、认证、认可互认互联互通，为外贸企业提供更加便利的服务。加强质量品牌技术服务，出台质量基础设施"一站式"服务平台管理制度，构建质量基础设施"一站式"服务网络，支持知识产权创造、运用。

二是对于活跃度较高的市场主体。要关注公平竞争政策，发布实施企业商业秘密管理规范地方标准，增强企业商业秘密自我保护能力。配合上级强化反垄断执法，加大平台经济反垄断规制力度，加强合规辅导。探索推进企业建立合规经营指引；推行守信联合激励，依法依规建立联合惩戒措施清单，动态更新并向社会公开；健全企业重整期间信用修复机制，使企业在非故意造成信用缺失的情形下有弥补渠道；强化知识产权保护，深化新型法律保护试点，推进专利侵权纠纷行政裁决示范和检验鉴定体系建设。实施包容审慎监管制度：建立新兴产业发展包容审慎监管制度，以市场驱动、依法监管、鼓励创新、底线监管为原则；落实轻微违法行为不予处罚及减轻处罚清单。

三是对于活跃度不高的市场主体。采取反向督察机制，对营业场所较小、活跃度过高的市场主体进行定向抽查，对同一地址出现的多家活跃度相似的贸易类公司进行定向抽查。帮助有热情但创业失败的青年人和个体户弄清市场准入的限制因素，从而能够加以回避；对某些过度竞争的服务类行业则需要加大限制，并及时清理其中的不规范经营者和恶意竞争者，拓宽市场主体退出渠道，推广歇业登记制度和简易注销公告制度，优化升级"企业注销一窗通"，通过减少活跃度最低的市场主体显著提高该行业的活跃度。

（作者单位：镇江市市场监督管理局）

三、高品质生活

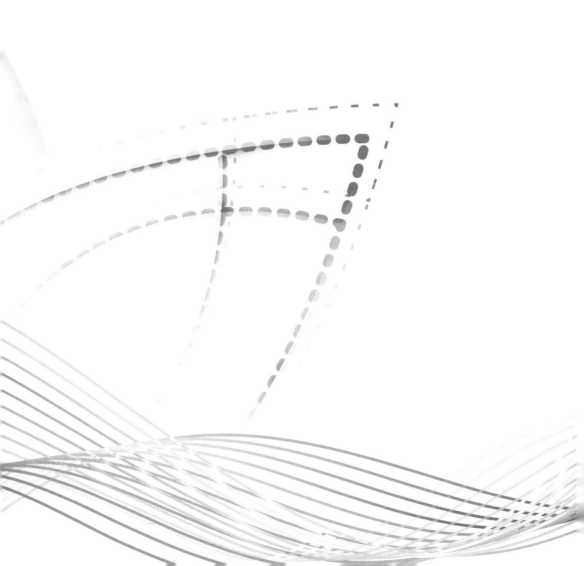

大运河国家文化公园镇江段江河交汇博物馆建设研究

| 镇江市长江大运河文化研究中心课题组 |

2021 年，扬州中国大运河博物馆、洛阳隋唐大运河文化博物馆先后开馆，吸引了广泛关注，取得了良好社会效益。《镇江市大运河文化保护传承利用实施规划》已于 2020 年正式印发。如何有序有力推动镇江江河交汇博物馆建设，充分展示镇江大运河国家文化公园的个性特色和文化魅力，本课题组对其开展了深入细致的研究，报告如下。

一、江河交汇博物馆建设的总体考量

1. 必须突出江河交汇

长江横贯中国东西，大运河沟通中国南北，江河交汇是镇江最具个性、最富特色的地理标志。江河交汇博物馆的建设要突出镇江作为大运河文化和长江文化结合点的鲜明城市特色，立足镇江，照见中国，放眼世界，从陆海丝绸之路的连接、国内国际双循环相互促进的历史、中华文明多元一体格局的形成、中华民族共同体意识的凝聚等关键角度，讲好中华民族辉煌历史与复兴之路上的镇江故事。

2. 必须坚持生态亲民

镇江在历史上拥有 5 个主要的江河交汇口，形成了内涵丰富的"江河交汇"文化遗产群，且多数至今保存较为完整。江河交汇博物馆应当融入"生态博物馆"的理念，注重以原生态、少新建、多亲民的方式展示、保护、传承镇江"江河交汇"独特的历史文化遗产，体现"可见、可听、可亲、可感"的特点，使博物馆成为镇江全体人民共享共建的城市文化生态景观。

3. 必须注重馆园一体

江河交汇博物馆要突破传统博物馆的空间固有性，可以把博物馆与大运河国家文化公园镇江段建设规划中提到的"园、带、点"融为一体，文化遗址即博物馆展示点，让人们感到"走进大运河国家文化公园就是走进博物馆"；将"江河交汇"赋予镇江的独特地理风貌、聚落格局、经济形态、社会结构、文化面貌等内容，以原址、原貌、原物的生态形式展示呈现，让参观者在参观动线中深度感受镇江独具魅力的大运河文化。

二、江河交汇博物馆建设的初步构想

1. 一个中心展示区

以京口闸遗址和现代京口闸区域为核心，依托镇江丰富的"江河交汇"文化遗产群，建设江河交汇博物馆的中心展示区。1933 年被填为中华路的京口闸遗址和现代京口闸所在的水道，历史上分别被称为"大京口"和"小京口"，是大运河镇江段最主要的通江口门，也是著名的江河交汇水利航运枢纽工程——宋代京口澳闸系统的所在地。其周边分布有新河街历史文化街区、平政桥、清军水师标统署旧址、太平天国新城遗址、陆小波故居、江边自来水厂旧址等众多"江河交汇"文化遗产。可在镇江市河长制公园已有规划的基础上，利用现代京口闸展室及南北角亭布置江河交汇博物馆的主旨展陈，配合平政桥江河交汇处口袋式公园、京口小闸纪念碑、古运河慢行步道、江河交汇诗词墙、石浮桥旧址碑等历史文化地标的设置，以及京口闸遗址、清军水师标统署旧址、江边自来水厂旧址等原有遗产点的动线串联和介绍升级，打造出一片生态、开放而又内涵丰富的博物馆中心展区。

2. 四个主题展示区

一是依托西津渡、伯先路、大龙王巷和新河街历史文化街区，以及金山湖风景区等，打造以"灯火沿流一万家"为主题的江河交汇城市文化（山水名城）展示区。在街区现有资源的基础上，导引展示独具特色的津渡文化、军事文化、商业文化、慈善文化、建筑文化、饮食文化、语言文化、宗教文化等内容。二是依托上河街、溧阳码头、宋元粮仓遗址等现有资源，打造以"舳舻转粟三千里"通江达海为主题的江河交汇交通文化展示区。以老旧街区环境的提升改造和现有资源的整合融通为基础，加强京口驿、转般仓、拖板桥、溧阳码头、袁公义渡等地标的动线联系，集中展示此地作为江河交汇水上交通枢纽的繁华历史。三是依托现有丁卯桥公园，打造以"画出楼台云水间"运河人家为主题的江河交汇山水文化展示区。在公园内已有的明月桥、溪亭桥、金涧桥、千秋馆舍、许浑别业、石淙精舍等景观建筑中，有机融入长江与运河镇江段所孕育的诗词、书画、音乐、民俗等优秀文化资源，集中展示江河交汇处"天下第一江山"及"满眼风光北固楼""偷得浮生半日闲"等诗句闻名的诗词文化。四是依托丹徒镇老街、古运河丹徒口、丹徒闸等现有资源，打造以"青山海潮汉故城"运河记忆为主题的江河交汇考古文化展示区。以丹徒社区丰富的历史遗迹和考古资源为基础，逐步建成"边考古、边展示、边体验"的考古大遗址公园，在全面揭示秦汉六朝丹徒县城格局及其与江河交汇关系的同时，使参观者通过近距离感受考古工作的方式，一起探寻江河交汇在镇江的源头与深厚的历史底蕴。同时，建议保留古运河下段"高岗夹河"的特色，不再进行大幅度降坡和拓宽河道的工程建设，因为这最后的5千米几乎是江南运河最后的处女地，基本保持了20世纪70年代以来的面貌，对其保护性开发也体现了生态博物馆的理念和原则。

3. 三个主题文化公园

依托现有北固山西侧古运河甘露口旧址的江边绿地、梦溪园和第一楼街夜市资源，激活周边北固湾、长江路、南门大街、寿丘山、五柳堂、千秋桥等潜在文旅资源的开发转化，带动大市口、东吴路、正东路等城市街区的文旅融合发展。打造以康养露营为主题的"江河交汇京口甘露"休闲文化公园、以科普教育为主题的"江河交汇笔谈梦溪"科教文化公园、以城市夜经济为主题的"江河交汇千秋喜雨"夜市文化公园。

三、关于江河交汇博物馆建设的相关建议

1. 注重长江、大运河国家文化公园建设的一体推进

长江、大运河都是镇江人民的母亲河。继开展大运河国家文化公园建设之后,国家又全面启动长江国家文化公园建设。对于处在江河交汇节点上的镇江来说,长江文化与大运河文化早已融为一体,成为城市文化的重要基因。应当统筹推进长江镇江段及大运河国家文化公园镇江段建设,合力打造集长江与大运河文化于一体的镇江国家文化公园建设地标。

2. 加快推进新河街历史文化街区建设

新河街历史文化街区源自北宋,是全国重点文物保护单位"京杭大运河"的组成部分,是镇江"江河交汇"和"三山"景观线上的重要节点,也是江河交汇博物馆中心展示区所展示的核心文化遗产之一。自 2017 年拆迁至今,新河街的街道建筑已日渐荒废,其建设工作必须加快启动、推进,以早日恢复开放,回应社会关切。

3. 加快推进京口闸遗址西侧闸体的考古发掘工作

京口闸是历史上的江南运河第一闸,是唐代以来船只进出长江和江南运河的主要孔道,其遗址也是江河交汇博物馆中心展示区所展示的核心文化遗产之一。目前,考古工作者已经揭露并完成了京口闸遗址东侧闸体的相关保护展示工程,建议参考国家文物局和有关专家的意见,尽早谋划西侧闸体的考古发掘工作,尽快形成完整的京口闸遗址公园,从而有效提升江河交汇博物馆中心展示区的展陈质量。

4. 加快推进丹徒口和古运河下段的生态保护工作

丹徒口是镇江最古老的运河入江口,相传为秦始皇开凿,经历了漫长的岁月变迁,见证了繁华与苍凉的历史变换,是极具文化底蕴的千年河口。

直至 20 世纪八九十年代，丹徒闸外引河内仍帆船林立，丹徒老街人声鼎沸，承载了祖祖辈辈的运河记忆。目前，5 个入江口遗产群中，大京口和甘露口与长江交汇的情景已难觅踪影；小京口交汇处的长江已成为微澜不惊的金山湖；20 世纪 50 年代开凿的谏壁口则是繁忙的交通口门，人们很难抵近亲近。唯有丹徒口既有古老的历史，又最有可能让人们近距离地看到狭窄弯曲的运河与浩渺的长江交汇时的壮阔，但其周边环境令人堪忧。因此，丹徒口的保护工作亟待推进。

5. 加快推进大运河镇江段的补充申遗工作

2014 年中国大运河成功入选《世界遗产名录》，成为中国第 46 个世界遗产项目。然而，作为中国大运河江南运河的起点和江河交汇处唯一城市运河的传统通江水道，大运河镇江段却未被列入遗产项目所包括的河道段落之中。必须抓住大运河和长江国家文化公园建设的机遇，以江河交汇博物馆的建设为带动，加快推进大运河镇江段的补充申遗工作，恢复镇江在大运河文化和长江文化中应有的独特地位，弥补镇江人民心中的遗憾。

（课题组成员：冯晓华　高逸凡　钱　兴）

长江国家文化公园镇江段建设研究

| 镇江市社科联、镇江市委办公室、镇江市规划勘测设计集团联合课题组 |

2022 年，镇江迎来了第二个国家文化公园——长江国家文化公园镇江段建设的契机。在大运河国家文化公园镇江段建设的基础上，加快建设长江国家文化公园镇江段，从纵向和横向两个方面打通镇江文化"任督二脉"，对于推进镇江市域高质量发展、加快城乡一体化建设、全域性打造文化强市，具有重大现实意义和深远历史意义。

一、长江国家文化公园镇江段建设的优势

古人对镇江有"一水横陈、连冈三面"的赞叹，"一水"指的就是长江。镇江因江而名、依江而建、由江而兴。建设长江国家文化公园镇江段，有三大独特优势令人艳羡。

1. 独特的区位优势

镇江是为数不多的全域滨江城市，是长江沿线唯一在市区与古运河交汇的城市。全市 8 个板块不仅全部滨江，而且各自文化有别、精彩纷呈。长江与运河的"十字"交汇，构成了中国的"黄金水道"。凭借长江之险、运河之利，镇江成为历史上重要的漕运咽喉和战略要地。距今 5 000～3 000 年前，江海在镇江交汇，形成了大喇叭形入海口。至汉代，江面还宽达五十余里，一眼望去波浪滔天。唐代以前，入海口仍在镇江北侧，向东呈喇叭形海湾，金山位于江中岛上，焦山位于下游海口位置，有"海门"之称，

涨落有致的大自然奇观京江潮极具震撼力。

2. 独特的生态优势

镇江全域拥有递次分布、特色鲜明的江中生态岛。扬中全市正在被规划建设为绿色生态岛。丹徒区世业洲是长江江苏段颇具特色的低碳健康岛，习近平总书记视察时说它的"风景比画更漂亮"。市区北部有长江沿线面积最大、距离最长的芦苇荡原生态湿地和焦北长江滩涂湿地，还有面积 57.3平方千米的长江豚类保护区（其中江豚的密度最大），它是长江干流唯一一个主航道之外的保护区，也是长江下游少有的江豚优良栖息地。

3. 独特的文化优势

镇江地处江南最北端，江南、江淮、江海三大文化交汇，呈现出兼收并蓄、开放包容、富有个性、极具内涵的特色。商周时泰伯奔吴沿长江而下，使镇江成为吴文化的发祥地；东吴孙权筑铁瓮城于京江，孕育了充满地域特色的京口文化；西晋时北人过江而建南徐，留下了辉煌灿烂的六朝文化。

二、镇江长江文化的丰富内涵和地域特色

长江不仅成就了镇江城市的滨江特点，也涵养了镇江文化的长江特质。建设长江国家文化公园镇江段，首先要把镇江长江文化的丰富内涵和地域特色充分挖掘出来，这包括：

1. 富有特色的山水文化

其内涵是"城市山林、江河交汇"，其载体是江河水体、沿江山体。水体有"一水横陈"的长江、南北通达的运河，还有蜿蜒曲折遍布全市的大小支流。代表性的山体有自西向东的茅山、宝华山和五州山，有城区的金山、焦山、北固山、南山和圌山。山中有城、城中有山，城市山林、山水相融，是最具个性的镇江特质，"山水花园名城"是最恰当的城市定位。

2. 引人入胜的津渡文化

其内涵是"通江达海、包容兼蓄"，其载体是西津渡、新河街等。隋

唐以来，江河漕运带来津渡兴盛。始于六朝的西津古渡是长江和大运河的古渡口和老码头，素有江南运河第一渡之称。一直以来，街因渡而兴盛，渡因街而扬名，成就了唐宋以来镇江商贸业及现代工商业的发展，西津渡成为镇江最有影响、最引人入胜的历史街区，被誉为"中国古渡博物馆"。

3. 久负盛名的诗词文化

其内涵是"崇爱尚美、惜今怀古"，其载体是古人吟咏镇江的名篇佳作。镇江是中小学课本里古诗词提及最多的城市，李白、王昌龄、杜牧、王安石、苏东坡、陆游、辛弃疾、米芾、龚自珍……一批批文人骚客叹大江东去、惜楼山映照，在镇江留下了千古传诵的诗篇。与诗词相伴相生的是以京江画派为代表的镇江书画文化，这也成为镇江长江文化的重要组成部分。

4. 激励正气的军事文化

其内涵是"富国兴邦、保家卫国"，其载体是铁瓮城、古炮台等。镇江既是长江下游重要的交通要津，也是锁钥东南的军事重镇；既是南北过往、休整补给的最佳所在，也是厉兵秣马、击楫中流的重要基地；既是过江向北、跨江向南争天下的必争之地，也是扼河控江、重兵戍守保天下的咽喉要地。近代以来抗击敌寇、救国救民的红色文化，是镇江人民对古人爱国主义文化的发扬光大。

5. 积德养善的宗教文化

其内涵是"参禅悟道、道法自然"，其载体是众多山寺道观。如金山江天禅寺、焦山定慧寺、北固山甘露寺、圌山绍隆禅寺、宝华山隆昌寺、茅山九霄万福宫、金牛山三茅宫润州道观等。一位位大德高僧道长、观长江夕照、参天地人生，为信男信女弘教说法，成就了镇江宗教文化的兴盛。

6. 资源共享的生态文化

其内涵是"崇尚自然、和谐共生"，其载体是长江沙洲湿地、滨江生态空间和沿江生物资源等。长江在镇江境内由西向东有世业洲、征润州、新民洲、江心洲、高桥洲、太平洲等沙洲和滩涂资源。沿江现有未利用岸线172.5千米，主要分布于世业洲、江心洲、主城区、扬中夹江和雷公岛岸段。长江大保护战略实施以来，这些资源的利用正朝着人与自然和谐共生的方向持续推进。

三、加快建设长江国家文化公园镇江段促进文化强市

就镇江而言，当前长江文化涵养的基础还比较薄弱，发展与保护还有很大的努力空间；长江文化资源的利用还比较滞后，特别是梳理挖掘、活化利用还远远不够；长江文化推介的路径还比较单一，展陈体系不够健全，数智长江只是刚刚起步。这些都需要我们在长江国家文化公园镇江段建设中协同推进，重点加以解决。建议从4个方面入手。

1. 打造一个核心展示园

此即西津渡、金山、焦山、北固山长江文化核心展示园。依托"三山一湖一渡"规划建设，生动呈现江河交汇的黄金枢纽的悠久历史，展现江河交汇的壮美景观，擦亮"江河交汇"城市名片。一是建设长江文化展示馆。展示长江变迁、城市山林特色及沿江城市建设。二是建设长江文化主题公园。依托西津渡长江文化公园，融入山水文化、诗词文化、军事文化、宗教文化内容，通过实地实景实物展示镇江长江文化。三是建设长江文化主题广场。先期启动新河街历史文化街区虹桥门入口广场项目，以江河交汇历史变迁为主题，展示"舳舻转粟三千里，灯火沿流一万家"的商贸繁荣。四是建设玉山码头遗址公园。公园包括位于新河路北、和平路东的大码头遗迹，以及位于新河路南、云台路西的历代江岸与建筑遗迹，展示长江河道变迁，弘扬津渡文化。五是建设近代工商业遗存展示馆。选择其中1~2处工商业遗存实地，集中展示近代镇江工商业文化的代表德士古火油公司、亚细亚火油公司、美孚石油公司、海关、邮局、招商轮船码头和商会、会馆等行业组织等的旧址图片，以及陆小波、郭礼征等诸多爱国企业家活动场所的旧址图片，让人们了解镇江近代工商业的发展脉络，以及爱

国企业家明礼诚信、济慈德善的人文精神。

2. 打造一条集中展示带

此即西津渡至谏壁运河口的长江文化集中展示带。西津渡的英国领事馆旧址展现的是中国被迫对外开放的屈辱历史，同时也向国人展现了西洋建筑文化。西津渡街有着长江运口商埠文化、江河行帮文化、救生义渡文化等丰富内涵。附近的新河街（小京口）历史文化街区、伯先路（大京口）历史文化街区及中段丹徒口历史文化街区，均展现了镇江沟通内外、兼收并蓄的开放包容精神。谏壁运河口展现的是千年运口文化篇章的延续，再现了镇江江河交汇黄金枢纽的繁荣景象。

3. 打造一组特色展示点

一是江河交汇展示点。依托江南运河第一渡——西津渡、江南古运河第一闸——京口闸、江南运河第一街——新河街、江南新运河第一闸——谏壁节制闸等，展示江河交汇镇江地标盛况。二是江防要塞展示点。依托焦山、圌山和五峰山景区，以断山墩、烟墩山遗址为补充，同时展示爱国主义军事文化和历史悠久的吴文化。三是生物多样性展示点。依托长江豚类保护区和中国扬中河豚岛，展示长江生物多样性和长江滩涂湿地景观。四是生态江岛展示点。加快建设扬中绿色生态岛，提升世业洲低碳健康岛建设水平，全面展示生态江岛湿地风光、大江风貌。五是数智长江展示点。纳入数字镇江建设内容，搭建数智长江平台，数字化展现长江国家文化公园镇江段风貌。

4. 打造一批体验展示线

一是诗词文化展示线。自"江海之门"焦山，沿滨江绿道，打造长江诗词文化长廊，让唐诗里的"潮平两岸阔"、宋词里的"满眼风光北固楼"，唤起人们对镇江历史文化的记忆。二是长江环岛展示线。把世业洲26千米江堤打造成最美慢行环岛路，以高质量的生态旅游空间布局，回答好扬中"长江大保护"103千米的历史考卷。三是江豚游赏展示线。在西自句容下蜀港、东至扬中雷公岛一线，设置江豚观察点，与扬中园博园、滨江公园共同形成江豚游赏水陆两条线。四是夹江绿道展示线。自镇江新区大路镇到丹阳丹北镇，推进夹江江堤更新，展示夹江生态风貌和周边田园风光。五是宗教文化展示线。依托宝华山隆昌寺、五州山江苏佛学院、金山江天禅寺、焦山定慧寺，以及茅山、金牛山道观等，全面展示长江南岸宗教文化。

（课题组成员：于　伟　王荣飞　陈　杰　王金花　徐加伦　张文祺　徐　敏　任　道　薛玉刚）

镇江吴文化资源的认识和利用

| 江苏大学课题组 |

吴文化是中华文明的重要组成部分，经商、周（春秋、战国）、秦汉、六朝的生长，以先秦时期的吴国文化为源头，以秦汉以降从古越语发展而来的吴语为线索，以六朝时期的吴地文化为基础，在隋、唐、宋、元时期发展壮大，至明清时期形成高峰。镇江作为古吴旧都、孙吴重镇、吴地门户，吴文化资源的丰富程度和历史地位在全国首屈一指，如能善加认识利用，吴文化必将成为镇江文化的核心特色和关键符号。

一、镇江在吴文化发展中的历史地位

1. 先秦吴国在镇江发展壮大

镇江是吴国青铜器之乡，是吴国城址和墓葬最为集中的区域，也是吴文化融入中华文明的起点。历史上商周时期泰伯奔吴后，吴国统治集团从今天的皖南经江宁、句容一路迁徙至镇江江边，当吴王寿梦在今镇江东部丹徒镇至五峰山的沿江一带建立其统治时，吴国已发展成为东南强邦之一。在镇江大港江边，分布有大量西周至春秋时期吴国贵族的大墓。墓葬中出土了为数众多的青铜重器，密度为江南之最。其中最为著名的是宜侯夨簋和吴王夷昧矛，铭文直指吴国历史和君王名号。青铜器是早期人类社会文明发达的重要标志，西周春秋时期的吴国青铜器主要出土于宁镇地区，而其中的绝大多数又收藏在镇江博物馆。在近年的考古发掘中，镇江新区的孙家村首次发现了颇具规模的吴国冶铜城址，其一度入围全国十大考古发现的最终评选。孙家村遗址不仅证明了镇江是先秦时期吴国的政治中心、文明中心，还从考古学的角度将镇江的建城史上推至西周时期。越过丹徒和丹阳之间的"云阳北岗"，吴国开始进入太湖流域。位于丹阳珥陵的珥城遗址和葛城遗址，就是吴国进入太湖流域后最早的城址遗存。正是在这一时期，吴王寿梦幼子季札三让王位，躬耕于延陵封地，又曾为吴国出使中原，留下了季札让国、挂剑存信等众多美谈。至今丹阳延陵季子庙香火长盛，被天下吴姓奉为祖庙，而延陵季子的德才也让荆蛮之地的吴国第一次走进了中华文明主流文化的视野。

2. 六朝吴国在镇江发迹立国

镇江是吴国帝王之乡，是孙吴都城建设的起源和首都圈重镇，也是吴文化成为中华文明高地的起点。孙权之父孙坚战死后，孙氏家族将其"还葬曲阿"，包括孙权在内的孙氏年轻子弟，在孙坚夫人的抚养下成长于今属丹阳的这片土地上。孙权之兄孙策初定江东即在丹徒被刺身亡，孙权继承其兄大业，绾合淮泗精英和江东豪族力量，巩固了孙氏政权的统治。建安十三年（208 年），孙权在丹徒江边控扼入江浦口的北固山上修成了一座号为"京城"的包砖山城，后世俗称"铁瓮城"，并将治所从吴县迁来此城。正是在这座我国已知最早的包砖山城里，孙权与诸葛亮定下了联合抗曹的方针，由此出兵赤壁，大破曹军，打赢了吴国的"立国之战"。三年后，孙权又以京城为蓝本，在秣陵江边控扼秦淮入江口的石子岗上修筑了石头城，从而奠定了后来吴国的帝都建业。孙权成为吴国皇帝，开创了吴文化发展的第二个高峰。他追谥父亲孙坚为武烈皇帝，封其曲阿故茔为吴国高陵，在今丹阳司徒镇大坟村。孙氏政权的这片发迹之地，由此正式成为吴国帝乡。吴赤乌八年（245 年），孙权遣校尉陈勋在茅山北麓开凿破岗渎，沟通了秦淮河和早期江南运河，定都建业的孙权从此得以乘船亲往高陵致祭。孙吴灭亡后不到 30 年，躲避战乱的北方士族纷纷渡江，侨居今宁镇沿江一带，史称"永嘉南渡"。此后，北方侨民与吴国遗民以文武重镇京口和齐梁帝乡兰陵（丹阳）为据点，不断交流融合，开启了中华文明先进文化"宅兹东南"的发展进程。无数英雄人物和文明巨子在这片故土上描绘出了后世吴地风流、三吴繁会的雏形，而吴文化也在这一进程中逐渐成为引领历史潮流的文明高地。

3. 吴语历史在镇江生动展现

镇江是吴语区北界所在，是吴语最早形成并不断发展至今的地方，也是吴文化与四方文化互动的前锋。吴语是吴文化最重要的载体和脉络之一，它源于先秦时期吴人和越人共通的侗台语族语言古越语。秦汉时期出现的地名"丹徒"，仍是古越语"镇守江河的城关"一词的音译。随着"丹徒水道，入通吴会"，汉代中央集权统治沿着早期江南运河向吴越腹地展开，吴越人民开始用古越语口音学说汉语，形成的上古汉语东南方言就是吴语的雏形。在孙吴政权称帝立国后，新的"吴地""吴人"逐渐认同，而所操古越语口音的东南方言也由此被称为"吴语"。此后吴语的发展依然离不开四方文化的交融，现代吴语就源自"建炎南渡"后中原移民对古吴语口音的影响，时至今日，吴语中仍有古越语词汇留存。

镇江方言有属吴语太湖片毗陵小片的本地吴语、属江淮官话洪巢片的市区方言和句容方言、属江淮官话泰语片的扬中方言，还有介于三者之间的过渡带方言。吴语与官话接触，各种方言在此相互渗透影响，留下了许多不同时代的发音和不同来源的词汇，生动展示了吴语"四方融会"的发展史，在今天镇江本地吴语、市区方言和过渡带方言的关系之中能够直观体现。本地吴语是历史上的"镇江话"，主要分布于镇江新区的儒里、丁岗，丹徒区的辛丰、上会、宝堰、荣炳等乡镇，以及丹阳市，语音、语调及词汇与金坛、溧阳等地吴语接近，反映了清代镇江府范围内方言的一致性。今天的市区方言是狭义"镇江话"，主要分布于京口区、润州区和丹徒区的高资、石马，以及句容市的下蜀等西部乡镇，音韵特色接近扬州话，也有本地吴语发音残留，词汇则体现了江淮官话、本地吴语、周边吴语、西南官话和旗人话等各种方言的影响，鲜明展现了镇江"江河交汇"的区位特色。

二、讲好吴文化的镇江故事

镇江是历史和现实中吴文化形成和发展的关键节点，我们必须正视镇江作为吴文化核心城市的重要地位。

1. 增强镇江吴文化自信

当前省内其他城市的吴文化宣传已开展多年，作为吴文化重镇，镇江更需要迎头赶上。应当明确相关部门协调组织各类媒体和地方高校相关力量，以报纸专栏、学术专刊、纪录片、网络公众号、自媒体或官方账号及镇江吴文化词典、镇江方言志等形式，在镇江吴文化丰富资源的基础上全面发力，全方位宣传镇江吴文化的深厚渊源，以及镇江对吴文化区的重要意义，以吴文化"四方融会"的核心内涵打造镇江长江和大运河文化带建设的最大特色，推动新时代镇江吴文化研究的繁荣转化，以吴文化资源深度利用于文旅融合，助力镇江城市高质量发展。

2. 保护镇江吴文化遗产

镇江新区的孙家村遗址、丹阳市的葛城遗址，以及京口区的铁瓮城遗址，分别是先秦吴国和孙氏吴国的重要城址，具有鲜明的地方特色和重要的历史意义。其中，铁瓮城遗址在民国以前一直是州、郡、道、路、府的治所所在，不仅仅是镇江古城的千年政治中心，更曾是整个吴地的政治中心。此外，镇江的吴文化遗产还包括镇江新区历年发现的大量先秦吴国墓葬和聚落遗址、有待进一步发掘的句容孙吴破岗渎遗址、丹阳的延陵季子庙和孙坚高陵，以及广泛分布于镇江农村地区有待田野调查和记录研究的镇江本地吴语方言。对于这些珍贵的吴文化遗产，江苏大学等驻镇高校应与镇江市有关职能部门通力合作，共同承担起传承保护之责。

3. 加强镇江吴文化研究

20 世纪以来，各类吴国墓葬和重要遗址相继被发现，镇江曾多次举办吴文化高等级学术会议。为把镇江打造成吴文化研究的重镇和传播窗口，当下镇江市可与江苏大学等驻镇高校密切配合，共同领办一个常设的、专业化的吴文化交流研究平台，以此为基础，吸引相关专业人才，立足镇江、放眼全国，培育一支研究吴文化的专业队伍；同时利用镇江市先秦吴文化与六朝吴文化兼备的优势，以本地吴文化资源不断发掘和研究的成果为基础，定期召开全国性、国际性吴文化学术论坛，继承吴文化专业研究的优良传统，不断增强镇江市在吴文化传承保护利用中的话语权和影响力。

（课题组成员：肖建国　高逸凡　李　丽）

文化意境美学视域下镇江诗词文化的传播和保护

| 韩 荣 韦 城 李文清 韩 倩 彭瑶瑶 |

镇江北临长江，城中一座座山峦起伏，京杭大运河穿城而过，呈现出"一水横陈"的"城市山林"风貌，蕴藏着丰富浓厚的人文历史内涵。历代文人雅士在此探奇揽胜、挥毫泼墨，酝酿出众多名篇，留下了大量精妙绝伦的诗词歌赋。千百年来，"何处望神州，满眼风光北固楼""洛阳亲友如相问，一片冰心在玉壶""春风又绿江南岸，明月何时照我还"等佳句一直为人们所传诵。深入研究古人诗词的审美表象和情韵，发掘诗词文化与大众艺术审美及日常生活美学的关联，设身处地还原古人的创作意境，形成气韵更为生动流转、更加丰富系统的美感境界和浓厚的人文情怀，展现独属于镇江的生态美学特点，打造能够弘扬传承地域文化、供游客居民休闲观光阅读、促进文旅融合的优质空间，树立良好的城市形象，扩大镇江诗词辐射范围和影响力，促进书香城市的建设与城市经济的发展，不失为镇江文旅产业融合发展的一种新思路。

一、地域性对镇江诗词文化的影响

镇江诗词文化源远流长，才学之士往往将诗歌当作表达情感审美及展示才华的领域。镇江得天独厚的地理条件，吸引了历代文人墨客到访，他们来往此处观山川名胜，登高望远、临江怀古、抒发感慨，既赞美镇江的山川之美，也感慨羁旅的孤独寂寥，更诉说一心报国的壮志未酬。镇江独有的生态审美场和历史因素，为优秀诗词的诞生提供了独一无二的条件，成为构成镇江诗词地位和特色的重要一环。

镇江在历史上是水运交通的码头和经济文化交流的中心，是南北文化不断冲突和融汇的重要地带。金陵津渡（即西津渡）是人们弃舟登岸的必经之地，云台山就在近旁。寄情山水的文人雅士，一上山就能看到不同于江南其他城邑的独特风貌。城北长江滚滚，东、西、南三面山峰含黛，整座城市镶嵌在山水之间。因山为城、天工匠作，江天混一、山水兼备，雄秀并见、浑然一体，镇江呈现出独特的风景特色。如今城市风貌和古时虽然有所区别，但襟山带江、真山真水的城市山林风貌却没有改变。静谧山林吸引文人游览，成为文人墨客挥毫泼墨的土壤，秀丽山水、雄壮景致总能引得骚人诗兴大发。多少歌咏镇江景致的诗篇，塑就了具有镇江特色的诗词文化。

镇江作为东南锁钥与漕运咽喉，自古是兵家必争之地。历史上战乱的影响，引来了众多北方移民，其中不乏文人墨客，他们带来了地域文化的交融，在镇江形成多元的审美氛围。在山水浸润、移民文化、历史文脉的共同影响下，诗词审美氛围、美学情调走向情志化、趣味化。审美情调的同构性，强化了双方交互共生的生态关系。镇江宁静恬淡的生活环境，以及饮食、风俗、生态等各方因素，融入并孕育了诗词文化，一词一句之间尽显镇江本土文化的美学晕染，带有鲜明的地域特色。如众多描绘镇江美食的诗歌，有的体现了被美食吸引而来的创作者本身的喜好，他们在享受美食的同时，写下脍炙人口的吟咏佳篇；有的则展示了镇江当地的风俗风貌，如元《至顺镇江志》记录的北宋苏轼的《元日过丹阳明日立春寄鲁元翰》诗，描写的就是镇江春节处处张灯结彩的盛况："西湖弄水犹应早，北寺观灯欲及辰。"上有赵尧的注说得明明白白："北寺在润州，上元最盛。"明清时丹阳盛行琉璃灯，俗称"王灯"。清代诗人汤寅作有《王灯歌》，诗序中称："（丹阳）邑人潘凤工画，从杨文襄游，于内家见琉璃屏，因悟为丝灯。工巧新丽，自古所无。近变态极矣！而王五最有名，始于灯上作参差坳凸状，山水人物，一一精妙……呼为王灯。"这样的审美情趣，像在天态审美场里依次延伸出民生、民俗，生动体现了追求趣味的审美风尚，充满了人文美学，达到了魂与形即"意境"与"美学"的统一发展。

还有值得一提的镇江碑刻，从中可以窥见镇江文化美学的一角。有的碑文虽是只言片语，却使得与之相关的古人瞬间生动起来，让人们可以联想起隐逸居士和客居文人的生活状态，更能证明镇江的文化美学氛围并不局限于诗词。人文生活几乎对人活动的生态圈有超越性的发展与推动作用，深化了意境美学的放任概念。

综上所述，镇江的诗词作品不仅影响深远，而且在相当程度上渗透进了镇江本土文化，展现出了镇江当地的民俗风情，丰富了文化美学发展，凝聚了人文美学精神。

二、镇江诗词的文化意境美学探究

镇江诗词不但数量众多、内容丰富，而且涵盖各行各业。山川形胜、礼制民俗、社会生产、凄美爱情、历史时事大都被融入诗句之中，形成了独特的地域诗词风貌。有学者认为此方面是镇江一绝，镇江的诗词风貌受到后世不同民族、不同地域诗人的热爱和尊敬。我们从认知心理学角度，体验镇江诗词歌赋隐喻的文化意境美学，可以看到其背后作为审美依据的物质文化条件。

一是语言。从作品中可以看到南北语言文化碰撞融合给镇江诗人诗歌创作带来的美。在镇江历史上的诗人中，最能体现这种语言特点的，是清朝道咸同光时期的燮清、延清二人。他们一位久居镇江，一位是驻防于此的外族诗人，其诗作都富含时代气息，在文学史料中有极高的艺术价值，从中也可管窥当时全国上下包括少数民族诗人作品中隐隐蕴涵的中华文化的一体大融合。

二是地域。镇江诗词意境美学的传达，其实就是主体地域和客体文化的契合，是对文化的一种传神化表达。其最主要的表现，是诗歌创作的动力依赖于诗人心灵与地域"静照"所得的意象。以此为根本，通过文学传神的表述，最后回归到诗人的灵魂，实现镇江的造化和心源的融合和渗透。镇江地域最主要的特征是江山形胜，"满眼风光北固楼"是众多诗人对镇江由衷赞叹的代表性表达，也是历代诗人赠予镇江人民最佳、最美、最典型、最具个性的无价之宝。山和水是镇江城市的灵魂，山川诗词便是诗人以深静的心灵映射出的宇宙万象。语词只是表象，代山川立言才是诗歌的归宿。镇江诗词的文化意境就是自然景观和精神文化的融合和统一，最终得到的是一个审美结构深化的新质享受，这种主观和客观的耦合，正是艺术的"意境美学"的精髓。

三是时空。诗可述史，从晚唐到五代，再到宋、元、明、清，历代诗人在创作解读诗歌、认知地域、传播文化的过程中，不但增加了"诗史"的时代内涵，也活化了诗歌在空间上的生命力。镇江地处南北交通要道的交汇处，纵观历史上的镇江诗词作品，其中总会贯穿战乱引起的国破家亡、生离死别等主题。许多诗人作为匆匆过客，其诗词歌赋中偶尔可见到与自然意象息息相关的人文意象的联接，其产生不是简单的历史叠加，更多的是情绪化的渲染。诗人的最高审美观念是"生命的节奏"，其认为从求真到求善才是诗词的本意，当这项法则在生活中发挥作用时，才是所谓对心性的修养。虽然求真和求善有时候与所展现的风貌相矛盾，但正是因为有矛盾，才能看出矛盾统一后诗人对镇江大好河山本身的热诚。正因为有这样的背景，才更吸引着诸多文人驻足留连镇江，渐渐引申出对逝去的怀念，对国运和身世的感怀。诗歌的动态呈现是艺术的目标之一，诗人用文字形式来表达时空对象的动，才能展现艺术的精神，展现所描绘景物的生命节奏的美之意境。我们作为诗歌的跨时空接受者，以一位崇敬者的姿态去追忆、去摹写经典，很明显在接受学上对镇江诗词文化的传播有着重大意义。

三、以城市书房形式传播与保护镇江诗词文化的思考

在目前镇江对文化遗产进行的传播与保护中，我们考虑要以对诗词文化意境美学的探究作为思想基础，结合地域特色，选取 4 种文化社区类型，

在其周边建立线下主题城市书房，通过分头并进的形式达到镇江诗词所属文化遗产的传播与保护目的。城市书房的选址，定在镇江历史文化社区公园的附近最为合适。以其中之一的丹徒新区广场为例，其利用自然、地理、历史、人文资源等条件，在文化意境美学视域下，创造性地使用书房群形式来营造诗词文化空间。我们参考了镇江诗词意象，捕捉镇江诗词作品行文中"共喻、跃迁、叠加"的特点，将其转译为景观场地文化生态基质，并运用于场地建筑的设计建造之中。设计源于对镇江诗词构造的研究，将镇江历代诗词文字中蕴含的美感，通过现代的材料和手法重新演绎，实现具有文化意境美学的新诗风、新诗韵。文化负载词和空间功能共同组成了宏观的布点系统和微观的城市书房群系统，负载词的构成决定了空间的结构与形式，以及对应的空间意境，每一个点都象征着一个复合功能空间，每一个功能空间都极富镇江诗词色彩。

总之，从研究探索的意义上看，本课题研究重塑镇江诗词文化的思路，并为主题城市书房的建设提供了新的思路与方式，通过地理信息系统（Geographic Information System，GIS）技术和量化分析手段（收入文集时限于篇幅略去了 GIS 技术的量化分析），给出了适合城市书房构建的街道节点。而从未来发展的方向上看，本课题研究进行了一次意境美学和镇江诗词文化结合的尝试，并将一维诗词转译到三维空间中去，此类具有可推广性的设计思路在将来会得到更多应用。

（作者单位：江苏大学艺术学院）

镇江宋韵文化资源的挖掘活化和利用

▍ 蓝旻虹　尹　悦　张　剑 ▍

镇江在宋代时成为南北漕运的交通枢纽，不但商贾云集，而且有许多文人学者士大夫选择居住在镇江，在人文思想、艺术美学、科学技术等方面给镇江带来了深远影响，并留下了丰富的宋韵文化资源。关注宋韵文化资源的系统挖掘和整理，提炼其优秀文化底蕴和精神气质，研究其活化的路径和策略，可以为构建镇江山水花园名城提供一定的学术支撑，并对形成、提高镇江的城市文化标识度和品牌美誉度具有较强的现实意义。

一、镇江宋韵文化资源的定义与分类

1. 镇江宋韵文化资源的概念界定

宋韵文化资源是两宋文化的精髓。两宋文化包罗万象、良莠并存，须从其中提炼出时代所需的优秀元素、内在精神和文化价值。镇江宋韵文化主要以宋代历史文化遗存为基础，包括镇江地区出土的宋代文物、考古发现的宋代遗址和重要名人墓葬等。它们从丰富多元的市民生活、士大夫阶层的生活美学、英雄主义情怀等角度，深度阐释了镇江在两宋时期独特的城市气质和人文风骨。

2. 镇江宋韵文化资源的分类

宋韵文化资源主要分为物质形态、非物质形态和其他形态资源3个大类。结合镇江特点，其又可细分为遗址遗物、古建筑、民间传说等8个亚类（表1）。

表 1 镇江宋韵文化资源分类表

大类	亚类	代表性单体		
物质形态资源	遗址遗物类	遗址	沈括故居、宋元粮仓遗址	
		遗物	《禹迹图》石刻、紫定瓶、青白釉托盏、陶磨喝乐、焦山宋代摩崖石刻	
	古建筑、古桥梁	甘露寺铁塔、鸿鹤桥（孩儿桥）		
	墓园	米芾墓、曾布墓、宗泽墓、赵子褫墓		
	文献古籍	志书	嘉定镇江志	
		寓居镇江学者编撰著作	沈括《梦溪笔谈》、苏颂《新仪象法要》	
		镇江籍学者编撰著作	王存《元丰九域志》、刘宰《京口耆旧传》、吴淑《事类赋》	
非物质形态资源	民间传说	白娘子水漫金山寺、苏轼留带、梁红玉击鼓战金山		
	关于镇江的宋代诗词	苏轼《游金山寺》《少年游·润州作·代人寄远》；王安石《泊船瓜洲》，辛弃疾《南乡子·登京口北固亭有怀》		
其他资源	人事记录	寓居镇江名人	沈括、米芾、苏颂、金山寺主持佛印法师	
		镇江籍名人	汤东野、洪兴祖、王存、刘宰	

注：本表在对镇江宋韵文化资源进行分类统计时，主要依据实地调查，并参考了镇江市文化广电和旅游局编撰的《镇江市文物志》、镇江图书馆编撰的《影响中国的镇江人》、刘建国主编的《名城地下的名城——镇江城市考古纪实》等相关论著和方志资料。

二、镇江已发掘的宋代重要遗存

镇江宋代遗存大都深埋地下，历年考古发掘资料显示，千年前的宋代镇江城就叠压在如今的城市之下。宋代遗迹与遗物如码头、水井、手工业作坊、灰坑等，大多集中在老城区以大市口为核心的解放路、中山路、运河路、五条街、斜桥街、京口闸等地，墓葬则分布在城市周围的山陵地带。通过已发掘的这些遗存，人们可以直观了解镇江城市的发展历史和宋代人在镇江的相关活动。考古发现的主要遗存如下。

1. 沈括故居梦溪园

沈括是北宋著名政治家、科学家，晚年定居镇江，撰写了科学巨著《梦溪笔谈》。2015—2017 年的考古发掘大致探明了北宋梦溪园的格局，确定了百花堆、西花堆位置，现存遗址总面积约 3 500 平方米。

2. 宋元粮仓

遗址位于市区双井路地块，为两宋时期所建。宋代在镇江设有转运司，负责征收转输本府财赋，转运司下属转般仓专门受纳、转输米粮。经 2009—2010 年考古发掘，宋代至清代的河道、元末明初石拱桥、清代码头、清代房基、宋元建筑夯土、宋代房基遗迹等先后被发现。

3. 古运河桥

（1）范公桥。原名清风桥，古运河上名桥之一。志载北宋仁宗景祐年间润州太守范仲淹重建。1998 年，正东路拓宽扩建时发现了宋代范公桥遗迹。

（2）嘉定桥。又名镇方桥、网巾桥。志载南宋淳熙年间郡守钱良臣重建砖桥。1999 年，五条街振华工地施工时发现了宋代嘉定桥东段遗迹。

（3）鸿鹤桥。又称红鹤桥、孩儿桥。鸿鹤桥是镇江市区现存地上年代最早的一座古桥，为古代出城通向南境的要津。

4. 宋代冶铜遗址

炼铜铸铜是宋代镇江城常见的手工行业。1995 年，市区码头京京工地施工时发现一处冶铜遗址，遗址出土有冶铜炉壁、炼渣、铜液积块等遗物。

5. 宋代琉璃炼址

古代称玻璃为琉璃，宋代镇江已有造"琉璃宝塔"的记载，城内有"琉璃巷"。1995 年，解放路工地施工时发现宋代琉璃炼址，出土炼炉残迹及琉璃象棋等遗物。

6. 宋元泥塑作坊

泥塑玩偶在宋代平民生活中十分流行，史料载农历七月初七乞巧节百姓会供奉泥塑磨喝乐（俗称泥孩儿）。1980 年，原五条街小学施工工地出土了一批宋代泥孩儿。1996年，大市口变电所工地发现一处宋元泥塑作坊遗迹，并出土大批泥塑作品及工匠生产、生活遗物。

7. 名人墓葬

（1）宗泽墓。宗泽为南宋抗金名将，志载建炎二年（1128年），宗泽病死在东京（开封），后归葬镇江京岘山北端。2005年，配合宗泽路拓宽工程，镇江市组织对宗泽墓区进行抢救性勘探、试掘，发现宋代享堂遗迹，填补了我国宋代功臣墓前祭祀建筑考古的空白。

（2）曾布墓。曾布为北宋著名政治家，其兄曾巩是闻名于世的"唐宋八大家"之一。墓园位于镇江句容市下蜀镇朱家边自然村东南部约800米处，形似靠背座椅，背靠空青山，面朝案山、龙王山，选址具备完整的风水格局。2019—2020年的考古发掘采集了墓园建筑构件等文物标本1 200件，确认了墓葬时代及整体结构布局。

（3）邵亢墓。邵亢为北宋时期政治家，官至枢密副史。墓葬位于丹阳市大泊社区王家村附近，为竖穴土坑墓，平面呈长方形，由二层台夯筑而成。2007年7月发掘时，考古人员清理出登封窑珍珠地梅瓶、青白瓷高足杯、粉盒、器盖和一方完整的墓志。

（4）章岷墓。章岷祖籍福建，北宋时期政治家，官至光禄卿。墓葬位于黄鹤山西麓、林荫路东侧南郊水泥制杆厂内，为石顶砖壁结构的长方形竖穴墓。墓内出土当时名贵茶器、瓷器11件，漆盘1件，墓志1盒。

三、镇江宋韵文化资源涵盖的内容

通过梳理，镇江宋韵文化资源所涵盖的内容大致可以归纳为以下5个方面。

1. 赤诚报国的浩然正气

赤诚报国的浩然正气以辛弃疾、陈亮在镇江留下的爱国主义诗篇为代表。当时我国北方被少数民族政权金朝所占领，镇江成为南宋政权的北大门。统治者偏安临安（今杭州），不思收复中原。辛弃疾的两首"京口北固亭"词作，陈亮的一首"多景楼"词作，都表达了作者北上抗金、恢复国家统一的爱国情怀。死后安葬在镇江的宗泽、李叔子、岳超三人，则是亲自领兵抗金的南宋名将，李叔子就是镇江人。宗泽墓现为江苏省文物保护单位，李叔子墓、岳超墓都被抢救性发掘保护。

2. 因河而兴的工业商贸

镇江为大运河和长江交汇口，宋时运河穿城而过，一座座桥梁夹河而列，南来北往的客商熙熙攘攘，两岸民居商肆鳞次栉比。建于宋代的孩儿桥，至今保存完好。出土的多面标有"润州原本陈家青铜照子""润州徐家青铜照子记""镇江府陈家青铜照子记""镇江府水军酒库前石家照子"等铭文的铜镜，标志着镇江城内冶铜业的发达。此外，造船业、酿酒业、传统金银器加工业、漆业、琉璃业等也都较为兴盛。

3. 丰富多元的百姓生活

从遗址和墓葬中出土的各类遗物中，可以窥见宋代镇江人的生活情状。南北窑口的茶具、酒器及其他饮食器具，反映出当时的宴饮文化。五条街农贸市场及小学工地出土的陶球、陶蟋蟀过笼，以及骨制牌九，说明了镇江人在宋代有着多样的娱乐生活。

4. 敦厚典雅的士大夫情趣

宋代米芾与沈括等名士寓居镇江，带来了当时最高的文化、艺术修养。米芾画笔下的米氏云山，正是他游历镇江山水后，对镇江宋代山水的再现。他所开创的米氏书画技法影响深远。沈括定居镇江后，慢慢把梦境变为现实，他在所撰《自志》一文中介绍了自己精心筑造的梦溪园景观，如花堆阁、岸老堂、远亭、竹坞等，从命名中便可感知他"天人合一"、自然古朴的造园理念。章岷墓中出土的镶金银口的精美影青茶器、名贵的定窑酱釉瓶等，则反映了日常用器当中士大夫的美学观念。

5. 发达的人文教育科技

沈括在镇江写成名扬世界的科学巨著《梦溪笔谈》，以及不太为人熟知的茶学著作《本朝茶法》；徙居润州丹阳的北宋杰出天文学家、天文机械制造家、药物学家苏颂主持制造的"天文钟"之祖——水运仪象台等科学成就，使镇江成为宋代重要的人文科技创新中心之一。镇江博物馆收藏的原立于镇江府学文庙大成殿内的宋代石刻《禹迹图》，落款"绍兴十二年十一月十五日左迪功郎充镇江府府学教授俞篪重校立石，冯遂镌"，说明在千年前的宋代，镇江人就非常重视教育，学校已提倡学习和传播地理知识。

四、镇江宋韵文化资源的活化与利用

让镇江宋韵文化资源活化和利用起来，让其成为镇江城市文化的金名片，需要在对杭州、绍兴、开封等地宋韵文化的比较中，不断加深对镇江宋韵文化特点的认识，并在充分挖掘的基础上，加大保护和宣传的力度，真正让宋韵资源在镇江流淌起来，并向周边地区扩散。

1. 加快推进沈括故居梦溪园遗址的复建和展示

镇江宋韵文化最大的载体为梦溪园遗址，遗址的保护与展示利用是宋韵文化资源活化过程中亟待解决的问题。梦溪园一、二期考古工作先后确认了史料中所记载的百花堆、西花堆位置，大致弄清了北宋梦溪园的格局。镇江著名考古学家刘建国先生建议，要加快推进梦溪园二期复建工程，大手笔再现沈括梦境中的世外桃源，使它成为有文化积淀、有历史故事，类似成都杜甫草堂那样的城市文化名片，向人们展示镇江古代的江南园林。

2. 重点做好名人墓葬的保护，打好名人牌

近年来，镇江先后考古发掘了曾布墓和疑似苏颂墓，在做好宋代高等级墓葬制度、墓园布局研究的同时，要充分挖掘墓主人背后的故事。在镇江生活多年的苏颂，曾留下"诗人嗷嗷常多难，儒者凄凄久讳穷。他日得归江海去，相期来访蒜山冬"等佳句。要从其诗意中串联众多宋韵文化元素，融合周围自然山水，建好苏颂纪念园和苏颂墓园，使其成为缅怀先人、感知历史的最佳场所。

3. 注重博物馆宋代藏品的系统整理、研究与展览

镇江博物馆收藏的宋代藏品大都来源于考古发掘，是宋代镇江历史的重要见证。大市口出土的"润州砌大市砖街""朱方新砌十字市街"两方石

碑，镌刻着捐资修路人员的名单，反映出北宋时期镇江市政建设中市民参与的热情与投入。大市口古井壁龛中出土的和合二仙井神像，传递的是民间的井神崇拜。如何通过原本孤立的文物立体展现镇江的两宋文明？这就需要对博物馆宋代藏品进行系统整理和研究，从静态的文物陈列与展示到文物数字化传播，让宋代文物在当今时代活起来。

4. 做好宋韵文化的活态传承与交流

宋韵文化的活态传承离不开实物载体。重点要在复建沈括故居宋式园林的基础上，策划宋式茶学、科技节等活动，用好沈括故居这个有标识度的 IP，为后续宋韵文化的传播提供经验。围绕金山寺周边，打造宋韵文化特色景区，建立宋代文化体验空间，让受众身临其境感受不同形式的宋韵文化，让宋韵文化真正可见、可感。要使碎片化的各类资源，在展览、文物数字化、文创产品、游学等系统项目中得以整合和活化。还要加强与杭州、开封、绍兴等宋韵文化圈城市的文化交流与互动，用一条运河把城市紧密联系起来，让本地市民、外来游客从两宋时期重要的交通枢纽和江南名府的视角来看待镇江。建设承载宋韵文化的空间，要以重要遗址为中心，系统性构建，品牌性培育，融合性发展，打造一批具有鲜明标志性和辨识度的文化名片，真正使宋韵文化成为镇江文旅事业发展的重要推手。

（作者单位：镇江博物馆）

赓续镇江版画优秀传统　提升本土文化竞争力

❘ 李致莹　房　容 ❘

一、镇江版画发展的历史和现状

镇江文化历史悠久，版画也一直在本土艺术中占据重要地位。在丰富的艺术种类中，用犀利的刻刀为木头赋予"生命"，镇江近代版画家沙清泉独树一帜。他 1936 年投身于鲁迅倡导的新兴木刻版画运动，1938 年与木刻界同仁在汉口成立"中华全国木刻界抗敌协会"并当选为理事。在抗战期间，他创作了大量鼓舞民众团结抗战的木刻版画作品。除沙清泉外，镇江早期版画艺术界还有参加过抗美援朝的老战士王文涛、已退休的徐润生、已故的戚伟峻等多位版画家。20 世纪八九十年代，镇江涌现出了新一批版画家，如镇江市文联原副主席王川、文联原副秘书长朱再金、镇江画院原院长车长森、现镇江市版画学会主席徐银东和副主席潘镇鸿，镇江日报社翟平、江苏大学教授沈荣，以及钻研丝网版画的殷才云等。据潘镇鸿回忆，80 年代前后镇江美术界的版画家们创作热情高涨，版画展览活动热闹非凡、精彩纷呈。镇江市文化馆和工人文化宫共同组织举办的展览每年有好几场，并多次和省内南京、徐州、盐城、南通、连云港等城市进行版画联展；镇江举办过徐银东、潘镇鸿、翟平、胡声平和沈荣 5 位青年人的版画展；"镇江·北京版画展"分别在镇江和北京举办，北京的李桦、古元、宋源文、张桂林等版画大师，镇江朱再金、王川、王文涛、徐润生、戚伟峻、潘镇鸿等版画家都有作品参展；朱再金、王川还参加过江苏省版画院与香港地区的版画联展。

镇江版画家潘镇鸿教授擅长水印木刻，画功扎实、刻功利落、印法温润。他早期的作品汲取中国画及水彩画的表现方法，将水印版画的丰富、柔和、润泽的特点表现得淋漓尽致。他的众多水印作品均取材于镇江城市内外蕴藏着浓厚历史气息的多处景点，把镇江文化符号如莲花洞、古城墙、大运河、京口闸、粮仓、西津渡、金山、焦山、北固山等充分图像化，以凝固、独特的版画语言保存于文本形式中，深入观者的视觉形态中，为他们带来别样的感受。他以西津渡戏台、古塔、栈道等特色景点为题材，创作了藏书票版画作品；以五峰山长江大桥为题材，创作了多幅水印版画作品（图1）。

图 1　潘镇鸿版画作品

镇江本土另一位版画家徐银东，不断探索新的版画风格，在版画语言创新上取得丰硕成果。一幅作品被"2018·中国百家金陵画展"收藏，一幅作品获全国版画展最高奖并被评为优秀作品（图2、图3）。他遵循画面语言简化的创作理念，不拘泥于具体物化形态，更侧重于画面的节奏表达，表现方式更为抽象。他热衷于对不同材料的综合探索，在众多入展作品中，独特的烟熏作品将虚无缥缈的烟雾缭绕捕捉到画纸上。他对版画有着持续的热情及严谨的创作态度，在镇江本土版画家中堪称楷模。

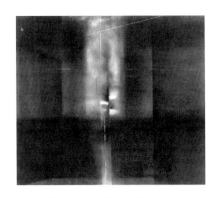

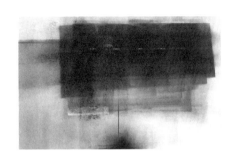

图 2 《大道有痕》——
入选 2018·中国百家金陵画展

图 3 《遗失的底片》——
入选全国版画展

徐银东多幅版画作品参加全国版画展，极大地鼓舞了镇江美术界。为培养更多的版画作者，徐银东和潘镇鸿继续大力推广版画艺术，吸引了高校和中小学美术老师前来学习版画，镇江版画界的队伍日益扩大。在此基础上，镇江首届版画展举办，展览因参展人数多及作品质量高而广受好评，有关方面还组织学校学生前来观摩，并通过定期在艺术社区举办公益讲座、将版画作品应用陈设于公共空间等多种途径切实宣传镇江本土文化符号，扩大镇江的社会知名度和美誉度。

二、为提升镇江文化竞争力大力传承谱系精神，让镇江版画薪火相传

鲁迅先生曾说，刚健、分明的新木刻，"是新的青年的艺术，是好的大众的艺术"。版画以其艺术特点和广泛的群众基础，可借助媒体平台扮演"公共艺术"的角色。新兴木刻运动先驱李桦曾说，木刻版画在本质上保有一种社会教育的积极性。国家富强、经济改善，不仅丰富了新兴木刻独特的黑白语言体系，也进一步继承发扬了水印版画的优秀传统，为爱好者们提供了更多版画语言拓展的可能性，为现代镇江版画的全面崛起创造了学术条件。

当代版画的发展，不仅仅依赖于版画家自身的创作能力，更需要在社

会经济的生态系统中建立起良性发展机制。作为当年唤醒国人在民族解放运动中冲锋陷阵的艺术新媒介，版画在如今社会主义新时期，定会通过政府部门、展览机构和版画家们的多方配合，对社会、艺术、美育产生日益显著的影响。高校在这方面要承担起自己的职责，努力将中国传统版画艺术传播开来；要积极面向全校学生开设版画公选课，通过版画教学激活学生的艺术生命力，为热爱版画的学生创造学术条件，使版画艺术得以延续。在教学中要继续深耕版画艺术，完善谱系精神构建，帮助学生在学习版画时运用理性思维找到兴趣爱好和文化传承的结合点，激发其学习动力，通过严谨的步骤和有的放矢的训练，使其了解版画原理并按照制作步骤拓印出完整形象。要将版画艺术作为文化符号，传播镇江城市人文精神，培养青年学生的文化自信。

习近平总书记指出："文明特别是思想文化是一个国家、一个民族的灵魂。无论哪一个国家、哪一个民族，如果不珍惜自己的思想文化，丢掉了思想文化这个灵魂，这个国家、这个民族是立不起来的。"一个民族要实现复兴，既需要强大的物质力量，也需要强大的精神力量。文化成为民族凝聚力和创造力的重要源泉，是综合国力竞争的重要因素，是经济社会发展的重要支撑。占据文化发展的制高点，便拥有了强大的文化软实力。镇江毗邻江苏省会南京，作为一座拥有丰富历史文明的文化古城，镇江需要展现和提升本土文化的竞争力。无论是版画教学工作者，还是版画艺术爱好者，都必须坚定国家和本土的文化自信，不断提升国家文化软实力，建设社会主义文化强国。要坚定文化自信，通过思想性和艺术性统一的版画作品，展现镇江经济社会发展更基本、更深沉、更持久的力量，展现本土有筋骨、有道德、有温度的精神风貌，从而提升镇江本土文化的竞争力。

（作者单位：镇江市高等专科学校）

促进镇江醋文化与旅游发展的深度融合

| 李定可　贺　云　周健芝　陈屹德　高岳旻　郝思捷 |

镇江香醋是镇江以外的人认识镇江、了解镇江的一个符号，可以成为镇江名副其实的文化载体，也为镇江提供了一种独特的旅游资源。促进镇江醋文化和旅游的融合，可以提高游客和本地居民的精神文化素养，最终推动镇江旅游和经济社会发展。

一、镇江醋文化旅游的发展现状

1. 镇江醋文化传播和旅游结合的力度较小

镇江香醋历史悠久，到 2023 年，生产香醋的恒顺集团已有 183 年的历史。孙颖川等学者在民国 24 年（1935 年）提出，我国名醋首推镇江。近年来学者王波从醋之史、醋之城、醋之技、醋之忆等 4 个方面分析了镇江醋文化，认为镇江醋文化可以和工业旅游结合起来。镇江也非常重视醋文化的传播和发展，先后认证了百年恒顺、中国醋文化博物馆等微信公众号和恒顺味道商城小程序，还建设了恒顺醋业官方网站和官方微博。镇江醋文化的表现形式和载体很多，最主要体现在镇江居民的醋生活、醋文化博物馆和国际香醋文化节等方面。2010 年播出的电视剧《血色沉香》很好地传达了镇江醋文化，但在全国的影响力较小，很多旅游者并不知道。最有代表性的载体是中国镇江·香醋文化旅游节，但活动虽然开展得较早，却并不定期举办。醋文化博物馆微信公众号发布过"2022 亲情中华·寻'醋'

记"江苏镇江网上特色营活动信息，并在 2022 年暑假期间组织中小学生免费参观，但微信公众号发布的活动总计阅读量较低，恒顺醋业官方微博的粉丝数量较少。以"镇江，一座美得让你吃醋的城市"为主题的 30 秒宣传片，不仅展示了镇江特产香醋和醋文化，也向受众介绍了这座历史文化名城的旅游景点。整体来看，镇江醋文化的传播形式较为多样，但影响力都比较小，传播力度有待进一步加强；醋文化载体和旅游已经进行了一些融合的有益尝试，但要继续为镇江经济社会发展带来积极的价值反馈，还必须突破传统固定的载体，采取新的和旅游融合的模式。

2. 镇江香醋的品牌竞争压力逐渐增大

我国食醋行业最明显的特征就是全国各地都有，且各地自产食醋占领了当地 80% 左右的市场。在如今互联网高度发达的时代，各种品牌的醋都在网上广泛传播和销售。尤其是山西陈醋，拥有几千年的发展历史，形成了多个价值较高的品牌，是镇江香醋的最大竞争者之一。选择的多样性，一定程度上降低了消费者对镇江香醋的购买欲望。

3. 镇江醋文化内涵挖掘不足

通过实地考察和访谈，我们发现镇江醋文化的旅游景点只是一种浅层次展现，没有深度挖掘醋文化的深厚内涵，且有些旅游活动项目不固定开放，这不仅影响游客的体验感，其吸引力也会降低。如醋文化博物馆对醋文化的介绍和宣传方式主要有三种：一是用展板展示有关醋的历史文化知识，这一形式无法使旅游者真正体验醋文化；二是用雕塑展现制醋过程，引发旅游者的好奇心，但这一形式无法使旅游者真正感受醋文化的深厚历史；三是通过扫描二维码让参观者聆听关于醋文化的相关介绍，但不能与参观者形成互动，方式也不够灵活。目前，景点还未形成镇江自己的 IP 旅游产品。

4. 醋文化与旅游融合的产品缺乏创新

通过实地考察我们发现，镇江醋文化旅游产品没有充分结合科技的力量发挥自己的特色和优势，致使产品缺乏创新，对旅游者的吸引力逐渐下降。在几个展现醋文化的重要景点中，尤其是醋文化博物馆，结合科技的力量展现醋文化的旅游产品和活动少之又少。镇江有多所高校，但醋文化博物馆没有与之联合共同创新开发醋文化产品。醋文化博物馆虽然介绍了很多关于食醋的日常应用小妙招，但并没有进一步去研制开发做成具有吸引力的旅游产品，没有充分发挥醋文化的附加值。

5. 缺乏醋文化和旅游融合方面的人才

现状表明，镇江在醋文化和旅游结合发展方面的人才较少。镇江香醋一直声名远扬，但本地人对镇江香醋及醋文化的历史知识也是知之甚少，吃醋不识醋的现象较为普遍。相关景点对从业人员关于醋文化与旅游融合发展方面的培训更少。在醋文化和旅游融合方面，镇江不仅缺乏人才，也缺乏对这方面的关注和研究。

6. 醋文化与旅游融合发展的推动力不足

镇江市政府及相关部门对醋文化与旅游的融合发展缺乏引导，也缺乏资金和政策支持。虽然镇江市成功举办过几届醋文化旅游节，但融合发展没有太大进展。目前，关于醋文化的专线旅游是个空白，醋文化与旅游融合发展的各种必要设施不完善，从而也失去了文旅合作的积极效应。

二、促进镇江醋文化与旅游深度融合发展的对策建议

1. 多层次挖掘醋文化内涵

镇江醋文化与旅游的融合发展，要多方位、多角度、多层次深入挖掘和整合镇江醋文化的内涵及潜在资源优势，以地方文化特色塑造镇江醋文化。要积极吸收外地乃至外国醋文化的精华，更新醋文化旅游项目，延伸醋文化旅游产品，设计属于自己的醋文化 IP 旅游产品。对于醋文化的介绍，要做到深层次展现，结合旅游者的偏好策划醋文化的旅游活动和项目，吸引游客深度了解、深刻体验醋文化。要及时更新并改进醋文化博物馆的讲解语音系统，使游客可以灵活地了解醋文化，真正把镇江香醋的深厚历史和美誉度展现出来。

2. 创新醋文化旅游产品

要创造性挖掘镇江醋文化内涵，设计新型醋文化旅游产品。可以在醋文化中融入高端技术，用高科技创新醋文化旅游产品。要充分发挥自己的优势，适应时代的快速发展，在保持醋文化地方特色的基础上，大胆开发、设计新的醋文化旅游产品，最终形成良好效益。要鼓励学者、专家们以醋文化为主题进行各种研究，利用醋文化创新开发具有保健功能的养生旅游产品，让游客可以亲手制作醋文化旅游纪念品。

3. 加强对醋文化和旅游融合方面的人才培养

要加强对醋文化和旅游融合方面的人才培养，还要大力引进高层次学历和旅游双师型人才。注重当地居民和景点工作人员关于醋文化的知识灌输，在更好服务于旅游者的同时，也更好地传承和宣传醋文化。要联合镇江的高校或研究机构，加强对醋文化和旅游融合的关注和研究，联合培养人才，为醋文化和旅游融合发展提供科学力量和理论支持。

4. 地方政府要加大引导和支持力度

政府要从政策、资金、规划等方面充分发挥作用。要针对醋文化和旅游融合发展的需要制定相关优惠政策。地方政府应出资支持醋文化与旅游融合发展公共平台的建设，通过定期举办醋文化旅游节和其他相关活动来吸引社会资本；要把醋文化旅游的发展纳入当地经济发展规划中，不断优化镇江醋文化旅游产业结构，整合现有资源，发挥集合效应，建设更多的醋文化旅游设施，打造以醋文化为主题的专线旅游线路，为醋文化旅游提供更好的后台保障。

（作者单位：南京师范大学中北学院）

以绿色新基建推进镇江"山水花园名城"建设

| 张一飞　马英辉　刘荣飞　李　卉　李亚楠 |

近年来，镇江积极推进"美丽镇江"建设，着力打造"山水花园名城"，在"2020中国城市宜居竞争力40强城市"中位列第九。然而，规模日益庞大的房屋建筑、道路及广场建设，以及硬质地表覆盖，不断挤占城市绿色空间，对城市自然环境及生态平衡产生了严重威胁。实现人与自然和谐共生，必须充分发挥绿色新基建的引领作用，走好生态优先、绿色发展之路，为镇江"山水花园名城"建设赋能。

一、镇江"山水花园名城"建设成效

1. 绿色建筑发展向好，城镇化建设成效日益显现

镇江市城区老工业厂房、办公楼绿色转型卓有成效，镇江入选"2021年推进老工业基地调整改造和产业转型发展工作成效明显城市"，相关成果受到国家发改委通报表扬；扬中市菲尔斯金陵大酒店获住建部绿色建筑创新二等奖；镇江成功举办2021年绿色低碳建筑论坛，在行业内产生巨大反响；"智慧工地""绿色施工"创建卓有成效，"云看工地"案例被"江苏省建筑施工安全管理系统"收录；镇江新区检测基地成功入选2020年度江苏省绿色建筑创新项目。镇江城镇化建设坚持以绿色发展为主线，两度入围国家发改委新型城镇化综合试点经验，打造出生态城镇化的"镇江模式"；海绵城市建设成效显著，镇江被住建部、财政部及水利部联合评定为

全国首批海绵城市试点优秀城市；首创海绵城市建设"PPP模式"，被财政部与国家发改委分别评定为示范项目和典型案例。镇江市在国内首创生态文明建设管理与服务云平台，打造成城市建设的"生态云"工程，并在第21届联合国气候变化大会上向全世界展示，获得全球范围内的肯定。

2. 清洁能源低碳交通加速普及，资源利用效率稳步提升

全市加速能源结构转型，"十三五"末清洁能源装机容量超过1300兆瓦，5年间增长1786.6%；建成国内首个城市碳排放核算与管理平台，精准把控重点企业实施碳排放；扬中市成功入选全国高比例可再生能源示范城市名单，成为国内第二批、省内首批示范市。镇江市在国内热电领域率先试点碳评估项目，严格控制高污染、高排放项目；着力改变"火电大市"形象，积极利用丘陵区位优势，大力发展丘陵水电；在省内率先开展全市域屋顶分布式光伏开发行动，力争在全国范围内形成具有示范效应的可推广可复制经验；积极研发、推广与应用"公路智慧巡查系统"，将传统道路基建与数字技术相融合，创建数字驱动下的新兴公路养护管理新模式，智慧交通及低碳交通等一系列"镇江标准"走在全省前列；五峰山高速成为国内首条支持自动驾驶的智慧高速公路；G312国道镇江城区改线段建成国内首批绿色循环低碳示范路；镇丹高速拥有47项绿色低碳技术，覆盖路基、路面、桥梁、房建、机电、绿化、安全等各个领域，成为省内首条绿色高速公路；京杭运河镇江水上服务区成功入选全国首批4家之一的"绿色交通实践创新基地"，实现了运河航运的绿色、智慧与可持续发展。

3. 环境保护力度不断加大，生态景观逐渐改善

江苏省内首个由"光伏+储能"打造而成的"零碳公园"落户扬中，湿地生态和新能源技术的跨界融合成为国内生态文旅打卡胜地。镇江市着力打造镇江高新区城市绿肺绿地系统，辐射1.1万多住户，新增绿地面积约18万平方米，建设成效走在全省前列；积极推进小型绿地建设，6个项目入围江苏2022年"乐享园林"建设名单；西津渡成功入选全国12家、省内4家之一的国家级城市中央休闲区；将金山湖景区打造成为长江流域规模最大的城市生态湿地公园；积极建设生态景观防护林，初步打造成"一带多

点绿美长廊"；成功打造一批具有品牌特色与知名度的生态经济精品，创成2座国家级森林公园、3座省级森林公园；建立国内首个地方性长江江豚保护联盟，为长江特有物种提供地方性监测、研究与保护；在省内首创环境问题整改"绿书包"、整改"日记"、公众参与"寻味治污"，以及市深入打好污染防治攻坚战指挥部办公室（简称"治污攻坚办"）与市纪委监委及省生态环境厅第一环境监察专员办"双联"督办等工作机制；在省内率先出台长江岸线保护规划，积极实践习近平总书记"共抓大保护、不搞大开发"的发展理念；大力推进生活垃圾全量焚烧处理，位居苏南5市首位；在省内率先制定环保示范性企业建设地方标准，为企业环保行动的标准化提供依据；城市有机质协同处理中心成功入选国家水专项示范工程，相关经验在九江、荆门等城市得到推广应用。

二、镇江"山水花园名城"建设存在的问题

与先进地区相比，镇江在以绿色新基建引领"山水花园名城"建设方面还存在如下问题：

1. 煤电占比仍较高，绿色能源有待补充

目前，全市能源消费仍旧以煤炭为主，煤电装机占比超过75%，可再生能源装机占比低于全省平均水平。

2. 配套设施数量不足，投资力度有待加大

新基建中与绿色元素紧密相关的新能源汽车及其配套设施充电桩发展较慢，存在充电桩进小区难、充电找桩难、充电桩利用率低、支付方式不统一、"僵尸桩"监管难等问题。

3. 污染动态监控不够，数字应用有待完善

镇江拥有近300千米长江岸线，涉及多种生态资源，在长江大保护中扮演了重要角色。但2022年中央第二轮生态环境保护督察结果指明，镇江长江干流岸线仍存在大量生态破坏和污染问题。绿色建筑新基建的数字化应用不够，对于建设更加宜居的"山水花园城市"及实现镇江全面数字化转

型支撑力度不够。

三、以绿色新基建推进镇江"山水花园名城"建设的对策建议

1. 聚焦车辆低碳出行，着力打造交通绿色新基建

一是大力推进交通绿色智能转型。强化市大数据中心与交通部门的合作，一方面，充分运用大数据算法，根据高峰时段、节假日及平峰期等不同时间路面车流情况，实时动态检测交通流量，在不同时段配套相应配时方案，确保全市道路交通流量总体可控，均衡路网流量，减少因拥堵等问题造成的大气污染和碳排放；另一方面，构建科学的交通拥堵指数及延误指数测评体系，以可视化及可评化的方式实时统计、分析和预警，确保交通绿色低碳的提质增效，减少移动污染。

二是积极倡导绿色交通消费理念。一方面，建立官方专业交通信息共享平台，鼓励使用公共交通工具，加大网约车、共享单车、汽车租赁等共享交通模式的推广力度，从源头上降低无效需求；另一方面，加大充电桩等新型基础设施的建设力度，为新能源汽车的广泛普及提供良好支撑，从源头上降低汽车碳排放和减少其他大气污染源。

三是加速推广绿色低碳养护技术。一方面，深入开发应用地热再生、排水路面等绿色低碳养护技术，积极进行养护新模式探究；另一方面，探索数据驱动下的新型道路检测与评价技术，对道路实施全方位、多维度的智能监测、定量分析及科学评估，提升养护对策的准确度与预测的精确度，降低全生命周期养护的资源耗费。

四是加快推出镇江版"碳普惠"平台。以此为依托，利用"互联网+大数据+碳金融"方式，构建一套碳减排"可记录、可衡量、有收益、被认同"的机制，对小微企业、社区家庭和个人的节能减碳行为进行具体量化并赋予一定价值，从而建立起以商业激励、政策鼓励及核证减排量交易相结合的正向引导机制，积极调动社会各方力量加入全民减排行动。

2. 聚焦清洁节能环保，加快实施能源绿色新基建

一是构建绿色能源产业园。镇江拥有长三角地区第一座氢能产业园，但当前面临南通如皋着力打造"氢能小镇"的挑战，如皋已经形成相对完整的氢能产业体系。因此，镇江需要加快氢能源全产业链建设，实现氢能产业的再突破。要重点聚焦氢能、高效储能、智能电网、分布式能源设施的一体化，有序打造绿色能源产业园区。

二是打造园区能源共享系统。根据耗能大户工业园区的产业特点、资源特点，整体规划、分步实施，构建因地制宜、节能高效、可再生能源优先、多能互补、用供能一体的能源系统，统筹兼顾好短期用能成本与长期目标达成的关系，通过能源共享系统及产业的一体化发展，推动园区能源结构绿色转型。

三是构建开放式能源共享平台。借鉴苏州经验，将政府、企业、能源供应商及社会等不同群体纳入能源共享平台，通过大数据及人工智能等数字技术进行精准能效分析。通过该平台，一方面，构建能源数字网络，方便政府实时精准把控接入群体的多种能源运行数据，为新能源发展及节能环保等相关政策制定与落地提供有效支撑；另一方面，为企业、能源供应商及其他群体提供能耗数据支撑，从而为能源结构调整及供需精准匹配等提供依据及信息来源。

3. 聚焦智能数字监测，大力推进生态绿色新基建

一是推进绿色建筑数字化。构建绿色建筑云管理系统，一方面，在建设过程中，利用5G移动互联网、大数据等信息化技术，收集绿色建筑从设计到施工再到运行管理的各个环节的数据，从而构建大数据库，在AI智能算法的协助下，在项目运行的不同阶段，向每个相关方推送有需求的数据，从而提高项目的管理效率；另一方面，在运行过程中，利用计算机、网络等先进技术设备对建筑中的变配电、照明、冷热源、空调、给排水、交通等各个系统的运行进行全面监测与控制，使设施处于最佳运行状态，实现节能降耗并提高建筑的安全性。

二是构建立体化监察模式。一方面，可利用无人机设备对重点污染企业、河道排污口、饮用水源保护区等进行不定期和突击航拍，并在第一时间将发现的问题以可视化的方式向相关主管部门反映；另一方面，在主要河流、水库等地布放无人船，每隔3~4小时进行一次采样监测，为精准把控水质污染及污染时间段提供保障。此外，还可大力搭建"高空瞭望"平台，布放高空瞭望系统，通过监控视频等识别水体、扬尘污染等，节省现场监测带来的人力、物力和财力耗费。

（作者单位：江苏科技大学经济管理学院）

镇江医养结合发展路径研究

苏枫 董丹 郭睿

1986 年，镇江与全省同步进入老龄化社会。截至 2021 年年底，全市 60 周岁以上户籍老年人口达 74.8 万人，占总人口的 27.91%，高于全省 4.15 个百分点。预计到 2025 年，全市老龄化水平将超过 30%。老年人群体基数大、健康风险高、共患疾病发生率高、医疗费用增速快，破解医养结合难题刻不容缓。

一、全市医养结合养老服务发展情况

1. 政策引导加强

2015 年至今，镇江市政府相继出台了《关于进一步促进养老服务业发展若干措施的通知》《关于全面推进我市医养融合发展的实施意见》等一系列文件，初步建立了医养结合发展的政策体系。

2. 合作模式创新

截至 2022 年 7 月，镇江全市共有 133 家养老机构，其中护理院 9 家，两证齐全的 32 家，被纳入医保定点的 18 家。医养结合机构 37 家，其中"养办医"机构 27 家，养老机构内设置了护理院、医务室、护理站等医疗卫生机构，较好实现了医疗与养老的无缝对接；"医办养"机构 5 家，利用基层医疗卫生机构闲置床位开设老年病床、康复护理区、老年养护区、养老机构等，定期提供保健、康复、护理、养生等服务，以实现资源利用最大化;"嵌入式"机构 3 家,即养老机构、日间照料中心、居家养老服务中心等,通过医疗卫生机构派驻、托管运营、提供支援、延伸服务等方式为入住老年人提供成本低、风险小的医疗卫生服务。全市有 469 对机构签约医养合作,其中 133 对是医疗机构与养老机构签约,336 对是医疗机构与社区养老服务机构签约。医养合作机构共开放床位 18 672 张,其中护理型床位 12 510 张、医疗床位 1 348 张;入住养老 6 928 人,其中近 700 人为失能、半失能、"五保"老人。

3. 家庭服务强化

鼓励基层医疗卫生机构为确有需求的老年人提供预约上门或家庭病床、远程健康监测等个性化服务,其中家庭病床 321 例。推进基层机构为老年人提供"点单式"签约服务,老年人签约服务率达到 60% 以上。2021 年,相关机构提供上门医疗护理康复服务 13 380 人次。

4. 服务效能优化

社区开设家庭医生工作室 80 个,迎江路社区、京口路社区积极探索家庭医生工作室嵌入社区日间照料中心,就近就便为老年人提供健康教育、健康咨询、健康评估等服务。

二、医养结合养老服务中存在的问题

镇江医养结合工作基础还比较薄弱,面临着政策缺位、动力不足、人才短缺等一些突出问题。

1. 管理体制存在壁垒

政府部门多头管理现象比较突出,医疗机构和医疗卫生服务由卫生健康部门监督和管理,养老机构和养老服务由民政部门主管,养老护理人员的培训和资格评定由人力资源和社会保障部门主管,长期护理保险和其他医疗保险由医保部门进行设置和监管,各部门对医养结合工作的定位、目标、思路不一致,导致医养结合工作难以形成合力。

2. 发展环境亟须优化

镇江市政府多次出台文件促进医养结合，但发展较为滞后。一是护理院建设标准高、投入巨大、见效慢，养老机构无能力自行举办；二是政府投入不足，部分公办养老机构设施陈旧、环境简陋；三是养老机构的内部医务所（室）设置受限，医护人员招聘难、养不起，医保定点机构的申请审批存在政策性障碍，审批流程过于复杂，导致医养结合发展受限。

3. 养老服务的结构性矛盾突出

养老服务呈现"9073"的结构性矛盾：90%的老人居家养老，难以获得及时有效的社会服务；7%左右的老人在社区养老；3%左右的老人在机构养老，受限于基础设施建设和经济负担，一床难求和空置率高并存。究其原因，一是受传统文化影响，大多数老年人更倾向于在家养老；二是养老机构的收费对多数老年人来说压力较大，不到万不得已老年人不愿入住；三是不同养老机构的服务质量差距较大，有的机构社会认可度不高；四是失能、半失能及不能自理的老人最看重的医疗护理服务无法得到满足。

4. 延伸服务流于形式

镇江市卫健委与市民政局、市医保局积极推动养老机构和基层医疗机构开展签约服务，但由于新冠疫情期间基层医疗机构工作任务繁重、购买服务标准不明确等因素，因此大部分地区签约服务流于形式。镇江市老年病医院与润州区 7 家养老机构分别签订了医疗服务协议，由于疫情影响，故免费上门等服务项目难以持续。

5. 付费方式有待完善

受财政能力、上级政策等因素制约，长期护理保险制度在镇江尚未建立。镇江市政府推动医疗卫生资源与养老机构深度融合，鼓励社区卫生服务机构在辖区内养老机构开展驻点服务，但医保支持力度不足。以疾病医疗为中心的医保支付政策，未将对失能、半失能和行动不便的老年人的健康管理、定期体检、上门护理、家庭病床等居家医疗健康服务项目纳入医保支付范围，可纳入的项目付费标准也偏低。

6. 人才队伍有待加强

老年医疗、护理、康复机构的医护从业人员数量不足、层次不高，养老机构从业者大多数为文化水平不高的中年劳动者，缺乏关于老年人生理特征、医疗护理、心理护理等方面的专业知识，导致提供的服务只能满足日常生活照料，不能提供医疗救治、康复护理、心理保健、临终关怀等服务。专业人才的发展环境、培养规划、福利保障与人才需求不匹配，如薪酬、职称、编制、职业发展等，也制约了专业人才的集聚和发展。

7. 信息共享平台未建立

从家庭到社区再到医院的医养服务网络共享机制还没有实现，养老数据碎片化。无论是对老年人开展健康需求和健康状况的评估，还是实时开展远程健康监测和康复照护指导，都缺乏安全、成熟、实用的信息技术支撑。

三、破解医养结合养老服务难题的对策建议

推动医养结合养老服务是民心所盼，也是发展所需。政府要发挥主导作用，加强顶层设计，强化"一盘棋"思维，以"六个一"分类分层解决好医养结合养老服务中的难题。

1. 成立一个领导小组

由政府分管领导担任领导小组组长，建立医养结合联席会议制度，打破体制机制障碍和主管部门之间的行政壁垒，定期研究解决医养结合中存在的问题和困难，统筹落实各项医养结合扶持政策；协调各有关部门搭建公共信息平台，完善养老、医疗、康复、护理、安宁疗护等接续性服务机制，打造共建共享的医养结合养老服务"生态圈"，打破"数据孤岛""条块分割""数据割据"等困境。

2. 明确一条发展路径

将机构养老建设纳入政府民生实事，按照"推动普惠，兜实特殊，发展高端"的发展路径推进医养结合。一是推动普惠。针对 90% 的老年人居

家养老的需求，加强完善社区居家养老服务功能，建立健全各项养老服务制度，不断扩大政府购买养老服务的范围，提升养老服务的质量和水平；持续开展老年健康管理及家庭病床建设等工作，不断提高老年健康管理率。二是兜实特殊。落实政府兜底责任，保障家庭困难、优抚对象、残疾人群等特殊群体的医养需求；针对养老的医疗问题，鼓励养老机构通过开设医务室、与医疗机构签订合作协议等形式来解决。三是发展高端。做大做强老年病医院，由其牵头成立医养结合机构行业协会，规范养老服务标准，提供专业支持，并和高校合作建立失能老年人评估中心，有效解决医养结合机构分类收治、分级收费等问题。鼓励社会资本举办高端护理院，打造区域养老服务品牌。依托规模比较大的民办养老机构和医疗机构组建医养结合服务团队，配备流动救护车，为区域内养老机构定期开展巡诊、体检、健康管理和康复服务，实现资源利用最大化。鼓励基层医疗卫生机构与养老机构共建，通过毗邻建、共同建的模式加强资源共享，实现医养结合全覆盖。

3. 增设一条支付渠道

推进医养结合与医保政策有效衔接，妥善解决支付渠道问题，形成"个人付费+医保+长护险"的费用合理分担机制。全国正在加速铺开作为社保"第六险"的长期护理保险，规定凡参加城镇基本医疗保险的人员均同时参加，由医保统筹、个人账户筹集、财政补助，不需另行缴费，能减轻个人负担，解决失能、半失能老人的医疗护理保障问题。新的政策窗口期已经到来，要加快推进实施。要根据轻、中、重程度对老年病人进行评估，探索失能照护打包定价，实行分级收费，提高医保资金使用效率。对医疗机构与养老机构"联姻"服务的，在医保预算指标上给予适当倾斜。推动设立商业保险，应对医养结合中的养老、医疗纠纷。

4. 建立一套监管制度

强化"全周期闭环管理"，科学界定养老、医疗界限，加快建立统一协调、部门分工负责的监督管理制度。一是卫健部门，加强护理院、养老机构内设医务室，以及开设护理型床位的基层医疗卫生机构的资质审核和服务管理，开展护理院"挂证"专项整治行动，强化医养结合机构服务质量和安全；鼓励养老机构与医疗卫生机构签约，推动医疗卫生机构为养老机构开通预约就诊绿色通道，确保入住老年人能够得到及时有效的医疗救治。二是民政部门，负责规划布局养老机构的建设，对现有养老服务资源进行功能定位，提升为失能、半失能老人提供养老护理的能力，督促100张床位以上的养老机构单独设置护理站（医务室），鼓励养老机构与医疗卫生机构采取协议合作、合作共建等形式，指导医养结合机构严格执行相关规章制度。三是医保部门，负责畅通养老照护与医保支付的渠道，将符合条件的护理院、养老机构内设的医疗机构等医养结合机构，优先纳入医保定点范围；同时对医保资金的支付加强监管，杜绝部分养老机构的"套保""骗保"等现象。

5. 打造一个人才基地

加强医养结合人才培养培训，将老年医学、康复、护理人才，作为急需紧缺人才纳入专业技术人员教育培训规划。一是完善职称评定激励机制，鼓励医护人员到医养结合机构执业。推动高校和知名养老服务企业成立专业照护集团，走市场化、专业化医养结合发展道路。二是充分利用大专院校资源，鼓励开设健康管理、全科医学、老年病学、康复护理、营养、心理、社会工作等医养结合的相关课程，强化人才供给。三是统筹高校、医疗机构、养老机构的力量，打造老年健康与医养结合培训基地，开展订单式医养结合服务人才培训，促进医养结合机构服务人员专业能力的提升。四是鼓励执业医师到医养结合机构进行多点执业，同时探索城乡卫生对口支援医师到护理院、养老机构内设医务室等机构执业，帮助解决医养结合机构招人难、留人难的问题。

6. 搭建一个数据平台

将养老服务管理纳入数字政府建设的重要内容并加快推进。一是搭建智慧平台。通过移动终端、互联网、大数据等技术手段建立老年服务信息化平台，建立医疗机构和养老机构之间的信息共享机制，在机构之间实现老年人健康数据互通互用，并建立数据动态更新机制。二是促进优势共享。

把线上与线下的医疗资源、养老资源相结合，围绕医疗信息化拓展医疗服务空间和内容，构建覆盖诊前、诊中、诊后的线上线下一体化医疗服务模式。线上通过远程医疗提供优秀专家会诊服务，依托手机 App、可穿戴设备等实现医护监控和服务。线下依托社区卫生服务站家庭医生、护士和基本公共卫生人员组成的家庭医生服务队，定期视频巡诊、预约复诊、上门救助、科普宣传等，开展慢病干预和诊疗服务。三是构建产业生态。依托养老信息服务平台，全面掌握老年人健康电子档案、病历信息、养老需求，导入数据分析与决策系统，全面了解掌握老年人的养老服务需求，整合社会力量和各类服务资源对医养服务产业进行精准引导，推动产业集聚。同时，大力发展"老龄经济"，通过跨部门协作，推动医疗养老行业各细分领域的多方融合发展，既充分满足本地养老服务的需求，也使得养老产业成为新的经济增长点。

（作者单位：镇江市人大社会建设委员会）

镇江某民营医院提供医养结合养老服务的调查

卢隽滢　赵　峰　李志超　许安庆　孙璐璐　周　倩　严丽荣　严　翎

随着我国人口老龄化程度的不断加深，医疗和养老服务需求持续攀升，国家鼓励吸引社会力量参与医养结合养老服务。新一轮医药卫生体制改革以来，民营医院数量迅速增多，将其富余床位转型，向社会提供医养结合养老服务，有助于缓解公立医院的就诊压力，并实现社会资源利用的最大化。镇江某民营医院在这方面进行了有益探索。

一、该院富余病床的转型实践

镇江某民营医院前身系公立二级医院，2019 年被所属健康产业发展集团有限公司收购，并成为某医疗集团成员单位。医院共有 100 张床位，并有 CT、DR、超声等大型医疗设备，具有独立的检验、心电图、动态心电图、胃肠镜、输液、手术等科室，可以满足临床科室大部分检查诊断需求，主要提供老年病及相关专科医疗服务。该院将空余病房转型为长期照护病房，建设起康养结合的护理院和以日间照料为主的养老助残综合体，形成满足养老全需求的闭环式服务体系，向市民提供医养结合养老服务。

该院以老年病诊疗为特色，与集团牵头医院的老年科、消化科、中医科、呼吸科、心内科等专科建立紧密型合作关系，牵头医院老年科主任挂职该院副院长，建立患者互转绿色通道。牵头医院的专家定期坐诊、查房，随时出诊、会诊，提供管理指导和长期技术支持。该民营医院共有 2 名高级职称医师、10 名主治医师，大部分为三级医院退休返聘人员；有 26 名女性护理人员、3 名有高级职称，其余为初、中级职称，均为三级医院退休返聘人员；约有 40 名护工，女性居多，文化程度基本在初中及以下，经集团公司统一入职培训和医院岗前培训考核合格后上岗，主要工作是日常基础生活护理，可根据个人意愿选择一对一或一对多（最多为 3 人）护理，半数以上选择了一对多护理。

医院能够提供重症监护及不同级别的护理内容，能够开展造瘘护理、气管切开护理、吸痰护理、生命体征监测等医疗服务，并根据老人身体情况尽早开始康复治疗。老人接受的医疗服务主要取决于其身体状况，医院评估后会确定相应的护理级别并动态调整，视情况给予必要治疗。

医院运营资金主要来源于所属公司，医院床位费、部分医疗服务费和药费等纳入医保支付范围。该院床位入住率长期超过 80%，有时甚至一床难求。

医院收费分三部分：床位费、医疗服务费、护工费。床位费和医疗服务费部分可进医保，护工费转付给护工公司再发给护工。病情稳定的老年人一般住四人间，享受基础护理，去除医保报销后，自付约 1 000 余元/月，护工费用需自付。一对三护理情况下，一位老人总共约需付 4 000 元/月。据镇江市统计年鉴披露，镇江市城镇常住居民 2021 年人均可支配收入为59 204 元、月均 4 934 元，农民人均可支配收入为 31 354 元、月均 2 613 元。照此算下来，大多数老年人承担不起医养结合的费用。

二、该院医养结合养老服务现状

该院拥有专业的康复治疗团队和完善的康复设备，可以有效帮助老年人提高日常生活能力和自理水平，并为后续转至养老为主的护理院或居家养老奠定基础。该院发挥医联体成员单位优势，与牵头医院建立有良好的技术医疗合作和患者转诊绿色通道。医院根据入住老人的身体状况和生活自理能力，确定了护理等级并实时调整，如病情加重可及时转诊接受进一步治疗。

医院护理融合了一部分日常生活照料的内容，如鼻饲、服药监督、床褥定期更换、环境卫生打扫、送餐等。医院设有娱乐室、图书室等，老人可自由使用。学生、社会志愿者等会不定期来院探望并进行文艺表演，以丰富入住老人的文娱生活。总体而言，入住老人自理程度较低，娱乐活动相对较少。

三、该院进一步发展医养结合养老服务的 SWOT 分析

1. 优势

一是医疗技术有保障。该院医疗设备较先进完善，能较全面地开展检查检验项目；有专业的康复医疗科，对老年人自理能力的提高有较大的帮助；部分医生是三级医院有高级职称和多年临床经验的退休人员，能为医院诊疗水平提供有力保障；医联体牵头医院的技术支持、绿色转诊通道，能够为在院老年人提供坚实"医靠"。二是经营理念先进。医院行政人员不多，一岗多责，运营效率较高；注重医院文化建设，将爱老敬老助老的理念融贯于医院日常培训和运营中；隶属公司在镇江市内除运营医院外，还经营多家居家养老服务中心和护理院，提供医养结合、康养结合、日间照料等服务，满足老年人的不同需求，品牌吸引力较强。三是病源丰富。该院位于市区，交通便利，区域内居民较多，长期照护病房入住老人来源面广，且有同公司下属的居家养老服务中心和护理院的转诊老人，医院床位利用率高。

2. 劣势

一是高学历年轻医务人员招聘难。每年医学毕业生数量有限，其中高学历人员多集中于三级医院，本科毕业生多集中于县级医院和较大社区医院，民营医院招聘较难，新进医生多为大专学历，护士多为大中专学历。二是医务人员流动性大。一方面，晋升较难；另一方面，缺少科研工作基础和氛围，科研产出不足。在院高级职称人员均为退休返聘，难以形成

"传帮带"长效机制。部分医务人员选择前往公立医院，部分选择深造提升学历，所以流动性大。三是医养结合费用较高。每月医养结合费用至少4 000元以上，对入住人员及家庭来说负担较重。

3. 机会

一是市场需求扩大。我国已经进入人口老龄化快速发展期，江苏是全国老龄化比重较高的省份，镇江市老龄化程度更是处于全省前列，对医养结合的需求大。二是医院主导型医养结合模式具有竞争优势。目前镇江市能够提供医养结合服务的机构较少。三是国家政策支持。国家已相继出台了包括规划、财政、投资、人才等在内的一系列政策，有利于放开养老服务市场，优化养老服务供给。

4. 威胁

一是地方配套政策尚不完善。镇江市虽然出台了推进医养融合发展的实施意见，但针对社会力量参与医养结合养老服务的配套政策尚不够完善。二是来自社区医院的竞争压力。镇江公立一级医疗机构的社区卫生服务中心已开始设置长期照护养老病房，且医保报销比例较高，其社会认可度相对高于民营医院。

四、民营医院医养结合养老服务的发展策略

1. 地方政府给予政策支持，提高社会力量参与积极性

国家既然鼓励、引导民间资本进入养老服务领域，就应加大民间资本进入的优惠政策的力度和资金支持。民营医养结合成本较高，地方政府作为引导方，应从资金补贴、人员晋升、土地房屋租借等方面给予政策倾斜，将交通便利区域的闲置房屋拨付或租借，用于民营医院转型开设医养结合机构或拓展院区。

2. 完善医养结合养老服务相关政策，加大医保支持力度

政府要提高医养结合医保支付比例、扩大医保支付覆盖面，及时、足额地结算医保费用。现有医保资金池不足以负担全部养老相关费用，较多

自付费用限制了老年人对医养结合机构的选择，需要政府帮助民营医院增加筹资渠道，探索分层次差异化补偿机制。

3. 加强宣传，营造有利于医养结合的舆论环境

访谈显示，入住老年人的心理负担普遍较重，存在养老金不能留给子女的愧疚感，以及被家人抛弃的失落感。政府应广泛宣传科学、积极的养老观念和多形式普及医养结合的重要意义，厚植医养结合养老服务的社会基础。

4. 明确自身定位，加强品牌宣传

民营医院要明确自身开展医养结合养老服务的优势和特色，强化自身"医"的定位，将发展重点落脚于提升自身医疗技术水平，确定重点科室、优势科室发展方向，增强自身吸引力。要实施区别于同类竞争机构的差异化发展战略，树立品牌意识，加强品牌宣传力度，注重多元媒体的建设和宣传手段的创新，提升自身知名度。

5. 建立良好合作关系，提高资源利用效率

一是加强医养机构之间的交流，实现优质资源共享、信息化共建。二是积极探索与上级医院的可持续合作机制，在人才培养、双向转诊、业务指导等方面进行广泛合作，从而提升医养结合养老服务的质量。

6. 完善激励保障制，提高人才吸引力

民营医院要加强与医学院校的联系，拓宽人才引进渠道；要以同级别公立医疗机构为标准，建立规范公平的薪酬制度和赏罚分明的奖惩制度；要注重人才的可持续发展，注重内部人才的培育，完善人员晋升机制；要加强对员工的关爱，增强员工的获得感和归属感。

（作者单位：江苏大学附属医院）

镇江市民二孩生育意愿调查及影响因素分析

| 于 江 戴 惠 张玉枚 伍 漪 |

近年来，我国先后启动"单独二孩""全面二孩""全面三孩"政策及相关配套措施，但育龄妇女生育意愿仍然持续走低。国家卫健委数据显示，2021 年我国育龄妇女平均打算生育子女数为 1.64 个，低于 2017 年的 1.76 个和 2019 年的 1.73 个。其中，作为生育主力人群的"90 后""00 后"平均打算生育子女数仅为 1.54 个和 1.48 个。事实证明，相关生育政策并未起到很好的效果，在镇江也未形成明显效应。镇江市少儿抚养比在 2017 年和 2018 年出现微幅上涨，但 2019 年开始由涨转跌。本课题组希望通过对镇江市当前二孩生育情况、育龄妇女生育意愿及影响因素进行调查，能为相关生育支持政策的改善及发展提供依据。

一、当前人口及生育基本情况——基于育龄妇女的分析

镇江市第七次全国人口普查数据显示，2020 年全市常住人口 3 210 418 人，市区人口 126.6 万左右，与第六次全国人口普查的 3 114 105 人相比，10 年增加 96 313 人，年平均增长率为 0.31%，呈低速增长态势（见表 1）。2021 年年末，镇江全市常住人口 321.72 万人，比 2020 年增加 0.62 万人，常住人口自然增长率-3.24‰；全市户籍人口 268.10 万人，比 2020 年减少 1.16 万人，自然增长率-3.6‰。与此同时，镇江市老龄化速度与程度呈现上涨和加深趋势。2020 年全市常住人口中，60 岁及以上人口占 23.56%，其

| 三、高品质生活 | 297

中 65 岁及以上人口占总人口的 17.51%。与第六次全国人口普查相比，60 岁及以上人口的比重上升 7.30 个百分点（高于全省平均 4.09 个百分点，高于全国平均 9.23 个百分点，为苏南 5 市最高）；65 岁及以上人口的比重上升 7.16 个百分点。镇江已经进入深度老龄化社会（按照国际通行标准，当一个国家或地区 65 岁以上老年人口比例达到 14%，或 60 岁以上老年人口达到 20% 时，标志着该国家或地区进入深度老龄化社会）。

表 1　2010 年和 2020 年江苏省和镇江市人口状况

地区	2010 年常住人口总数	2020 年常住人口总数	年平均增长率	60 岁以上人口占比	65 岁以上人口占比
江苏	78 660 941	84 748 016	0.75%	21.84%	16.20%
镇江	3 114 105	3 210 418	0.31%	23.56%	17.51%

第七次全国人口普查数据显示，2020 年镇江育龄妇女约 695 000 人，总和生育率为 0.998，20~34 周岁黄金生育年龄妇女占比为 41.88%（见图 1）。2019 年 11 月 1 日—2020 年 10 月 31 日，全市新出生人口为 1 917 人，新生儿中一孩占 59.3%，二孩占 37.6%，三孩占 3.1%；全市生育率不到 3%，其中一孩出生率为 1.67%，二孩出生率为 1.06%，新生儿母亲年龄主要集中在 20 ~ 34 周岁。2020 年全市 16 ~ 64 岁妇女中，生育一孩的比例约为 62.7%，生育二孩（及以上）的比例约 18.5%（以存活子女数计）。

从受教育程度来看，镇江市育龄妇女群体高中以上学历的占 60.5%，大专以上学历的占 37.2%（见图 2）；20~34 周岁黄金育龄妇女群体，高中以上学历的占 76.5%，本科以上学历的占 56.7%。

从初婚年龄来看，作为主力生育群体的高中以上学历女性，97% 的人初次结婚年龄集中在 18~34 周岁，90% 的人集中在 20~29 周岁。其中，高中学历女性的初婚年龄 90% 集中在 19~27 周岁，专科学历女性 90% 集中在 20~29 周岁，本科及以上学历女性 91.2% 集中在 21~29 周岁，硕士学历女性 91% 集中在 22~31 周岁，博士学历女性 90% 集中在 23~31 周岁。

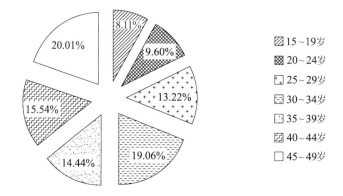

图 1　镇江育龄妇女年龄结构（2020 年）

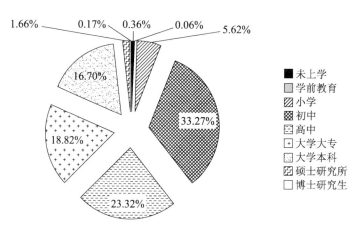

图 2　镇江育龄妇女学历结构（2020 年）

二、市民二孩生育意愿及影响因素调查

为了更好了解市民生育意愿，尤其是二孩生育意愿及影响因素，我们针对育龄妇女生育意愿进行了随机抽样调查，样本数为 2 779，其中 5.6% 为未生育妇女，71.6% 育有一孩，21.1% 育有二孩，1.7% 育有三孩。在此基础上，我们又针对生育意愿影响因素进行了二次调查，随机发放有效回收问卷 1 668 份，受调查者年龄主要集中在 25～44 周岁，85% 以上为已婚女性，约 20% 尚无子女，约 64% 有 1 名子女，约 15% 有 2 名子女。

两次调查样本群体都属于主流生育人群，其相关态度有较大参考性。调查结果显示：

1. 总体生育意愿不高

20～24 周岁未生育人群，生育意愿高达 91.7%；20～29 周岁未生育人群，生育意愿为 92%；30～34 周岁未生育人群，生育意愿为 77%。一孩母亲中仅 5% 有二孩生育打算，二孩母亲中仅 0.5% 有再生育打算。

2. 理想子女数一孩坚挺

被调查者中，对于理想子女数，71.6% 的人选择了一孩，21.1% 的人选择了二孩，5.6% 的人选择不要孩子，1.7% 的人选择了三孩或四孩。

3. 一孩妈妈不愿拼二宝

20～24 周岁的一孩母亲中有 28.6% 愿意生育二孩；25～29 周岁的一孩母亲中有 19.7% 愿意生育二孩；24 周岁以下的二孩妈妈，只有 6.7% 对现状表示满意，46.6% 表示不想要孩子，53.3% 表示生一个就好；29 周岁以下的二孩和三孩妈妈，分别约有 60% 和 66% 表示"一娃就好"。

4. 多孩家庭基本特征

更多多孩母亲年龄集中在 35～44 周岁；初中以下低学历多孩母亲比例高于一孩母亲；人均年收入 3 万元以下低收入多孩母亲比例远高于一孩母亲；选择"以工作为重"的多孩母亲比例略高于一孩母亲；选择"隔代照护""保姆照护""托育机构照护" 3 岁以下子女的多孩家庭比例都略高于一孩家庭，选择"双亲照护"的多孩家庭比例低于一孩家庭；3 岁以上子女照护方面，多孩家庭主要还是依赖于"隔代照护"，而一孩家庭"双亲照护"比例大幅提高；老人赡养选择"子女负责"的多孩家庭比例最高，一孩家庭选择"子女负责"与"老人自理"的比例相当；家庭人均建筑面积"60 平米以下""80 平米以上"的多孩家庭比例均略高于一孩家庭。

三、关于二孩生育意愿及影响因素调查的讨论

（一）二孩生育意愿

1. 二孩生育意愿情况

35周岁以下的已婚未生育人群中，理想生育目标仍以一孩为主。多孩生育理想与决策之间存在差异。一定比例的育龄妇女存在"多孩理想"，但在真正决策时理性考量明显占上风。2016年全面二孩政策实施时，多孩生育行为主要集中于25~35岁黄金生育期的"80后"人群，随着政策边际效应递减，"90后"人群多孩生育行为明显下降。

2. 二孩生育意愿影响因素

影响生育决策的因素主要包括：收入水平、住房条件、职业情况等经济因素；自身及配偶参与子女照护、隔代照护等家庭支持因素；婴幼儿照护服务供给的社会支持因素；身体因素；等等。

（二）二孩生育意愿的影响因素

1. 经济因素对于生育行为的影响呈现明显变化

在现有多孩家庭中，经济条件优势并不明显，多孩母亲群体在学历上也呈现初中以下学历和研究生以上学历都高于平均值的"两头多"状态，这说明前期生育促进政策社会面拉动范围比较广。但伴随着多孩家庭的增多，多孩养育压力开始显现。相较于一孩家庭，子女数越多，养育成本方面的压力越大。多孩家庭父母需要花费更多的时间来工作，造成一些多孩母亲尤其是年轻母亲想重回"一孩时代"。这表明，多孩家庭父母在生育二孩或三孩时对养育现实缺乏充分考虑，不排除有政策刺激下的冲动或跟风。同时，现阶段有多孩生育明确计划的群体，在收入、学历、住房等经济条件方面表现出一定优势，也从侧面证明经济因素在生育决策中权重的增强。

2. 是否有充裕时间照顾子女是影响生育尤其是多孩生育的重要因素

调查发现，有多孩生育计划的母亲，她们在自我角色认知时选择"以家庭为重"的比例要高于其他对照组。而事实上，多孩母亲选择"以工作

为重"的比例更高。有明确多孩生育计划的母亲，对现有子女照护的参与度要高于其他对照组。企事业单位的一般工作人员、专业技术人员、自由职业者的生育意愿要强于公务员、商业服务业人员、私营企业主等。以上表明，只有当女性在照护子女方面有一定余力时，才会支持多孩生育决策。

3. 家庭能提供隔代照护支持的女性更有生育动力

对于双薪家庭来说，孩子照料问题依然存在，尤其表现在孩子 3 岁之前。家中有老人可以进行隔代照护的家庭，多孩生育意愿较对照组要高。在有明确多孩生育计划的女性中，夫妻双方都是独生子女的比重要明显高于样本平均值。同时，隔代照护家庭大概率也是子女需要承担、至少分担老人赡养责任的家庭。所以，统筹好隔代抚养与养老责任，对于一些家庭是一个双赢的选择。

四、增强市民二孩生育意愿的相关建议

1. 构建新型婚育文化，提振生育信心

一是加强对婚育社会价值的宣传。婚育不单纯是个人或者家庭的事情，同时具有为民族繁衍、为社会发展做贡献的社会意义。要加强适龄婚育对社会发展重要性的宣传。二是积极培育"多子女家庭"观。通过多种渠道广泛传播"多子女家庭"对孩子成长的益处，不断弘扬"家"文化，强化家庭建设，提高育龄青年的婚育积极性。三是大力提倡适龄婚育。抽样调查显示，"身体因素"是影响育龄妇女生育决策的重要因素，应避免育龄青年人为地耽误生育黄金时机。四是缓解育儿压力。面对孩子无人照料的困境，应联动政府、市场、社会组织、家庭等诸多主体，共同搭建社会育儿体系，在提供社会支持的同时，加强家庭内部支持，倡导夫妻双方共担育儿责任。

2. 创新配套支持政策，降低抚养成本

一是扩大生育保险。镇江市在合并实施生育保险和职工基本医疗保险后，并没有将灵活就业人员纳入进来，而这部分群体因育儿时间宽裕，反

而生育意愿较为突出。可通过地方性法规，将灵活就业、非全日制工作的非正规就业妇女纳入生育保险保障范围，使生育保险成为覆盖所有生育主体的普遍福利。二是适当奖励。当前，全国越来越多的地方推出生育补贴政策，每月每孩补贴 500~1 000 元不等。建议镇江市政府就婴幼儿养育成本和发放补贴力度开展调研，尽快落地相关政策。三是降低住房成本。政府应探索实施与生育挂钩的楼市新政，对于有改善性住房需求的多孩家庭，在其购房时给予折扣优惠、购房补贴或者加大房贷利息抵个税力度；面对无力购房的多孩家庭，政府还可给予其适当租金补贴。四是提供婚育信贷支持。参考吉林省做法，支持银行机构为符合相关条件的注册结婚登记夫妻最高提供 20 万元婚育消费贷款，按生育一孩、二孩、三孩，分别给予不同程度降息优惠。

3. 优化生育休假政策，推进制度落实

生育休假主要包括产假、陪产假和育儿假。一是实现育儿假性别配额。国际经验表明，通过给父亲设置专门的育儿假，鼓励男性参与育儿，可以有效改善生育率。政府在育儿假实施中应明确规定父亲育儿假天数，确保男性休育儿假，机关事业单位应发挥表率作用。二是增强生育休假制度的弹性。可以选择每天部分时间休假或者全部时间休假；可以自主安排休假时间；可以把哺乳假累积起来折算成完整的假期；可以夫妻共享假期额度；等等。三是政府分担企业休假成本。对严格贯彻落实生育相关休假制度的企业，可按照育龄人口占比落实夫妻双方生育相关休假政策的力度，通过税收优惠、资质评定和品牌宣传等方式予以奖补，鼓励用人单位支持员工生育。

4. 发展普惠托育服务，减轻育儿压力

一是多路径增加托育供给。鼓励社会力量以独资、合资、公办民营、民办公助等形式，参与婴幼儿照护服务设施改造和建设；鼓励机关、企事业单位、工业园区、学校等单位在工作场所为职工提供福利性婴幼儿照护服务；优先支持现有公立和民办幼儿园多办托班，招收 2~3 岁的幼儿；支持符合条件的保教师、育婴师、保育员提供家庭小型化托育服务，建立家庭托育点。二是提高托育机构补贴力度。政府根据托育机构招生数量每月提供运营补贴，并适当减免房租、税费、培训等。三是规范托育服务。截至 2022 年 7 月，镇江市共有托育服务机构 233 家，相关卫生行政部门要从场地设施、环境卫生、人员配备、安全管理等角度，进一步加强常态化管理监督。四是加强人才培养。建议将婴幼儿照护服务纳入政府急需紧缺的职业培训目录，加强专业化托育从业人员的队伍建设，设立合理的职业发展阶梯和福利保障体系，减少托育从业人员的流失。同时，加强婴幼儿照护服务岗前培训、岗位技能提升，并探索职业中专联合行业企业开设婴幼儿照护服务专业相关课程，培育适应需求的人才。

5. 提升公共服务水平，营造友好环境

一是优化公共场所母婴设施建设。在女职工较多的用人单位，以及车站、大型商场等公共场所普遍建立标准化、规范化的爱心母婴室，并配备相应设施，为妇女哺乳提供便利条件。二是提供课后照顾。对孩子处于学前教育及义务教育阶段的多孩家庭，所在街道可安排志愿者为其提供课后必要接送服务，并安排专门的场所提供必要的托管服务；多孩家庭子女可免费享受义务教育公办学校组织的课后服务。三是关爱带娃祖辈。政府要为老龄人口提供异地社保医保、公交出行优惠等便利，以鼓励有能力的老人参与隔代照护，降低育龄家庭的多孩照护成本。四是简化生育手续。可参考广东省做法，不限定婚姻状况与否、不限定登记主体的户籍、不限定办理生育登记的孩次、不限定户籍地还是现居住地，均可办理生育登记，传递支持生育理念，发展友好生育环境。

（作者单位：中共镇江市委党校）